死亡率模型、长寿风险的经济影响及管理理论研究

贺 磊◎著

MORTALITY MODELS, EFFECTS OF LONGEVITY RISK, AND ITS MANAGEMENT THEORY

经济管理出版社
ECONOMY & MANAGEMENT PUBLISHING HOUSE

图书在版编目（CIP）数据

死亡率模型、长寿风险的经济影响及管理理论研究 / 贺磊著 . —北京：经济管理出版社，2020.10
ISBN 978 - 7 - 5096 - 7438 - 3

Ⅰ.①死… Ⅱ.①贺… Ⅲ.①死亡率—统计模型—经济影响—研究—中国②长寿—风险管理—经济影响—研究—中国 Ⅳ.①F12

中国版本图书馆 CIP 数据核字（2020）第 158455 号

组稿编辑：魏晨红
责任编辑：魏晨红
责任印制：黄章平
责任校对：王纪慧
出版发行：经济管理出版社
（北京市海淀区北蜂窝 8 号中雅大厦 A 座 11 层 100038）
网　　址：www. E-mp. com. cn
电　　话：（010）51915602
印　　刷：北京市海淀区唐家岭福利印刷厂
经　　销：新华书店
开　　本：720mm×1000mm/16
印　　张：12. 5
字　　数：218 千字
版　　次：2020 年 10 月第 1 版 2020 年 11 月第 2 次印刷
书　　号：ISBN 978 - 7 - 5096 - 7438 - 3
定　　价：68. 00 元

前言

死亡率模型是刻画人口死亡率变化规律的数理模型，也是长寿风险相关问题研究的基础。虽然目前死亡率模型经历了数十年的发展，但是相关学者从未停止追求更为精准的死亡率模型。由于医疗卫生条件、饮食习惯等因素的差异化以及时变性，人口死亡率规律在不同的空间和时间上也存在变化。我国人口死亡率变化规律与国外存在一定的差异性，直接照搬国外模型会导致我国相关领域的长寿风险研究存在偏差。我国人口死亡率模型研究相比发达国家较晚，目前依然有大量学者基于我国人口死亡率数据不断改进人口死亡率模型。不断降低模型选择误差和模型参数估计偏差对长寿风险研究具有非常重要的意义。

由于未来死亡率下降的不确定性，人口实际寿命高于预期寿命，从而引发财务风险，即长寿风险。对于不同主体，长寿风险的表现形式不同，通常分为个体长寿风险与聚合长寿风险。前者指个体或者家庭因为寿命的不确定性导致的家庭破产风险，后者指寿险年金和养老基金由于参与者整体死亡率变化的不确定性导致的财务风险。随着医疗技术的发展、健康卫生条件得到改善等客观环境的变化，长寿风险对微观经济主体的影响日益凸显。通过对微观主体的影响，长寿风险长期积累逐渐对宏观经济产生显著影响。

随着对长寿风险认识的加深，长寿风险管理理论和实践不断发展。理论上，一般从风险转移、风险分散、风险对冲等方面探索长寿风险管理理论模型。在长寿风险管理的实践方面，国际上已经进行了大量的相关金融创新实践，如长寿债券、长寿互换等。虽然学术界已经对我国面临的长寿风险度量和管理等理论展开深入研究，但是目前还没开展相关实践。国外长寿风险管理的诸多实践为我国提供了宝贵经验。

综上所述，对我国人口死亡率模型的完善是长寿风险相关研究的基础。长寿风险的宏微观经济影响不可忽视，需要逐步建立和完善我国长寿风险管理的理论体系，为长寿风险管理实践提供理论基础。本书将先后对死亡率模型的选择和拓展、长寿风险影响、长寿风险管理工具及不同主体长寿风险管理等多个方面进行研究，为我国家庭、寿险、养老金等经济主体认识和管理长寿风险提供了理论借鉴。

具体章节的研究内容如下：

第1章首先对生存概率、长寿风险、死亡率风险等相关概念进行阐述。其次从长寿风险与年金组合现值、基金提存比、养老金基金破产概率三者的关系讨论其重要性，为长寿风险研究视角提供了借鉴。最后从死亡率建模、长寿风险度量、长寿风险管理等多个方面对长寿风险国内外相关研究现状进行评述。

第2章通过定性和定量指标比较分析了六种随机动态死亡率模型，从中选择出最适合我国高龄人口的随机动态死亡率模型。对六种典型随机动态死亡率模型的结果进行了拟合与预测，根据拟合效果、预测效果、稳定性和生物合理性等指标选择出最适合我国的随机动态死亡率模型。

第3章考虑不同年龄组间死亡率的相依性以及各年龄组死亡率的自相关性和异方差结构，运用多元Copula和AR(n)-LSV模型构建了随机动态死亡率模型，并在此基础上进一步运用VaR、TVaR、GlueVaR对长寿风险进行测度。

第4章研究了死亡率风险/长寿风险对反向抵押贷款产品定价的影响。死亡率因子是住房反向抵押贷款定价的关键风险因素之一。死亡率改善的不确定性导致住房反向抵押贷款因为寿命延长而引发相关风险。本章基于随机动态死亡率模型分析死亡率风险/长寿风险对不带赎回权住房反向抵押贷款、带赎回权反向抵押贷款、附长期护理保险功能的住房反向抵押贷款产品价格进行影响分析，认为死亡率风险/长寿风险的反向抵押贷款价格比静态死亡率下贷款定价更为准确。

第5章研究了长寿风险对经济发展的影响。本章分别对长寿与家庭消费总规模、死亡率与人力资本投资、长寿对经济增长影响的门限效应以及长寿与经济增长的动态关系进行研究。首先，构建了人口老龄化下长寿对家庭消费总规模影响的理论模型，并利用跨国面板数据对理论分析结论进行检验。其次，利用死亡率数据，实证检验我国长寿对人力资本投资的影响，得到了符合我国实际的结论。再次，考虑长寿对经济增长存在非线性关系，利用动态面板门限模型对预期寿命的非线性效应进行检验。最后，考虑老龄化水平差异化影响，分别对不同年龄结构下预期寿命与经济增长的短期和长期动态关系进行实证检验。

第6章对长寿风险管理工具创新的国际实践进行分析。与我国相比，长寿风险管理国际实践较多，在风险评估、对冲策略以及金融产品创新等方面有着丰富的经验。本章通过对长寿风险管理工具的国际经验进行介绍和分析，提炼出对我国长寿风险管理的启示。

第 7 章重点介绍家庭、寿险公司、养老基金三个不同主体管理长寿风险的经典模型。首先，对于家庭，寿命延长超出预期所导致的破产风险，可以通过配置长寿债券资产进行风险对冲。本章在随机死亡率和随机利率背景下，考虑存在长寿债券的金融市场，给出家庭资产消费选择的优化模型。其次，对于寿险公司，其生命年金产品组合不可避免面临着聚合长寿风险，本章介绍了风险最小化目标下寿险公司利用金融资产对冲长寿风险的理论模型。最后，以养老基金为研究对象，给出再保险和养老金买入两种策略对冲养老基金长寿风险的理论模型。

本书得到了国家自然科学基金青年项目（71501070）、宏观经济大数据挖掘与应用湖南省重点实验室资助。在写作和校对中硕士研究生万亚利、林琳、周书仪做了大量工作，在此表示衷心感谢！

目 录

第 1 章　长寿风险理论概述

1.1　长寿风险相关概念

1.1.1　生存概率

这部分我们介绍基本的死亡率相关术语。首先介绍一个重要的数量——年死亡概率，记为 $q_{x,t}^{(g)}$。$q_{x,t}^{(g)}$ 表示属于 g 人群（如男性、女性）在时间 t 年龄为 x 的个体在下一年内死亡的概率。显然存在类似概念，属于 g 人群（如男性、女性）在时间 t 年龄为 x 的个体在下一年内存活的概率，记为 $p_{x,t}^{(g)}$，即 $p_{x,t}^{(g)} = 1-q_{x,t}^{(g)}$。如果假设不考虑公历年对生存概率的影响，即 $p_{x,t}^{(g)}$ 独立于时间 t，对于相同人群的个体，则其生存 τ 年的概率可以表示为：

$$_{\tau}p_x = \prod_{k=0}^{\tau-1} p_{x+k} \tag{1-1}$$

进而我们可以表示出个体剩余存活时间的期望：

$$e_x = \sum_{\tau \geqslant 1} {_{\tau}p_x} \tag{1-2}$$

因此也意味着个体将预期生存到公历年 $t+e_x$，预期寿命为 $x+e_x$。以上表达是假设与时间独立，常用简化模型。但实际上年生存概率是随时间变化的，因而考虑时变因素，可以将来自人群 g 个体存活 τ 年的概率表示为：

$$_{\tau}p_x^{(g)} = \prod_{k=0}^{\tau-1} p_{t+k,x+k} \tag{1-3}$$

则该个体预期寿命为：

$$e_{x,t}^{(g)} = \sum_{\tau \geqslant 0} {_{\tau}p_{x,t}^{(g)}} \tag{1-4}$$

该生存概率和预期寿命影响年金现值，常被用于相关精算问题。长寿风险来源于生存概率和预期寿命的不确定性，即随机化。

1.1.2 长寿风险概念界定

现实数据表明死亡率趋势随时间变化，但是这种下降幅度对于不同时间不同年龄的人群却是无法预料的，这样导致经典模型中常采用的死亡概率和生存概率存在与现实不一致问题。为了客观、准确地刻画生存概率产生的问题，需要将生存概率随机化。死亡概率或生存概率的随机化导致年金形式的业务面临一类新风险，即长寿风险。关于长寿风险的定义，目前还未形成统一的定义，研究对象不同，定义也存在差异。本书将长寿风险定义为不确定的生存概率或预期寿命引起的相关风险。由于不确定生存概率导致个体预期寿命无法精准预测，所以寿命预测过程中存在的偏差都可能导致长寿风险。因而，Waegenaere（2009）认为长寿风险可以分解为过程风险和模型风险。过程风险是因为生存概率对于随机规律与假设模型存在的偏差，而模型风险是因为模型参数估计存在的偏差。从不同主体来看，长寿风险也可以被赋予不同的定义。对于个体或家庭而言，长寿风险可以定义为生存概率不确定性导致死亡之前家庭财富被耗尽的风险，即死亡率不确定造成的家庭破产风险。对于寿险公司和养老基金，长寿风险可以定义为不确定死亡概率导致的财务风险。

在当前文献中也存在与长寿风险概念极为相似的概念——死亡率风险。个体死亡率风险是指在给定死亡概率的情况下，个体剩余寿命具有不确定性。而长寿风险是指死亡概率不确定性引起的相关风险。当然因为部分文献问题分析需要，两者没有严格区分，将寿命的不确定均定义为长寿风险。本质上，死亡率风险与长寿风险是紧密联系的。

长寿风险来源于无法预料的死亡率下降所导致的寿命预期延长，是个体、年金、养老金需要面临的重要风险。2012 年 4 月 IMF 在报告中指出，如果在过去的人口预测基础上个人寿命预期延长三年，所带来的成本将是 2010 年发达国家 GDP 的 50%，而发展中国家为 25%。长寿风险使养老金和寿险公司不得不承担多于预期的财务负担。对于个人而言，该风险将消耗更多的退休资源。长寿风险凸显过程缓慢，如果不及时处理，将削弱私人和公共部门资产负债表的稳定性，使其变得脆弱以至于难以应付其他风险冲击，最终影响金融系统的稳定性。

传统应对长寿风险的方法主要是依赖于对生命表进行修正，但是最近数十年人口死亡率存在明显的下降趋势。社会保障部门和保险公司所依赖的生命表预测寿命方法严重低估了人口未来可能寿命，这意味着社会保障部门和保险公司不得不承担更多的成本。长寿风险不同于个人死亡风险，影响着所有的养老金和年金，无法通过增加组合规模、利用大数法则分散风险。因而，利用长寿风险衍生产品将长寿风险转移给资本市场成为一种有效的管理方式。在国际上存在两种死亡率相关的合同：一种是养老金计划实际死亡率相关的合同，如 2008 年 Canada Life 与 JPMorgan 之间的寿命互换（Longevity Swap）。另一种是基于特定国家死亡率经验数据的标准化合约，如 2007 年 JPMorgan 推出的 q 远期（q-forward）。但是前者由于不是标准化合约，产品流动性较差，而后者因为基差风险的存在使标准化合约无法完全对冲长寿风险。由于现已实践的长寿风险衍生产品对冲长寿风险存在诸多不足，虽然其他衍生产品（如死亡率指数期权）被学者们不断提出，但是诸多长寿风险衍生产品对冲长寿风险的效果是否理想、是否优于传统风险管理策略（如再保险）等问题依然需要深入全面的研究。

1.2　长寿风险的重要性

1.2.1　对年金组合现值的影响

通过考虑一个年金组合，假设生存概率是随机变量，讨论长寿风险对未来现金流贴现价值的影响。假设 N 个终身年金的收益人，第 i 个收益人可以获得的现金流贴现值为：

$$Y_i = \sum_{\tau \geqslant 1} I_{i,t+\tau} \frac{1}{(1+r)^{\tau}} \tag{1-5}$$

其中，$I_{i,t+\tau}$ 为示性函数，当受益人存活时取值为 1，r 为年利率。当前时间 t，引入未来死亡概率集合 $\Im_t = \{ q_{x,t+\tau}^{(g)} \mid \tau \geqslant 0 \}$。年金组合为 $\Delta = \sum_{i=1}^{N} Y_i$，则年金组合的方差为：

$$Var(\Delta) = E[Var(\Delta \mid \Im_t)] + Var(E[\Delta \mid \Im_t]) \tag{1-6}$$

第一项为组合风险，与收益人数量呈线性关系。

$$E[Var(\Delta \mid \Im_t)] = NE[Var(Y_i \mid \Im_t)] \tag{1-7}$$

第二项为长寿风险引起的波动，与年金收益人数呈非线性关系。

$$Var[E(\Delta \mid \Im_t)] = N^2 Var[E(Y_i \mid \Im_t)] \tag{1-8}$$

为了综合度量年金组合价值的波动，考察其变异系数 $\eta = \frac{\sqrt{Var(\Delta)}}{E[\Delta]}$。在不考虑长寿风险的情形下，即已知未来死亡率合集 $\Im_t=\{q_{x,t+\tau}^{(g)} \mid \tau\geqslant 0\}$，则该系数可以表示为：

$$\eta(\Im_t)=\frac{1}{\sqrt{N}}\frac{\sqrt{Var(Y_i \mid \Im_t)}}{E[Y_i \mid \Im_t]} \tag{1-9}$$

当考虑长寿风险，即未来死亡率合集 $\Im_t=\{q_{x,t+\tau}^{(g)} \mid \tau\geqslant 0\}$ 为随机过程情况下，变异系数为：

$$\eta=\left(\frac{1}{N}\frac{E[Var(Y_i \mid \Im_t)]}{E^2[Y_i]}+\frac{Var[E(Y_i \mid \Im_t)]}{E^2[Y_i]}\right)^{1/2} \tag{1-10}$$

从式（1-10）可以看出，长寿风险是年金组合现值波动的重要影响因素。

1.2.2 对养老基金提存比波动的影响

本部分将讨论长寿风险对养老基金的未来基金提存比影响。养老金的基金提存比被定义为资产的现值除以未来负债的公平现值。假设某养老基金存在 N 个受益人，受益人 i 在 t 年的年龄为 x_i，可以获得收益 B_{x_i}。假设不考虑新受益人，养老基金的资产动态变化可以表示为：

$$A_{t+s+1}=A_{t+s}(1+R_{t+s})-\sum_{i:x_i+t+1\geqslant 65}I_{i,t+s+1}B_{x_i} \tag{1-11}$$

其中，R_{t+s} 为基金收益率，$I_{i,t+s+1}$ 为受益人在 $t+s+1$ 存活的示性函数。

养老基金未来负债的公平现值将采用未来可能现金流支出现值的数学期望，则可以表示为：

$$\bar{L}_{t+T}=\sum_{i=1}^{N}I_{i,t+T}\sum_{\tau=\max\{65-(x_i+T),0\}}^{110-(x_i+T)}E_T[I_{i,t+T+\tau}]P_{t+T}^{(\tau)}D_{x_i} \tag{1-12}$$

其中，$E_{t+T}[\cdot]$ 为 $t+T$ 的条件期望，$P_{t+T}^{(\tau)}$ 为 $t+T+\tau$ 到期的零息券市场价值。养老基金的提存比为：

$$FR_{t+T}=\frac{A_{t+T}}{\bar{L}_{t+T}} \tag{1-13}$$

可以看出，长寿风险影响养老基金未来负债现值的提存比。随机的生存概率将导致提存比本质上为一个随机过程。死亡概率的随机性导致养老基金提存比的不确定性。

1.2.3 对破产概率的影响

本部分将从资产负债管理角度讨论长寿风险对养老金破产概率的影响。养老金破产被定义为其资产价值不足以覆盖其可能负债。不考虑养老金有新参与者，其资产价值动态过程为：

$$A_{t+\tau+1}=A_{t+\tau}(1+R_{\tau+s})-\tilde{L}(t+\tau+1) \tag{1-14}$$

其中，$\tilde{L}(t+\tau+1)$ 为 $t+\tau+1$ 已支付养老金。则养老基金负债为：

$$L_t=\sum_{\tau=0}^{T-t}\tilde{L}(t+\tau)\frac{1}{(1+r)^{\tau}} \tag{1-15}$$

其中，T 为养老金需要支付负债的最后时期。则养老金破产概率为：

$$P(A_{t+s}<L_{t+s})=E[E(I_{\{A_{t+s}<L_{t+s}\}}\mid\Im_t)] \tag{1-16}$$

从式（1-16）可以看出，未来生存概率的随机化同样会导致养老金可能出现破产情况。

1.3 长寿风险国内外研究现状

1.3.1 国外相关研究

国外关于长寿风险的相关研究主要集中于死亡率建模、长寿风险的直接度量和间接影响、长寿风险管理三大方面。关于长寿风险的理解较多，但大多数学者认为长寿风险指个人或者总体人群未来的平均实际寿命高于预期寿命所产生的风险（MacMinn 等，2006；Stallard，2006；IMF，2012）。MacMinn 等（2006）对长寿风险进行了阐述，指出长寿风险可以从个体和总体两个角度理解。认为对于个体而言，长寿风险表现为所积累的财富难以满足其生存年限消费需求，该类风险被称为个体长寿风险（Individual Longevity Risk）。对于总体而言，总体人群的平均寿命超过预期寿命所引起的风险，也被称为聚合长寿风险（Aggregate Longevity Risk）。聚合长寿风险是一种系统性风险，因而无法根据大数法则分散该风险，是政府养老金制度和寿险公司都面临的重要风险。

（1）由于长寿风险来源于死亡率变化，建立合理的死亡率模型是精准度量长寿风险的关键步骤，国外学者一直致力于死亡率模型的完善和选择。作为早期动态死亡率模型，Lee 和 Carter（1992）提出的死亡率模型是应用最为广泛。虽然 Lee-Carter 模型成功运用于加拿大、法国、日本、美国，但是在部分国家并没有得到成功的运用。例如在英国，因为队列效应（Cohort Effects）的存在，Lee-Carter 模型无法完全刻画死亡率变化。考虑死亡率数据中的队列效应，Renshaw 和 Haberman（2006）在 Lee-Carter 年龄时期模型结构上提出了 RH 模型（Currie，2006；Haberman 和 Renshaw，2009）。Cairns 等（2006）提出的 CBD 模型也被广泛运用。该模型中死亡率的 Logit 函数被表示为总时间趋势项加上与年龄相关的时间趋势项。但是这些传统模型忽视了死亡率中所包含的相关结构。Loisel 和 Serant（2007）首次考虑了不同年龄间和不同时期上死亡率相关性，提出了多维 Lee-Carter 模型。Yang 等（2008）证明了 Lee-Carter 模型残差在不同年龄间和不同时期上是不独立的。Wills 和 Sherris（2010）证明了年龄相关性对长寿债券定价的影响。因而，在随机死亡率模型中考虑死亡率下相关结构是非常有必要的。Lin 等（2013）考虑了多国死亡率指数间的相关性，建立了一种带相关结构的随机死亡率模型；Wang 和 Yang（2013）考虑了确定年龄的死亡率相关性，在 Lee-Carter 模型基础上增加了死亡率相关结构。以上研究表明，多数随机死亡率模型是考虑经验数据的内在特征，基于 Lee-Carter 模型或 CBD 模型拓展而来，类似研究可以参阅 Li 和 Lee（2005）、Plat（2009）、Li 等（2009）、O'Hare 和 Li（2011）、Cox 等（2010）、Boerger（2011）、Li 和 Hardy（2011）、Wang 和 Yang（2013）等。此外，也存在其他死亡率模型构建的思路，Wang 等（2011）运用意大利、法国等国家的死亡率数据研究发现死亡率存在厚尾以及复杂的异方差和峰度特征。Giacometti 等（2012）提出了采用自回归条件异方差模型拟合死亡率，类似观点见 Lin 等（2015）。不少学者也构建了带跳的死亡率模型（Biffis，2005；Luciano 和 Vigna，2005；Cox 等，2006；Hainaut 和 Devolder，2008；Chen 和 Cox，2009），并发现带跳的扩散过程比一般扩散过程在死亡率模型标准化方面效果更好（Luciano 和 Vigna，2005；Cox 等，2006）。Alai 和 Sherris（2012）通过对死亡率数据中年龄效应、时期效应、队列效应进行建模，发现澳大利亚死亡率数据中队列效应比时期效应更明显。Blackburn 和 Sherris（2013）构建了多因子的仿射期限结构死亡率模型，并基于卡尔曼滤波方法提出了该模型参数估计方法，通过拟合历史死亡率数据表明该模型可以较好地刻画死亡率变化。

虽然死亡率模型不断完善，但是对于特定数据如何选择合适的模型，同样也是国外学者所关注的问题。Dowd 等（2010）通过对 Lee-Carter 模型（Lee 和 Carter，1992）、带队列效应的 Lee-Carter 模型（Renshaw 和 Haberman，2006）、APC 模型（Osmond，1985；Jacobsen 等，2002）、CBD 模型（Cairns 等，

2006)、带队列效应的 CBD 模型以及同时带队列效应和二次项的 CBD 模型六个模型的拟合残差进行统计检验，比较随机死亡率模型拟合优度，类似研究可见 Cairns 等（2009）、Wang 等（2012）。

（2）养老金和寿险公司是长寿风险直接影响对象，两者面临的长寿风险度量和影响分析是国外学者关注的重点，同时也有不少学者对长寿风险如何影响个体经济行为进行了深入探讨。在建立合适死亡率模型的基础上，不同风险度量方法被用于度量养老金计划、年金所面临的长寿风险。Dowd 等（2011）提出了一种有效度量长寿风险和利率风险对年金价值影响的方法。Donnelly（2011）采用负债的变异系数度量小规模既定收益养老金计划的死亡率风险。Yue（2012）提出了判断生存曲线是否存在矩形化特征的方法，通过对生存曲线是否存在矩形化特征来判断死亡率是否存在明显的下降，进而判断长寿风险的程度。Jarner 和 Moller（2013）在欧盟 Solvency 2 框架下提出了关于长寿风险的偏内部模型（Partial Internal Model），采用计算保险公司负债的 VaR 来度量长寿风险。这个不同于 Borger（2010）和 Plat（2011），后者采用一年内死亡率未来趋势变化来度量长寿风险。关于长寿风险度量还可参阅 Boyer 和 Stentoft（2013）、Bisetti 和 Favero（2014）、Savelli 和 Clemente（2014）等。

关于对养老金的影响，Richards 和 Currie（2009）讨论了非系统性长寿风险对既定收益养老金计划负债价值的影响。Dushi 等（2010）在运用 Lee-Carter 模型预测寿命的情况下对既定收益养老金计划的负债现值进行估计，发现男性养老金参与者账户负债 12%是死亡率表过时所造成的，这表明养老金账户中长寿风险对其负债存在显著影响。类似地，Antolin（2007）研究也表明生命预期的意外延长将会增加养老金负债（Boyer 等，2014）。关于对寿险公司的影响，Crawford 等（2008）指出长寿风险是保险公司面临的较大风险之一，由于监管机构对保险公司偿付能力要求，长寿风险增加了资本成本和其他相关成本。Levantesi 和 Menzietti（2012）通过构建了同时考虑长寿风险和伤残风险的马科夫多状态模型对长期护理保险组合的偿付能力进行分析。Lemoine（2014）建立了结构转换的泊松对数双线性回归模型，利用该模型分析了死亡率结构变化对生命年金组合的长寿风险管理的影响。关于长寿风险影响经济行为的理论模型表明，长寿风险在个人储蓄决策（Levhari 和 Mirman，1977；De Nardi 等，2010；Cocco 和 Comes，2012）、资产配置和退休时间选择（Menoncin，2008；Stevens，2009；Horneff 等，2010；Schulze 和 Post，2010；Cocco 和 Gomes，2012；Huang 等，2012；Post，2012；Cheng 和 Han，2013）等方面具有非常重要的影响。这些模型大都是在考虑寿命不确定性的经典生命周期模型（Yaari，1965）基础上拓展而来。也有研究认为，长寿风险会改变个人的储蓄行为（Huang 等，2012），引致人们对长寿债券等规避工具的需求（Menoncin，2008；Cocco 和 Gomes，2012），增加对延期年金的投资需求（Stevens，2009；Horneff 等，2010；Post，2012）。Post 和 Hanewanld（2013）指出，个人对长寿风险的主观判断会影响其经济行为，分析了个人长寿风险意识如何影响其储蓄行为。以上研究表明，长寿风险客观存在于养老金制度、寿险产品管理中，同时也对个人经济行为产生了不可忽视的影响。

（3）长寿风险管理的研究主要集中于不同长寿风险管理策略的最优对冲比例及其有效性。国外学者认为当前存在多种管理长寿风险的方法，包括再保险、长寿衍生产品、自然对冲等。关于长寿衍生产品管理长寿风险方面，Burrows（2001）首次提出基于死亡率的债券，指出其是对冲长寿风险的有效方法，并建议政府发行基于死亡率指数的长寿债券。Blake 等（2006b）构建了基于长寿债券和生存互换的长寿风险对冲策略（Dowd 等，2006；Heleen 和 Westland，2009）。Coughlan 等（2007）提出 q 远期等长寿风险衍生产品转移长寿风险。Blake 等（2006）、Lin 和 Cox（2005）、Cox 等（2006）提出采用基于死亡率指数的证券化产品对冲死亡率风险。在死亡率指数结连的证券产品中，Blake 和 Burrows（2001）、Dowd 等（2006）、Denuit 等（2007）主张长寿互换（Longevity Swaps）对冲长寿风险。Dahl 等（2008）对基于长寿证券产品的系统性长寿风险对冲策略进行研究，得到了风险最小目标下的最优对冲策略，类似研究见 Tsai 等（2011）。Norberg（2013）通过求解保险公司总支出与长寿衍生产品组合价值之差的平方期望最小问题，得到了最优对冲策略。Wong 等（2014）提出了基于长寿债券的时间一致的动态均值方差对冲策略管理长寿风险。相关文献研究表明，自然对冲将增强保险组合对死亡率风险的免疫力，如 Promislow（2001）、Cox 和 Lin（2007）、Wang 等（2010）等。在传统的死亡率模型（Lee-Carter 模型、CBD 模型）下自然对冲策略得到了众多学者的肯定。这些传统模型的共同特征是只考虑了少数的随机因子，使其具有很好的可操作性，但是因为考虑的风险因子较少，所以无法完全刻画不同年龄下死亡率变化，势必影响自然对冲的有效性。Wang 等（2010）研究了寿险公司应对长寿风险的自然对冲策略，构建了自然对冲策略下寿险和年金的最优组合。其他相关研究可以参阅 Tsai 和 Chung（2013）、Lin 和 Tsai（2013，2014）、Wang 等（2013）、Cox 等（2013）。同时，年金被学者认为是个人管理长寿风险的工具（Yuh 和 Yang，2011）。Beverly（2013）对美国退休计划采用强制性年金策略管理长寿风险进行研究。也有学者提出其他长寿风险管理方法，Tsai 等（2012）在同时考虑利率和死亡率随机情况下提出了一种资产负债策略管理年金的聚合长寿风险。Qiao 和 Sherris（2013）提出团体自我年金化（Group self-annuitization）策略对对冲系统性的死亡率风险。Hanewald 等（2013）分析指出 GSA（Group Self-Annuitization）在管理长寿风险方面优于生命年金和延期年金组合。

虽然长寿风险管理策略不少，但是诸多策略的有效性是策略选择必须要考虑的问题。Coughlan 等（2004）提出了对冲策略有效性检验的一般理论，Coughlan 等（2007，2009）将其应用于长寿风险对冲的有效性分析。Ngai 和 Sherris（2010）对多种年金产品的长寿风险对冲策略的有效性进行了分析。较早的研究还检验了寿命互换、延迟寿命互换（Deferred Longevity Swaps）、寿命相关的其他衍生产品的对策效果。Coughlan（2009）、Wills 和 Sherris（2010）、Blake 等（2010）、Ngai 和 Sherris（2011）研究了采用基于长寿债券等衍生产品的静态套期保值策略管理各种年金中长寿风险的有效性。Li 和 Luo（2012）、Cairns（2013）、Cairns 等（2014）采用死亡率相依债券对冲死亡率风险，并度量了其对冲的有效性。Plat（2009）分析了 q 远期对保险组合长寿风险对冲的有效性。不少学者研究集中于基于长寿相关对冲工具的动态对冲策略评价，Dahl 等（2008）评价了动态对冲策略的有效性。Cairns（2011）以 Dahl 等（2008）为研究背景，构建了一种关于死亡率相关负债价值的近似表达式方法，为长寿风险建模和风险对冲策略有效性分析提供了方法基础。Luciano 和 Regis（2014）在同时考虑死亡率风险和利率风险的情况下，提出了年金净风险暴露的 VaR 解析式，给出了何种情况下长寿债券转移长寿风险将变成无效策略。Meyricke 和 Sherris（2014）在欧盟 Solvency Ⅱ的框架下从资本成本的角度讨论了长寿风险对冲策略的有效性。Zhu 和 Bauer（2014）在非参数死亡率预测模型下寿险公司对长寿风险自然对冲策略的有效性进行分析，得出该模型下自然对冲策略的有效性不及传统模型下的结论。在长寿风险对冲策略的有效性研究过程中，基差风险是影响有效性的关键性问题。Coughlan（2011）认为虽然基于死亡率指数的长寿风险对冲工具具有诸多优点，但是其最大的不足体现在基差风险（Basic Risk）的存在，关于对冲策略基差风险的研究可参阅 Plat（2009）、Coughlan 等（2011）、Li 和 Hardy（2011）、Lin 等（2014）。

以上国外研究表明，死亡率模型是研究长寿风险的必要步骤，因而死亡率模型的拟合效果检验和死亡率模型改进一直是国外学者持续关注的问题。国外关于长寿风险的影响和管理策略研究均是在发达国家相对较完善的资本市场、社会保障制度等条件下开展的。我国作为发展中的社会主义国家，市场和制度等环境因素不同，需要在我国现有经济制度环境下考虑长寿风险影响和管理。

1.3.2 国内相关研究

与国外相比，国内学者对长寿风险的研究较晚，但存在不少关于我国长寿风险的重要研究。当前，国内学者关于长寿风险的相关研究主要集中于死亡率预测模型构建、长寿风险度量和长寿风险管理等方面。

（1）对死亡率模型应用、完善及其参数估计方法改进一直是国内学者关注的问题。死亡率预测模型的精准程度直接关系到长寿风险能否被准确地度量，进而关系到长寿风险管理策略的效果，因而，死亡率预测模型在长寿风险问题研究中至关重要。王晓军、金博轶、李志生等在研究我国人口死亡率预测模型方面做出了重要贡献。国内部分学者直接将国外死亡率模型应用于我国人口死亡率分析，如侯长荣等（2000）采用 Lee-Carter 模型对我国农村男性分年龄组人口死亡率数据建模和预测，类似应用研究见卢仿先和尹莎（2005）、刘安泽和李晓林（2007）、杜鹃（2008）、祝伟等（2009）等。另外，部分学者在国外模型基础上做了重要改进。王晓军和蔡正高（2008）对死亡率预测模型进行了总结与评价，结合中国高龄死亡率存在跳跃变化的现实，建议基于小波转换构建随机死亡率模型。李志生和刘恒甲（2010）采用 Lee-Carter 死亡率模型对我国人口死亡率数据进行拟合和预测，并利用 Bootstrap 方法对人口平均预期寿命进行区间估计。金博轶（2012）对使用贝叶斯方法通过 MCMC 抽样对 Currie 死亡率模型的参数进行估计。韩猛和王晓军（2010）对 Lee-Carter 模型进行改进，通过一个双随机过程对 Lee-Carter 模型中的时间项进行建模，解决了在 Lee-Carter 模型的应用中我国死亡率统计数据样本量较少的问题。王晓军和黄顺林（2011）利用贝叶斯信息准则与似然比检验，对应用较为广泛的随机死亡率模型拟合我国男性人口死亡率数据的效果进行对比分析。王晓军和任文东（2012）结合有限数据死亡率建模方法和“双随机过程”建立死亡率模型，并应用该模型预测出未来我国人口死亡率变动趋势。在 Lee-Carter 模型预测过程中，时间因子建模的合理性对死亡率预测结果有着重要影响。田梦和邓颖璐（2013）在 Lee-Carter 模型的基础上，通过双指数跳跃扩散模型对 Lee-Carter 模型中的时间序列因子进行拟合。对 Lee-carter 模型参数估计方法，吴晓坤、王晓军（2012）提出了 Lee-carter 模型的负二项最大似然估计法，类似研究见高怡宁（2012）、吴晓坤和王晓军（2014）。

也有学者提出其他死亡率模型。金博轶（2013）采用带惩罚的泊松对数双线性模型拟合我国人口死亡率数据。王志刚等（2014）采用 Bootstrap 应用于死亡率分布估计。何颖媛和刘贯春（2014）利用状态空间模型对两因子 CBD 死亡率模型拟合阶段和预测阶段进行联合建模。段白鸽和孙佳美（2012）研究了极值理论在我国高龄死亡率建模中的应用。孙佳美和郭利涛（2012）对 Coale-Kisker 模型进行改进，并用该模型对高龄人口的实际死亡数据进行估计和预测。王洁丹等（2013）运用函数型主成分分析（Functional Principal Component Analysis，FPCA）方法对死亡率建立模型并进行预测。关于模型比较和选择，安平（2010）选择用 Gompertz 函数、极值理论、Coale-Kisker 方法分别对中国女性高龄人口死亡率进行拟合，得到了 Coale-Kisker 方法相对最佳。以上死亡率模型研究对我国人口死亡率建模做出了重要贡献，如果考虑异方差、相依结构等问题，将可能更加精准地刻画我国人口死亡率变化。

（2）国内关于长寿风险影响的研究并不多，主要是集中于年金的长寿风险度量和长寿风险对养老金账户的影响。寿险公司面临的长寿风险主要来自年金产品。因此，关于年金产品长寿风险度量备受关注。杜鹃（2008）估计了保险公司年金的长寿风险。黄顺林等（2012）采用企业年金比例模型评估了不同年龄结构企业年金的长寿风险。关于年金长寿风险度量研究还可参阅金博轶（2012）、陆坚和夏毅斌（2010）、何颖媛和刘贯春（2014）、王志刚等（2014）等。虽然部分研究没有对长寿风险进行直接度量，但是探讨了长寿风险对年金价格的影响（祝伟和陈秉正，2008；韩猛和王晓军，2014）。关于养老金面临的长寿风险相对较少。韩猛和王晓军（2012）研究了预期寿命变化对我国养老金个人账户的影响，结果表明，死亡率下降产生的长寿风险对我国企业职工养老保险存在重要的影响。王晓军和黄顺林（2011）在最佳死亡率模型下估计了个人养老金账户的长寿风险。胡仕强和许谨良（2011）通过数值分析方法研究了长寿风险对养老金制度的影响。

（3）国内学者主要从长寿证券化、寿险产品创新、自然对冲三个方面研究长寿风险管理，其中关于长寿风险证券化的研究相对较多。利用长寿衍生产品将长寿风险转移给资本市场，减少养老金账户和寿险公司面临的长寿风险，是国内学者大多支持的观点。余伟强（2006）研究指出，可以通过发行长寿风险债券来减少长寿风险的影响。尚勤和秦学志（2009，2012）根据我国国情设计了长寿债券。刘安泽和张东（2007）提出政府提高法定退休年龄、再保险转移长寿风险、发行长寿债券等控制长寿风险的具体方法（蔡正高和刘晓军，2009）。此外，学者又对政府参与长寿风险管理提出了观点。祝伟和陈秉正（2008）强调了政府在长寿风险管理中应发挥主导作用，从养老保险的法规、制度和运营机制等方面开展有效的管理（关博，2009；侯立平，2011）。秦桂霞等（2008）指出长寿风险证券化是寿险与资本市场连接的必然趋势。陈秉正和祝伟（2008）建议通过死亡指数衍生产品管理长寿风险，类似观点见艾蔚（2010，2011）。谢世清（2014）指出与连续型长寿债券相比，发行触发型长寿债券是应对长寿风险的有效选择。

不少学者主张产品创新管理年金的长寿风险，刘达（2008）针对长寿风险提出了团体自助年金化（GSA）、高龄延期年金和逆按揭（RMs）三种创新保险产品。陆坚和夏毅斌（2010）提出通过放低年金门槛、开展自助平台、年金创新等渠道来应对长寿风险。谢世清（2011）分析国外长期护理保险、附保证变额年金、反向抵押贷款等产品创新管理长寿风险的方法，该分析对我国寿险公司管理长寿风险具有借鉴意义，类似研究见王旭和邱华龙（2011）。张元萍和王力平（2014）提出利用长寿指数延迟年金（LIDA）转移部分系统性长寿风险，其研究表明长寿指数年金可以覆盖大部分长寿风险。寿险公司利用年金与死亡保险组合构建长寿风险的自然对冲策略也引起了国内学者的关注。黄顺林和王晓军（2011）提出了保险公司通过最优产品结构实现长寿风险自然对冲的方法，并讨论了利率等因素对自然对冲策略中最优产品结构的影响。金博轶（2013）构建了考虑随机利率因素的长寿风险自然对冲模型，结果表明利率风险影响保险公司自然对冲策略下充分对冲长寿风险。魏华林和宋平凡（2014）在固定利率和随机利率框架下对我国养老金长寿风险的自然对冲策略进行了研究。胡仕强（2014）运用死亡率免疫理论研究保险公司长寿风险自然对冲策略，结果表明可以通过调整寿险和年金业务的比例影响长寿风险对冲策略效果。其他关于自然对冲策略的研究见刘安泽等（2007）、崔佳佳（2008）等。

从以上研究来看，虽然国内学者关于长寿风险相关研究做出了许多重要贡献，但是长寿风险作为死亡率变化导致的系统性风险，对我国社会养老保险、企业年金和寿险产品都产生了复杂影响，对应管理方法也将极为复杂。因而，关于当前环境下我国长寿风险影响及其管理研究仍需进一步完善，如探讨在我国社会保障制度下长寿风险如何影响个体储蓄、消费、投资等方面的经济决策；考虑人口结构下长寿风险对我国养老金账户的影响；长寿风险衍生的宏观经济影响机制；我国市场和制度环境下长寿风险管理策略的设计及其有效性分析等。

1.4　本章小结

本章首先对生存概率、长寿风险、死亡率风险等相关概念进行了阐述。其次从长寿风险与年金组合现值、基金提存比、养老金基金破产概率三者的关系讨论其重要性，为长寿风险研究视角提供了借鉴。最后从死亡率建模、长寿风险度量、长寿风险管理等多个方面对长寿风险国内外相关研究现状进行了评述。

第 2 章　传统人口死亡率模型的拟合和对比

——基于我国人口死亡率数据

2.1　死亡率模型发展体系

本部分将介绍和总结各种死亡率模型，并对其最新进展做出评述。死亡率模型主要分为两大类：一类是因果因素模型，需要运用生物学、医学以及传染学等学科知识，该类模型主要通过将影响死亡率的原因列出，并加以解释，分析各因素对死亡率的影响，通过影响因素的变化来预测死亡率的趋势。因果因素模型主要分为微观因素模型和宏观因素模型，微观因素模型由弱点模型、机体模型和 DNA 修复模型等构成。

另一类是趋势外推死亡率模型，该类模型与因果因素模型不同的是：它不需要运用生物学、医学、传染学等方面的知识，只需运用数学、统计学和计算机软件等数理方法。其原因在于：该类模型主要通过对死亡率经验数据进行分析与建模，外推未来的死亡率趋势。趋势外推死亡率模型的基本假设是死亡率经验数据包含了未来死亡率趋势的所有信息，因此在精算学、统计学相关领域运用较多。

趋势外推模型又细分为静态死亡率模型和随机动态死亡率模型，其发展体系和公式如表 2-1 所示。

表 2-1　死亡率模型发展体系

死亡率模型	名称	表达式
静态死亡率模型	De Moivre	$\mu(x)=\dfrac{1}{\overline{\omega}-x},0\leqslant x\leqslant\overline{\omega}$
	Gompertz	$\mu(x)=BC^x,B>0,C>1,x\geqslant0$
	Makeham	$\mu(x)=A+BC^x,B>0,C>1,A\geqslant -B,x\geqslant0$

续表

死亡率模型	名称	表达式
静态死亡率模型	Weibull	$\mu(x)=kx^n, k>0, n>0, x\geqslant 0$
	HP	$\frac{q_x}{p_x}=A^{(x+B)^C}+De^{-E(\ln x-\ln F)^2}+GH^x$
	CK	$k(x)=k(x-1)-R(x\geqslant 84), k(x)=\ln(m_x/m_{x-1})$
随机动态死亡率模型	LC	$\ln m_{x,t}=\alpha_x+\beta_x k_t+\varepsilon_{x,t}\varepsilon_{x,t}\sim N(0,\sigma^2)$
	RH	$\ln m_{x,t}=\alpha_x+\beta_x^{(1)}k_t+\beta_x^{(2)}\gamma_{t-x}+\varepsilon_{x,t}$
	APC	$\ln m_{x,t}=\alpha_x+k_t^{(1)}+\gamma_{t-x}+\varepsilon_{x,t}$
	CBD	$\text{logit}[q(x,t)]=k_t^{(1)}+k_t^{(2)}(x-\bar{x})+\varepsilon_{x,t}$
	M6	$\text{logit}[q(x,t)]=k_t^{(1)}+k_t^{(2)}(x-\bar{x})+k_t^{(3)}[(x-\bar{x})^2-\hat{\sigma}_x^2]+\gamma_{t-x}+\varepsilon_{x,t}$
	M7	$\text{logit}[q(x,t)]=k_t^{(1)}+k_t^{(2)}(x-\bar{x})+\gamma_{t-x}+\varepsilon_{x,t}$
	M8	$\text{logit}[q(x,t)]=k_t^{(1)}+k_t^{(2)}(x-\bar{x})+\gamma_{t-x}(x_c-x)+\varepsilon_{x,t}$
	Plat	$\ln m_{x,t}=\alpha_x+k_t^{(1)}+k_t^{(2)}(\bar{x}-x)+k_t^{(3)}(\bar{x}-x)^+ +\gamma_{t-x}+\varepsilon_{x,t}$

静态死亡率模型假设死亡率不随时间的变化而变化。De Moivre（1725）提出了经典的生存曲线模型，随着年龄的增长，死亡概率呈线性变化。随后 Gompertz 于 1825 年提出了指数死亡率模型，该模型对世界大部分地区国家的死亡情况反映良好，至今仍被广泛采用。1860 年，Makeham 对 Gompertz 进行了拓展，在死亡率模型中加了一个常数项 A，使其更好地拟合现实的死亡率数据。Weibull 于 1939 年率先提出了死亡率的幂函数形式，该模型的灵活程度更高，拟合效果更好。1980 年，Heligman 和 Pollard 提出了描述整个生命周期的死亡率模型——HP 模型。该模型包含八个参数，其中，A、B、C、D、E、F、G、H 为参数，p_x 与 q_x 分别代表 x 岁的人生存概率与死亡概率，该模型由三部分组成：第一部分描述的是婴幼儿时期的死亡率呈下降的趋势；第二部分描述的是青壮年时期意外事故死亡和生育死亡情况；第三部分描述的是老年时期的死亡率有上升的趋势。该模型在澳大利亚、德国以及瑞士等国家的全段人口死亡率数据中取得了良好的拟合效果。CK 模型于 1990 年由 Coale 和 Kiser 提出，他们指出死亡率随着年龄的增长服从一个线性递减的变化率。CK 模型从提出以来被广泛运用于高龄人口死亡率的扩展，尤其是对发达国家的高龄人口死亡

率的扩展。安平（2008）和骆澎涛（2014）使用CK模型对我国高龄人口死亡率进行扩展。

但随着社会经济以及医疗技术的进步与发展，近百年来世界范围内普遍呈现出了死亡率的持续改善，静态死亡率模型已经无法适应现阶段世界的发展，由此衍生出来了随机动态死亡率模型，大致可以分为两大类，即LC模型及其衍生模型和CBD模型及其衍生模型。其中，影响力最大、运用最广的便是由Lee和Carter于1992年提出的Lee-Carter模型（简称LC模型）。RH模型、APC模型等均是在LC模型的基础上进行的扩展与补充。在LC模型中，死亡率的影响因素包括年龄因素 a_x、敏感因素 β_x 以及各年龄段对时间的敏感程度 k_t。该模型不仅简单、易用，而且死亡率预测较准确，模型解释能力强，适合运用于死亡率数据较缺乏的国家与地区。但由于LC模型为一个单因素模型，所以导致了各年龄间的死亡率改善情况是完全相关的。另外，多国的历史数据均观察到了出生年效应，但LC模型未考虑出生年效应，这会使拟合数据的准确性受到影响。由于LC模型存在以上问题，一些学者在LC模型的基础上提出了许多改进方法，如RH模型即考虑了出生年效应的LC模型，但该模型缺乏稳定性，由此发展至特殊状态的随机动态死亡率模型APC模型。随后，衍生出另一类随机动态死亡率模型即CBD模型。CBD、M6、M7和M8模型均属于多因素模型，在特定数据下预测效果较好，但这四种模型较适用于高龄人群，对于其他年龄群体的拟合效果和预测效果不太理想且缺乏生物合理性。

2.2 随机动态死亡率模型拟合效果分析与选择

2.2.1 数据来源

本书采用的死亡率原始数据来源于《中国人口统计年鉴》（1995~2018）和国家统计局的第五次以及第六次中国人口普查资料，选取了1994~2017年的分性别、分年龄的死亡人口相关数据，图2-1和图2-2分别是我国1994~2017年的男性人口和女性人口死亡率的三维图。从图2-1和图2-2中可以看出，图形呈现两种趋势：第一，死亡率随年龄呈“U”形趋势，即随着年龄的增长，死亡率呈现先下降后上升的趋势；第二，随着时间的推移，各个年龄的死亡率均表现出一定的改善趋势，其改善程度在各年龄间存在较大的差异。这两种趋势反映了使用随机动态死亡率模型模拟和预测死亡率走势将获得较优的效果。

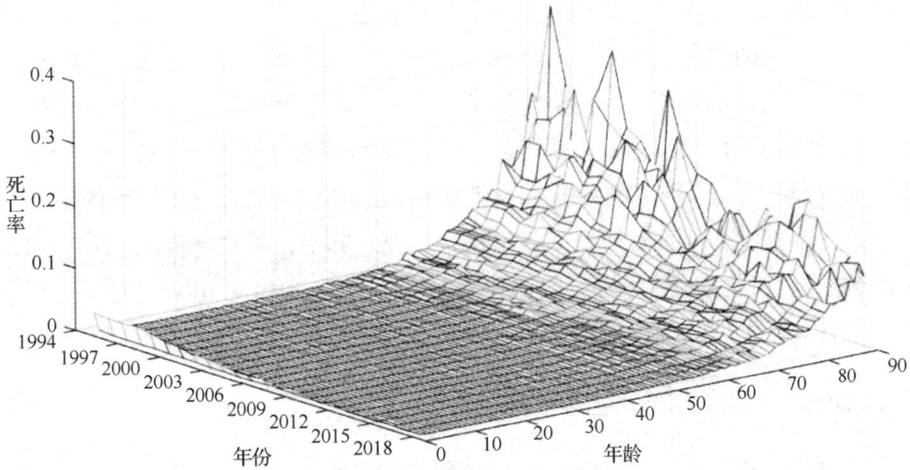

图 2-1　1994~2017 年 0~89 岁中国男性人口死亡率

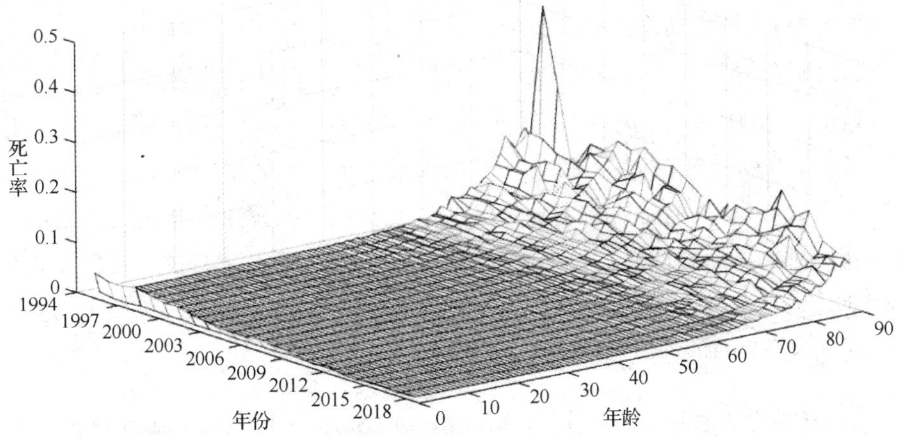

图 2-2　1994~2017 年 0~89 岁中国女性人口死亡率

其中，2000 年、2010 年的数据为全国人口普查数据；1995 年、2005 年、2015 年的数据来自全国 1%的人口抽样调查；其余年份的数据均为全国 1‰人口变动抽样调查数据。由于高龄人口数据的缺乏，另外，基于住房反向抵押贷款产品适用于退休及即将退休的老年人的特性和我国静态生命表的最高年龄上限为 105 岁的特点，为了更好地与静态生命表进行对比，本书的年龄上限也设为 105 岁，高龄部分即 90~105 岁的数据则利用静态死亡率模型即 CK 模型进行拟合外推。本书随机动态死亡率模型的样本年龄选择为 50~89 岁，其中，1996 年的最高年龄数据仅为 85 岁。本书对于 1996 年 85~89 岁的死亡率，采用了相邻两年的数据插补来进行处理。为方便研究，本书假设全国人口 1%的抽样和全国人口 1‰的变动抽样与全国人口普查数据具有同质性。为了精确刻画不同年龄的死亡率，本书将采取单一年龄不分年龄组的死亡率数据。另外，在一般情况下，当其他条件一致时，我国女性的预期寿命远高于男性的预期寿命，因此本书将分性别对死亡率模型进行研究。其中，本书将使用 1994~2013 年的数据进行死亡率模型的参数估计和拟合，使用 2014~2017 年的死亡率实际数据来判断模型的预测效果。

2.2.2 随机动态死亡率的选择

采用随机动态死亡率模型进行死亡率预测一般分为三步：第一步，通过死亡率历史数据估计模型参数；第二步，通过 ARIMA 等方法来预测时间因子 k_t 和出生年效应因子 g_c；第三步，将参数代入模型，获得死亡率的拟合值与预测值。

2.2.2.1 随机动态死亡率模型

LC 模型，即 Lee-Carter 模型，一般被视为 M1，其表达式为：

$$\ln m_{x,t} = \alpha_x + \beta_x k_t + \varepsilon_{x,t} \varepsilon_{x,t} \sim N(0,\sigma^2) \tag{2-1}$$

其中，$\ln m_{x,t}$描述的是年龄为 x 岁的人在第 t 年份的中心死亡率的自然对数值；参数 α_x 反映的是死亡率随年龄的变化情况，描述了各年龄段人群死亡率的自然对数值的平均水平；参数 β_x 描述的是对 k_t 的敏感程度，反映 x 岁的人的对数死亡率对死亡率趋势变化的敏感程度；k_t 是时间因子，反映人口死亡率随时间变化的速度；$\varepsilon_{x,t}$ 为随机误差项。

LC 模型的基本假设为：① $\sum_{t=1}^{T} k_t = 0$；② $\sum_{x=0}^{\varpi} \beta_x = 1$；③$\varepsilon_{x,t}$服从均值为 0，方差为 σ^2 的正态分布。

基于上述假设，α_x 的估计值 $\hat{\alpha}_x$ 可以表示为$\ln m_{x,t}$与时间 T 的平均值：

$$\hat{\alpha}_x = \sum_t^T \ln m_{x,t} / T \tag{2-2}$$

β_x 的估计值 $\hat{\beta}_x$ 可以用不同的参数估计方法如最小二乘法、加权最小二乘法、奇异值分解法和极大似然估计等方法估算出来。

RH 模型为 Renshaw 和 Haberman 于 2003 年提出（M2 模型），并于 2006 年得以改进（M3 模型），是在 LC 模型的基础上最先考虑了出生年因素的模型，其表达式为：

$$\ln m_{x,t}=\alpha_x+\beta_x^{(1)}k_t+\beta_x^{(2)}\gamma_{t-x}+\varepsilon_{x,t} \tag{2-3}$$

其中，参数 γ_{t-x} 是出生年效应，反映出生年份对死亡率的影响。但是该模型缺乏稳定性。其约束条件为：① $\sum_{t=1}^{T}k_t=0$；② $\sum_{x=0}^{\varpi}\beta_x^{(1)}=1$；③ $\sum_{x=0}^{\varpi}\beta_x^{(2)}=1$；④ $\sum\gamma_{t-x}=0$。

APC 模型，记为 M4 模型，用于改进 M3 模型的稳定性问题，是 M3 模型的一种特殊情况，其表达式为：

$$\ln m_{x,t}=\alpha_x+k_t^{(1)}+\gamma_{t-x}+\varepsilon_{x,t} \tag{2-4}$$

CBD 模型，是 Cairns、Blake 和 Dowd（2006）针对 60~89 岁的高龄人群提出的一个相对简单的 Logistic 转换的死亡率模型，其假设每一年的死亡率经过 Logistic 转换后服从关于年龄的线性方程，其表达式为：

$$\mathrm{logit}[q(x,t)]=\ln\frac{q(x,t)}{1-q(x,t)}=k_t^{(1)}+k_t^{(2)}(x-\bar{x})+\varepsilon_{x,t} \tag{2-5}$$

其中，$q(x,t)$ 表示 x 岁的人在第 t 年内死亡的概率；$\bar{x}$ 表示数据样本的年龄平均值；$k_t^{(1)}$ 和 $k_t^{(2)}$ 为带漂移项的二维随机游走过程，$k_t=k_{t-1}+\mu+CZ_t$；$k_t^{(1)}$ 表示平均水平；$k_t^{(2)}$ 表示斜率。因此，该模型也被称为双因素模型。CBD 模型与 LC 模型的最大区别在于 CBD 模型的年龄因素被参数化，且参数无须满足唯一性约束条件。

模型 M6 至模型 M8 均是考虑了出生年效应的类 CBD 模型，M6 模型是在 CBD 模型的基础上加入出生年因素和二次年龄因素，M7 模型和 M8 模型则是在 M6 模型的基础上进行了简化，其详细表达式如表 2-1 所示。

2.2.2.2　随机动态死亡率模型的参数估计方法

在对上述六个动态死亡率模型进行参数估计时，为了方便各个模型之间的比较，一般假设死亡人口近似服从泊松分布，即：

$$d_{x,t}\sim Possion[E_{x,t}\cdot m_{x,t}] \tag{2-6}$$

其中，$d_{x,t}$ 是年龄为 x 岁的人在日历年 t 的死亡人数；$E_{x,t}$ 是年龄为 x 岁的人在日历年 t 的死亡风险暴露人数；$m_{x,t}$ 是年龄为 x 岁的人在日历年 t 的中心死亡率。

我们所采取的参数估计方法为极大似然估计方法（MLE）估计模型参数，其表达式为：

$$l(\Phi;d_{x,t},E_{x,t}) = \sum_{x,t} d_{x,t} \cdot \log[E_{x,t} \cdot m_{x,t}] - E_{x,t} \cdot m_{x,t}(\Phi) - \log(d_{x,t}!) \tag{2-7}$$

最后可运用牛顿迭代法得出各参数的估计值，牛顿迭代公式为：

$$\hat{\Phi}^{h+1} = \hat{\Phi}^{h} - \frac{\dfrac{\partial l^{h}}{\partial \Phi}}{\dfrac{\partial^{2} l^{h}}{\partial \Phi^{2}}} \tag{2-8}$$

其中，$\hat{\Phi}^h$ 是第 h 次迭代参数，$l^h = l(\Phi^h)$，当参数更新使残差平方和的增量足够小时停止迭代，一般迭代停止标准为10^{-10}，最终得到参数估计值。

根据表 2-1 的各个模型的约束条件，在不同参数估计方法下均有唯一解。本书所有模型的参数估计均在 R 软件下完成。

2.2.2.3 随机动态死亡率模型的预测方法

本书通过 R 统计软件运行得出随机动态死亡率模型的各个参数的估计值，模型的参数估计方法如上文所述。由于随机动态死亡率模型的动态变化是随时间 t 的变化而变化，因此它的动态变化随时间效应 k_t 和出生年效应 g_c 的变化而变化。在得到模型的参数估计值后，需要含时间 t 的参数如 k_t 和 λ_{t-x}（又为 g_c）进行时间序列分析，预测出 k_t 和 g_c 的趋势值，将其代入对应的模型中预测出 t 年份后的中心死亡率。本书将预测 2014～2074 年的死亡率趋势数据，并将 2014～2017 年预测的死亡率数据与真实数据进行对比，选取最优预测效果的随机动态死亡率模型。参照国内外文献，本书将选取 ARIMA 方法对随机动态死亡率模型进行预测。对于时间效应 k_t，我们将采用带漂移项的随机游走过程进行中心死亡率的外推预测，其过程可描述为：

$$k_t = k_{t-1} + \delta + \varepsilon_t^k, k_t = \begin{pmatrix} k_t^{(1)} \\ \vdots \\ k_t^{(n)} \end{pmatrix}, \varepsilon_t^k \sim N(0, \Sigma) \tag{2-9}$$

其中，δ 为漂移项，是一个 n 维的漂移向量，Σ 是多元白噪声，ε_t^k 的 $n \times n$ 维的方差—协方差矩阵。

对于出生年效应 λ_{t-x}（又为 g_c），假设它独立于 k_t 服从一个单因素 ARIMA 过程，令它服从于带漂移项的 ARIMA 随机过程，其过程可以描述为：

$$\Delta^d g_c = \delta_0 + \phi_1 \Delta^d g_{c-1} + \cdots + \phi_p \Delta^d g_{c-p} + \varepsilon_c + \delta_1 \varepsilon_{c-1} + \cdots + \delta_q \varepsilon_{c-q} \tag{2-10}$$

其中，ε_c 是方差为 σ_ε^2 的高斯白噪声过程；δ 为漂移项；ϕ_p 为不等于 0 的自回归系数；δ_q 是不为 0 的移动平均系数。根据式（2-9）和式（2-10）分别可以得到时间效应 k_t 和出生年效应 g_c 的预测值，并代入对数中心死亡率的公式中，可得到中心死亡率对数的预测值，其表达式为：

$$\ln(m_{x,t+s}) = \alpha_x + \sum_{i=1}^{N} \beta_x^{(i)} k_{t+s}^{(i)} + \beta_x^{(0)} g_{c+s} \tag{2-11}$$

对于 k_t 和 g_c 的 ARMIA（p，d，q）的拟合，我们将通过对比 BIC 值选取各自随机动态死亡率模型中最优的模型，并通过 2014~2017 年的真实值与拟合值对比，利用 MAPE 值选取预测最优的随机动态死亡率模型。

2.2.2.4　随机动态死亡率模型的选择标准

关于最优死亡率模型的选择标准，Cairn、Blake 和 Down（2009）提出一般需要满足以下几点：

第一，死亡率始终为正数，模型能充分拟合历史数据。

第二，模型必须相对简洁。

第三，模型结构可以模拟参数的不确定性。

第四，参数的估计及死亡率的预测结果具备准确性和稳健性。

第五，对于模型的长期动态变化具有生物合理性。

第六，模型可以通过分析法和快速数值算法实现和求解。

第七，模型可以得出样本路径和预测区间，由于以死亡率为标的的相关产品定价和长寿风险的相关研究依赖于随机死亡率模型生成的大量样本路径，因此，能否得出样本路径和预测区间是选择随机动态死亡率模型的重要指标之一。目前，流行的大多数随机动态死亡率模型均可以达到该标准。

第八，模型是否考虑出生年效应（又称世代效应），是指在同一年出生的人群的生命状态具有一定的相似性，横跨不同出生年的人之间的死亡率具有差异。判断模型是否包含了世代效应，不仅可以从参数的设置中得出，还可以通过对出生年的残差图加以判断。若随机动态死亡率模型包含了世代效应，则说明模型选择较优。

近年来，学者们对于表 2-1 中的八个随机动态死亡率模型做了比较研究，并运用不同国家与地区的数据进行检验和预测。Cairns（2011）通过运用 BIC

值、残差图检验、稳健性检验以及生物合理性等指标比较了八种主要随机动态死亡率模型对老龄人口的拟合预测效果，通过英格兰和威尔士男性近十万数据测试发现，M8 的拟合预测效果较优；而采用美国男性数据进行拟合和预测却是 M3 的效果更佳。邢萌萌（2012）从模型的拟合效果、稳定性以及简洁度考虑，利用 MAPE 和 BIC 准则分析判断，得出最适合我国男性的随机动态死亡率模型为 M7，最适合我国女性的随机动态死亡率模型为 LC 模型。樊毅（2017）从模型的拟合效果、预测效果以及生物合理性的分析判断中得出，APC 模型是目前最适合中国总人口死亡状态的随机动态死亡率模型。王晓军（2019）利用台湾地区数据与我国数据的相关性从模型的拟合效果、预测效果以及稳定性检验等维度分析得出，对于我国 65~89 岁的高龄人群而言，CBD 模型更优。

综上所述，每个随机动态死亡率模型都有其优劣，没有适合一切条件的模型，对于最优模型的判断与选择，取决于实践和分析具体情况。本书将选取国内外学者讨论较多的六种典型的死亡率模型，即 LC 模型、RH 模型、APC 模型、CBD 模型、M7 模型以及 Plat 模型进行我国分性别死亡率数据的拟合与预测，通过拟合效果、预测效果、生物合理性以及稳健性的检验分析得出最适合我国的分性别的随机动态死亡率模型。这六种典型模型的表达式及约束条件如表 2-2 所示。

表 2-2 典型随机动态死亡率模型

模型	表达式	约束条件
LC	$\ln m_{x,t}=\alpha_x+\beta_x k_t+\varepsilon_{x,t}$	① $\sum_{t=1}^{T} k_t = 0$； ② $\sum_{x=0}^{\bar{\omega}} \beta_x = 1$； ③$\varepsilon_{x,t}$ 服从均值为 0，方差为 σ^2 的正态分布
RH	$\ln m_{x,t}=\alpha_x+\beta_x^{(1)} k_t+\beta_x^{(2)} \gamma_{t-x}+\varepsilon_{x,t}$	① $\sum_{x=0}^{\bar{\omega}} \beta_x^{(1)} = \sum_{x=0}^{\bar{\omega}} \beta_x^{(2)} = 1$； ② $\sum_{t=1}^{T} k_t = 0$； ③ $\sum \gamma_{t-x} = 0$

续表

模型	表达式	约束条件
APC	$\ln m_{x,t}=\alpha_x+k_t^{(1)}+\gamma_{t-x}+\varepsilon_{x,t}$	① $\sum_{t=1}^{T}k_t=0$; ② $\sum\gamma_{t-x}=0$; ③ $\sum_{t-x}(t-x)\gamma_{t-x}=0$
CBD	$\mathrm{logit}[q(x,t)]=k_t^{(1)}+k_t^{(2)}(x-\bar{x})+\varepsilon_{x,t}$	无
M7	$\mathrm{logit}[q(x,t)]=k_t^{(1)}+k_t^{(2)}(x-\bar{x})+\gamma_{t-x}+\varepsilon_{x,t}$	① $\sum\gamma_{t-x}=0$; ② $\sum_{t-x}(t-x)\gamma_{t-x}=0$
Plat	$\ln m_{x,t}=\alpha_x+k_t^{(1)}+k_t^{(2)}(\bar{x}-x)+k_t^{(3)}(\bar{x}-x)^{+}+\gamma_{t-x}+\varepsilon_{x,t}$	① $\sum_{t}k_t^{(3)}=0$; ② $\sum\gamma_{t-x}=0$; ③ $\sum_{t-x}(t-x)\gamma_{t-x}=0$

2.2.3　模型拟合效果比较分析

一个好的死亡率模型应该能准确拟合历史数据。一般而言，量化拟合精准度的指标一般有残差图检验、贝叶斯信息准则（BIC）、赤池信息准则（AIC）以及平均绝对百分比误差准则（MAPE）。

（1）残差图检验。

残差图可以横向对比多个随机动态死亡率模型，若模型的残差均匀地分布在零轴两侧，则说明模型的偏移程度较小，模型拟合较优。六个模型的中国男性人口 50~89 岁的残差如图 2-3 至图 2-8 所示。

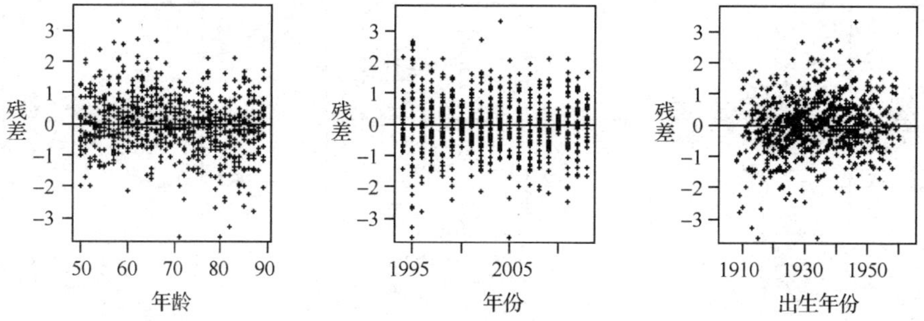

图 2-3　基于 Lee-Carter 模型的中国男性 50~89 岁人口死亡率残差

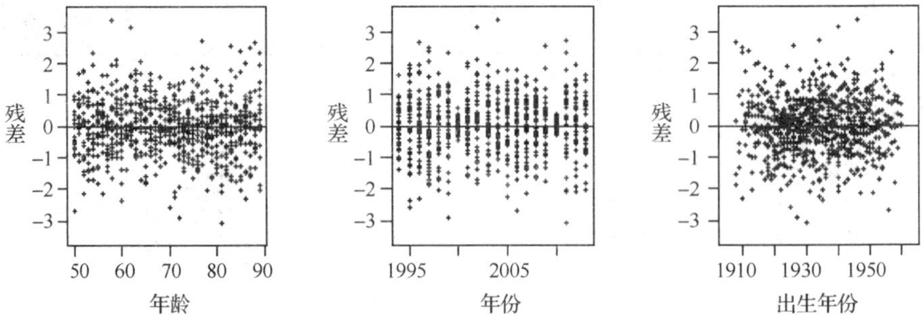

图 2-4 基于 RH 模型的中国男性 50~89 岁人口死亡率残差

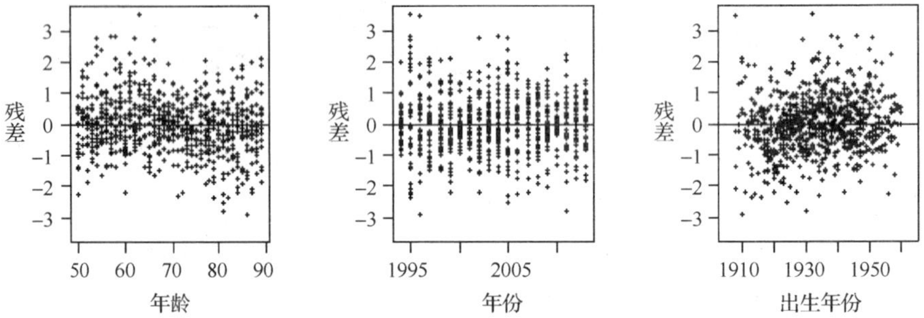

图 2-5 基于 APC 模型的中国男性 50~89 岁人口死亡率残差

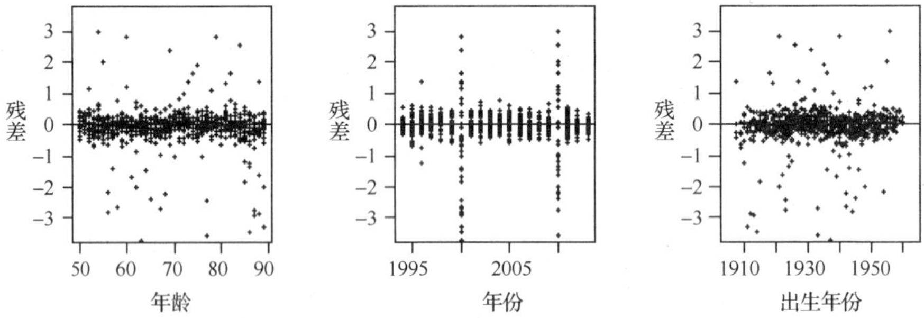

图 2-6 基于 CBD 模型的中国男性 50~89 岁人口死亡率残差

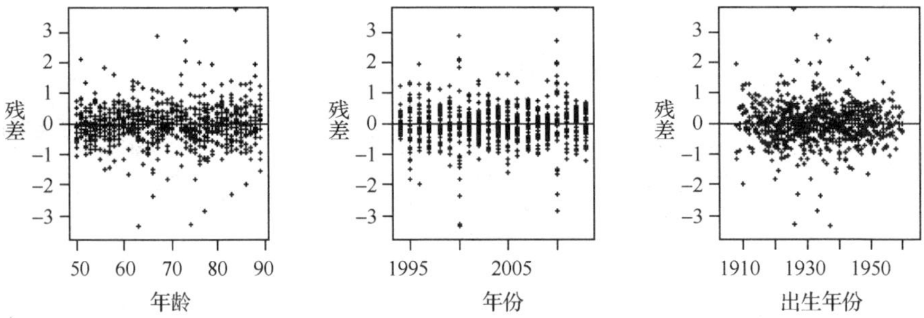

图 2-7 基于 M7 模型的中国男性 50~89 岁人口死亡率残差

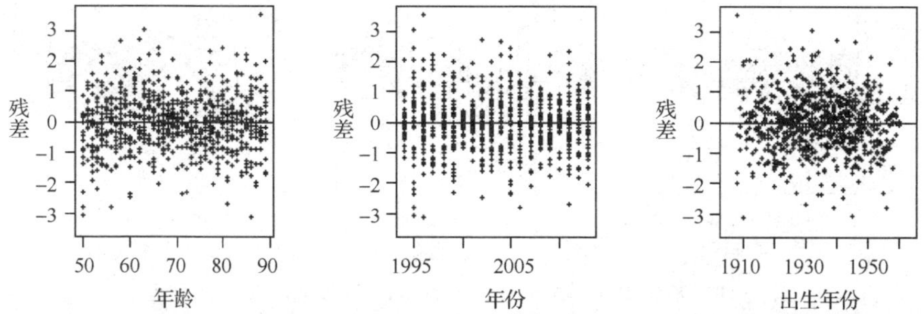

图 2-8　基于 Plat 模型的中国男性 50~89 岁人口死亡率残差

由图 2-3 至图 2-8 可知，六个模型均在不同程度上捕捉到了日历年效应即时间效应，LC 模型、RH 模型、APC 模型、M7 模型以及 Plat 模型均捕捉到了年龄效应，RH 模型、APC 模型、M7 模型以及 Plat 模型捕捉到了出生年效应。根据三个效应的拟合效果比较，RH 模型、APC 模型、M7 模型以及 Plat 模型对中国男性人口死亡率数据的拟合效果较优，但其中 RH 模型相对于 APC 模型而言不稳定；剩余的三个模型相比而言，M7 模型更集中地分布在零轴附近，说明拟合效果 M7 模型较另两个模型更优。

中国女性 50~89 岁的六个模型的残差如图 2-9 至图 2-14 所示。由此可知，女性人口 50~89 岁的六个模型的残差图均反映对时间效应的捕捉，对于年龄效应捕捉程度的优劣而言，M7 模型最佳，其次为 Plat 模型、APC 模型、LC 模型和 RH 模型，CBD 模型最差。对于出生年效应的拟合比较得出，M7 模型、RH 模型、APC 模型以及 Plat 模型均捕捉了该效应，拟合效果最优的为 M7 模型。综上所述，对于女性 50~89 岁人口而言，M7 模型的拟合效果最优。

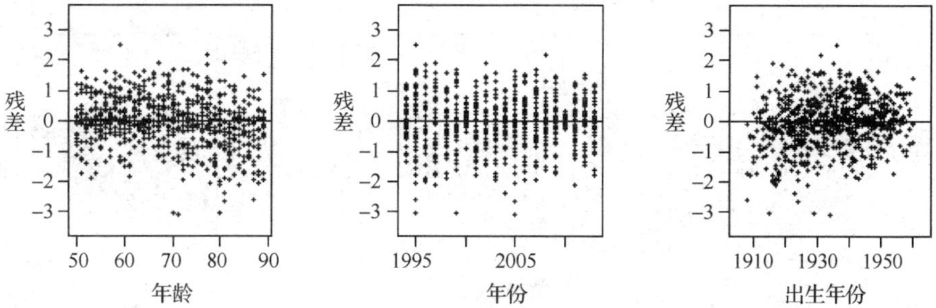

图 2-9　基于 Lee-Carter 模型的中国女性 50~89 岁人口死亡率残差

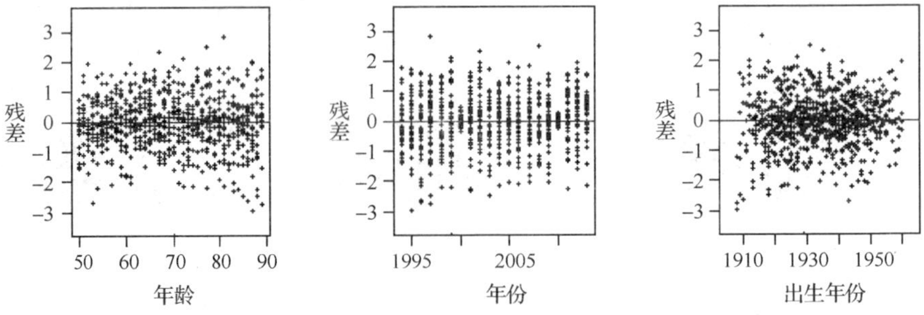

图 2-10　基于 RH 模型的中国女性 50~89 岁人口死亡率残差

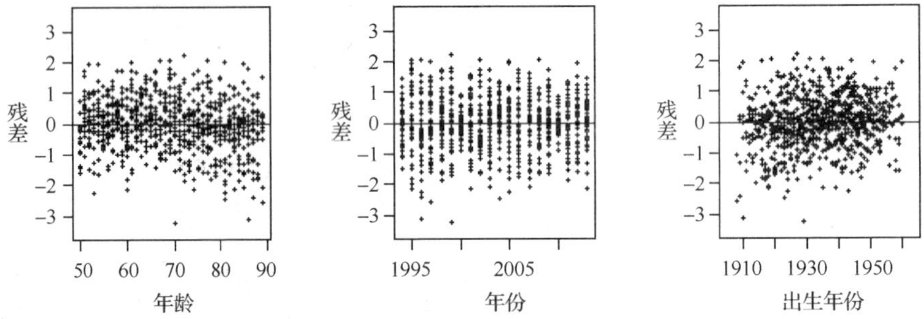

图 2-11　基于 APC 模型的中国女性 50~89 岁人口死亡率残差

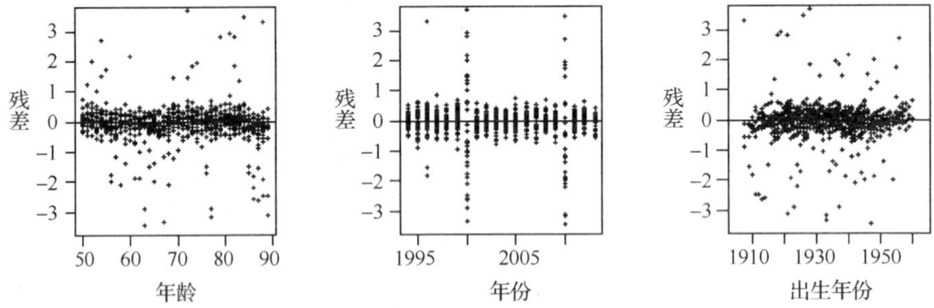

图 2-12　基于 CBD 模型的中国女性 50~89 岁人口死亡率残差

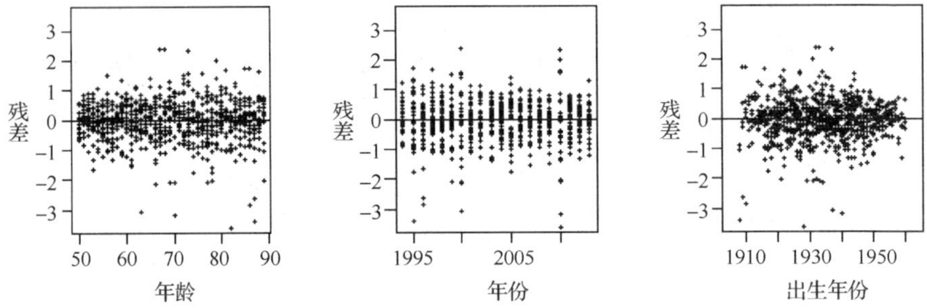

图 2-13　基于 CBD 模型的中国女性 50~89 岁人口死亡率残差

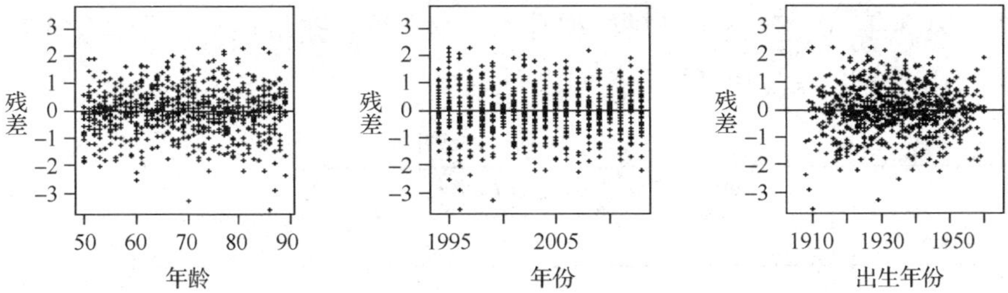

图 2-14　基于 Plat 模型的中国女性 50~89 岁人口死亡率残差

（2）拟合量化指标。

对于量化随机动态死亡率模型的指标有很多，常用的指标有赤池信息准则（AIC）、贝叶斯信息准则（BIC）以及平均绝对百分比误差准则（MAPE）。

赤池信息准则（ATC）是用来比较并解释不同数量参数间的多元回归模型的拟合优度的常用标准之一。AIC 的定义式如下：

$$AIC=-2\ln(l(\phi))+2k \tag{2-12}$$

贝叶斯信息准则（BIC）是一种带有惩罚项的极大似然值。由于这六个随机动态死亡率模型的参数数量不一致，如 APC 模型是 RH 模型的特殊情况，在这种情况下，参数多的模型将会存在更大的似然函数值，不利于不同参数数量的模型间的横向对比。但 BIC 准则有效地解决了这一问题，促使不同数量参数的模型间能有效地对比其优劣。BIC 的表达式如下：

$$BIC=l(\hat{\phi})-0.5k\cdot\log n \tag{2-13}$$

其中，$\hat{\phi}$ 是模型的参数矩阵；$l(\hat{\phi})$ 是参数矩阵的极大似然估计值；k 是参数估计的自由参数的个数；n 是观察值的个数。

运用平均绝对百分比误差准则（MAPE）检验结果的准确性，不仅能检验历史数据的拟合优度，也能对预测数据的拟合进行考量。该准则能计算出拟合值偏离实际值的程度，准确观察到预测误差。一般情况下，MAPE 数值越小，表明模型拟合效果越好。平均绝对值百分比误差准则（MAPE）是绝对百分比误差的平均值，其表达式如下：

$$MAPE=\frac{1}{n}\sum_{i=1}^{n}\frac{|Y_i-\hat{Y}_i|}{Y_i}\times 100\% \tag{2-14}$$

其中，Y_i 和 $\hat{Y}_i$ 分别是实际值和拟合值，n 是拟合值的个数。其具体衡量标准如表 2-3 所示。本书通过 R 软件得出六个随机动态死亡率模型的参数，并用 Excel 以及 Matlab 软件将参数结果代入对应的随机动态死亡率模型中得出

1994~2013 年 50~89 岁分性别的拟合死亡率数据，并与真实死亡率数据对比计算得出 MAPE 值，其 MAPE 值如表 2-3 所示。

表 2-3　MAPE 指标衡量标准

MAPE	<0.1	0.1~0.2	0.2~0.5	>0.5
拟合效果	极佳	良好	可接受	不理想

使用 BIC 和 AIC 准则的原因在于它们不仅能度量拟合质量，也具有简洁度的优点；同时，这两个准则无须考虑模型之间是否存在相互嵌套的关系。AIC 和 BIC 的值越大，表明模型的整体效果越好。上述六个模型分性别的我国 50~89 岁样本数据的 AIC、BIC 以及 MAPE 指标如表 2-4 所示，同时，本书还标出了 AIC 和 BIC 两个指标值由大到小的顺序排名以及 MAPE 由小到大的排名顺序。根据表 2-4 可知，CBD 模型的 AIC 和 BIC 值在男女性别中均为最大值，其次为 M7 模型，但第三名的顺序男女性别有所不同，男性为 APC 模型，女性为 LC 模型。对于 MAPE 指标，男女性别六个模型的值均处于对历史数据拟合良好的状态，且均未超过 0.2，其中，M7 模型的数值在男女性别中均为最小，说明 M7 模型对男女性别历史数据的拟合效果最好，其次为 RH 模型、Plat 模型，但从第四名开始男女性别的排名顺序有所不同。综合这三个指标，对男性历史数据拟合效果最优的模型为 M7 模型，对女性历史数据拟合效果最优的也是 M7 模型。

表 2-4　随机动态死亡率的 AIC 和 BIC

	男				女			
模型	参数个数	AIC	BIC	MAPE	参数个数	AIC	BIC	MAPE
LC	98	7220.85 (4)	7678.46 (4)	0.1256 (6)	98	7076.59 (3)	7534.20 (3)	0.1387 (6)
RH	150	6875.22 (6)	7575.65 (6)	0.1079 (2)	150	6692.11 (6)	7392.54 (6)	0.1248 (2)
APC	110	7223.06 (3)	7736.71 (3)	0.1194 (4)	110	6935.70 (4)	7449.34 (5)	0.1321 (4)
CBD	40	25186.66 (1)	25373.44 (1)	0.1210 (5)	40	20396.14 (1)	20582.92 (1)	0.1333 (5)
M7	110	9459.08 (2)	9972.72 (2)	0.1054 (1)	110	8550.39 (2)	9064.03 (2)	0.1202 (1)
Plat	128	7080.41 (5)	7678.11 (5)	0.1127 (3)	128	6893.13 (5)	7490.83 (4)	0.1268 (3)

（3）稳定性检验。

一个优秀的死亡率模型，除了要有较小的拟合误差外，还应兼顾模型的稳定性。若使用两组不同的数据得到的两组估计值的曲线基本重叠，说明模型的参数不会因为时间段与年龄段的改变而改变，即模型的稳健性较好。为了比较以上六个随机动态死亡率模型的稳健性，本书分别采用1994~2013年和1997~2013年50~89岁分性别的人口死亡率经验数据，重新观察六个模型的拟合情况，通过不同年限的最优拟合模型来判断模型的稳定性，最后根据年份扩展方式综合选取最优稳定性的随机动态死亡率模型。图2-15至图2-20显示了中国男性不同模型的两组数据的参数拟合结果；图2-21至图2-26显示了中国女性不同模型的两组数据的参数拟合结果。

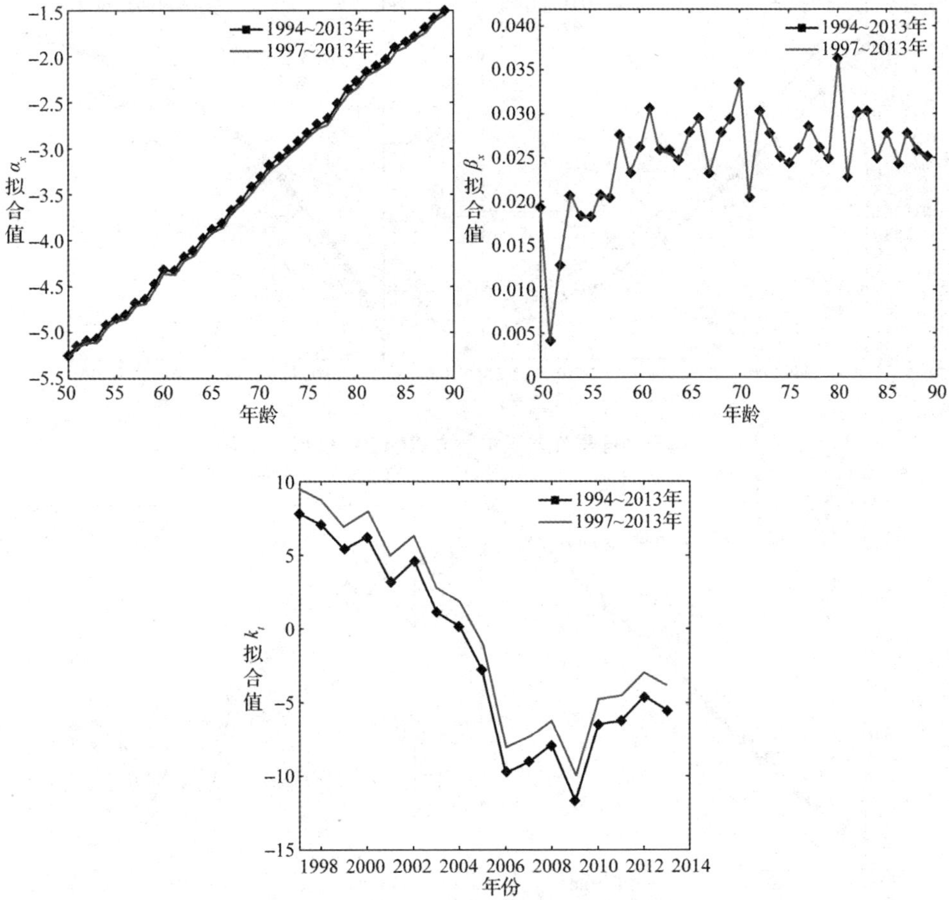

图2-15 基于中国男性年限扩展方式的LC模型的稳健性拟合

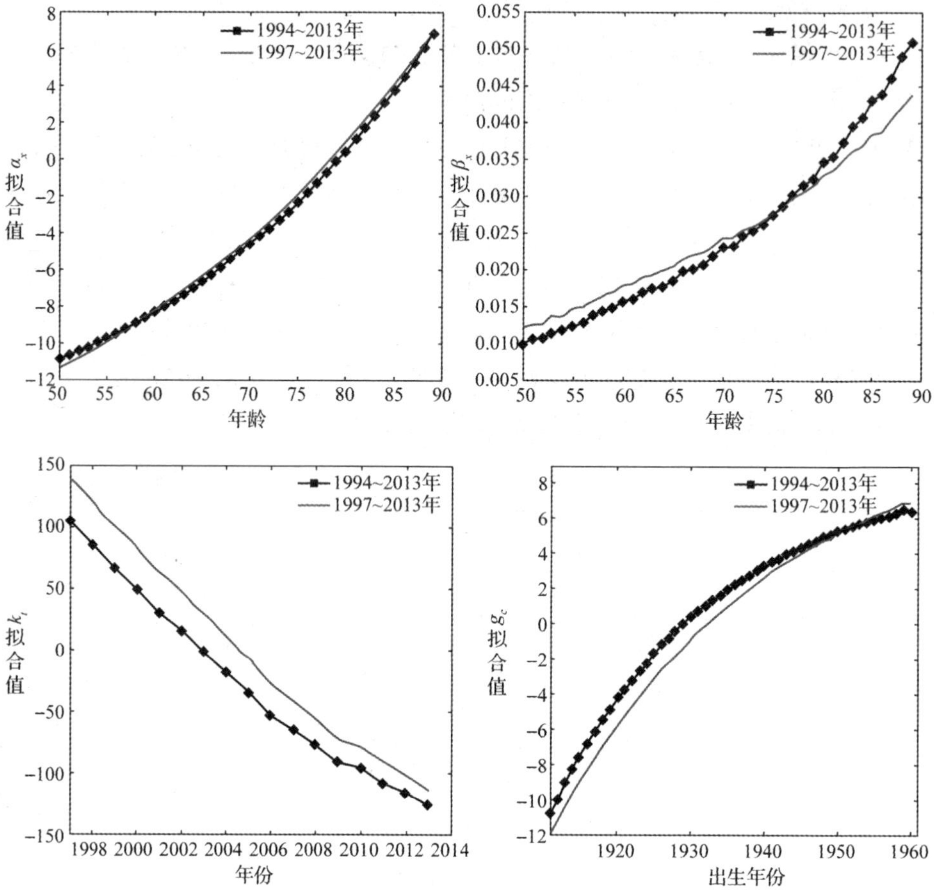

图 2-16 基于中国男性年限扩展方式的 RH 模型的稳健性拟合

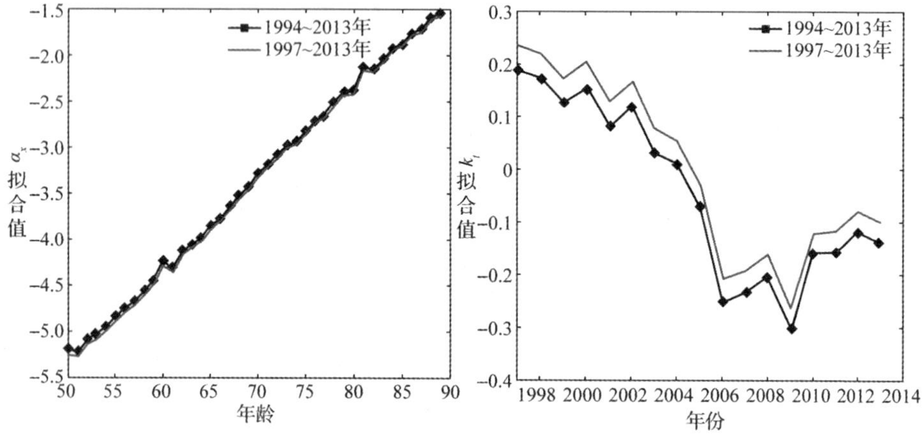

图 2-17 基于中国男性年限扩展方式的 APC 模型的稳健性拟合

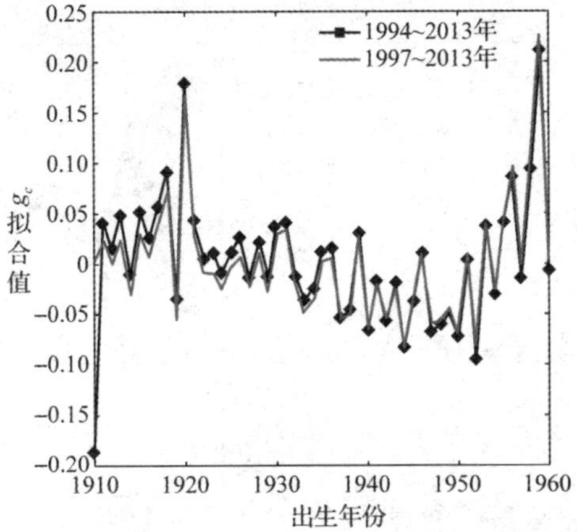

图 2-17　基于中国男性年限扩展方式的 APC 模型的稳健性拟合（续）

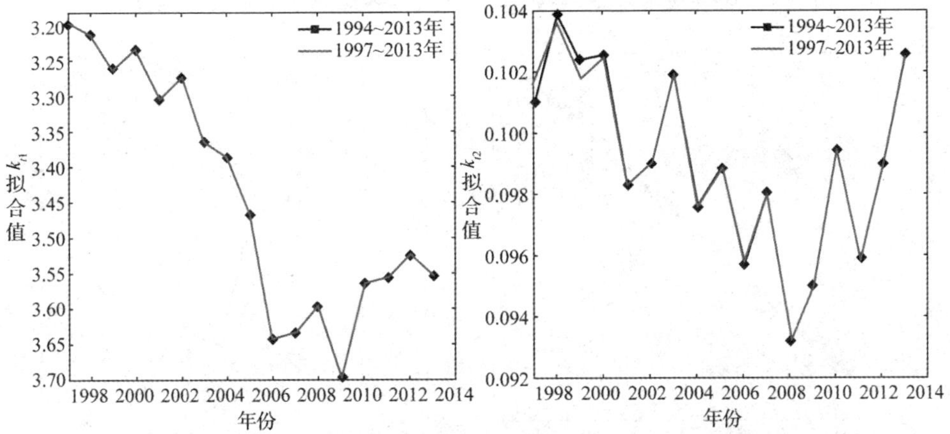

图 2-18　基于中国男性年限扩展方式的 CBD 模型的稳健性拟合

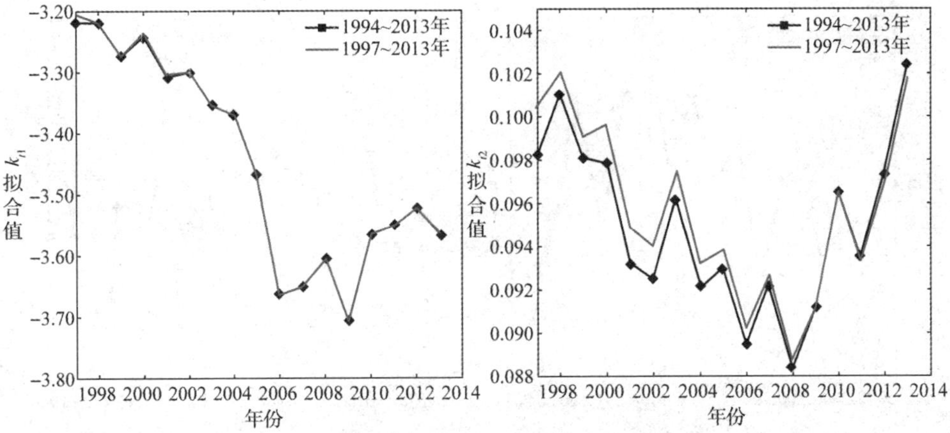

图 2-19　基于中国男性年限扩展方式的 M7 模型的稳健性拟合

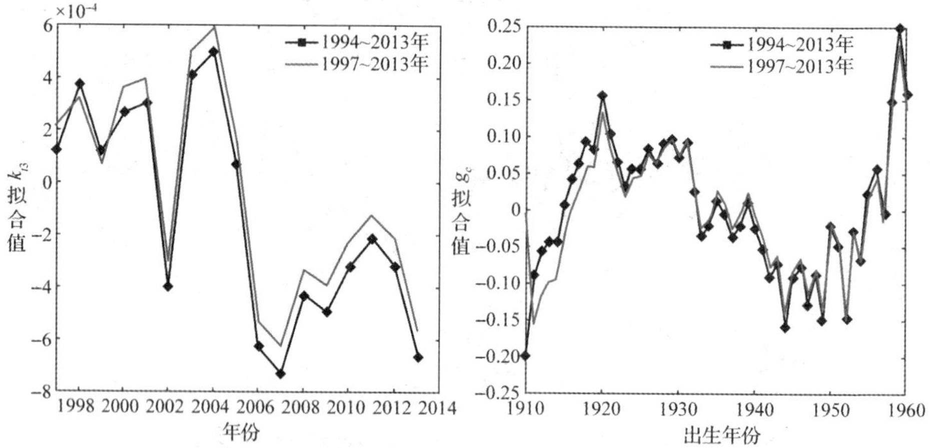

图 2-19 基于中国男性年限扩展方式的 M7 模型的稳健性拟合（续）

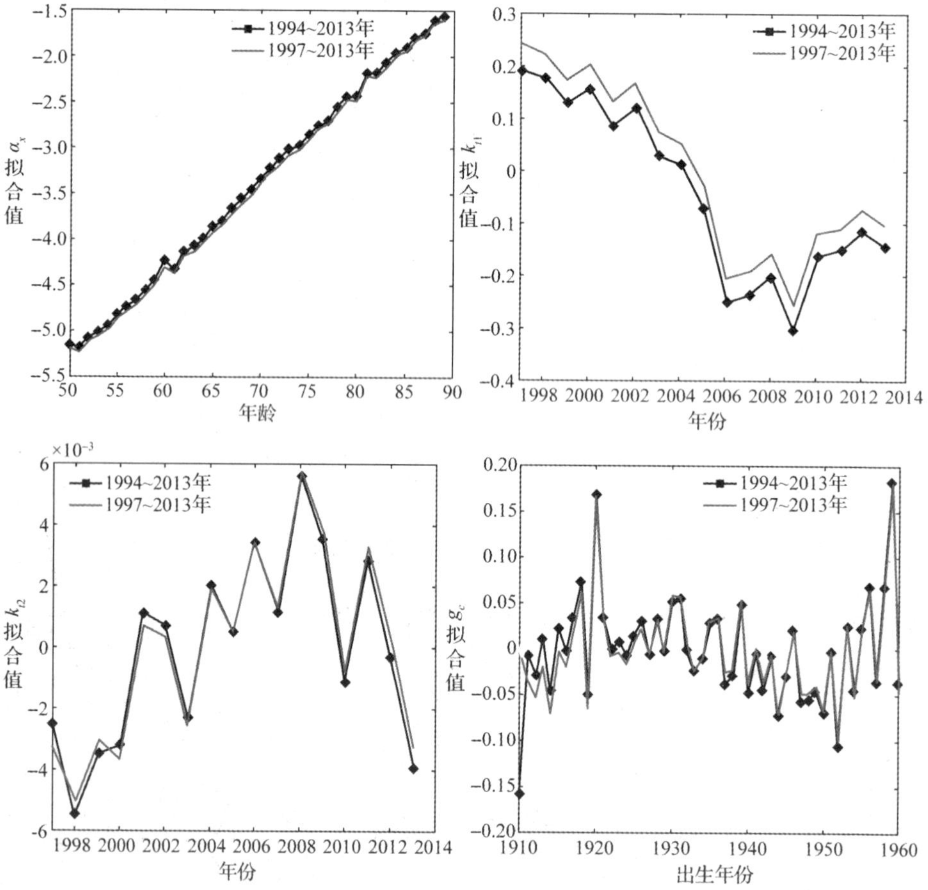

图 2-20 基于中国男性年限扩展方式的 Plat 模型的稳健性拟合

由图 2-15 至图 2-20 可知，在不同年限的情况下，六个模型的参数拟合情况的走势基本一致。对于随机动态死亡率模型的几个参数项：年龄项（x）、年份项（t）以及出生年因素项（g_c），每个模型的拟合情况有所不同。除 CBD 模型未包含年龄项（x）外，从图 2-15 中可以看出，APC 模型、M7 模型、Plat 模型以及 LC 模型的 a_x 参数的两组拟合值曲线重叠程度最高，RH 模型的年龄因素的两组拟合值曲线重叠程度最低，LC 模型对参数 β_x 拟合重叠率优于 RH 模型。对于年份项 t，CBD 模型的稳健性最高，M7 模型和 Plat 模型次之。对于出生年因素项 g_c，Plat 模型和 M7 模型的稳健性最强，其次为 APC 模型，RH 模型的稳健性最差。综合而言，除 RH 模型外，其他几个模型均有所重叠，但对于中国男性而言，CBD 模型的两组参数拟合结果基本重叠，稳定性最优，其次为 Plat 模型和 M7 模型。

如图 2-21 至图 2-26 所示，在年份样本数据为［1994，2013］和［1997，2013］的情况下，六个模型的各个参数两组样本数据的拟合情况的走势基本一致。具体而言，对于随机动态死亡率的几个参数项：年龄项（x）、年份项（t）以及出生年因素项（g_c），每个模型的拟合情况有所不同。对于年龄项 x（由于 CBD 模型不含此项，故不对比分析该模型），RH 模型的年龄项的拟合重叠率最差，LC 模型、APC 模型以及 Plat 模型的两组拟合值均大幅度重叠，这三个模型对年龄项的拟合稳定性最优；对于时间项 t，CBD 模型的稳健性最好，M7 模型和 Plat 模型次之，LC 模型和 RH 模型的稳健性最差；对于出生年因素项 g_c，Plat 模型以及 M7 模型的重叠率较高，RH 模型的稳健性最差。综合而言，除 RH 模型外，其他模型的两组拟合数据值均有所重叠，但对于中国女性而言，CBD 模型的稳定性最优，其次为 Plat 模型。

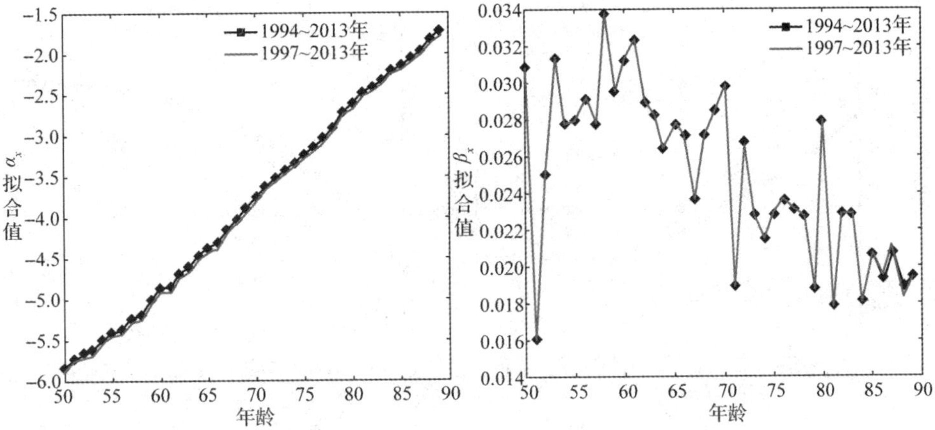

图 2-21　基于中国女性年限扩展方式的 LC 模型的稳健性拟合图

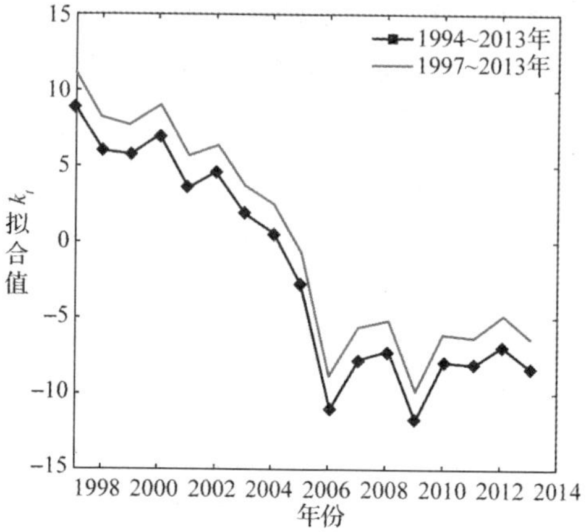

图 2-21 基于中国女性年限扩展方式的 LC 模型的稳健性拟合图（续）

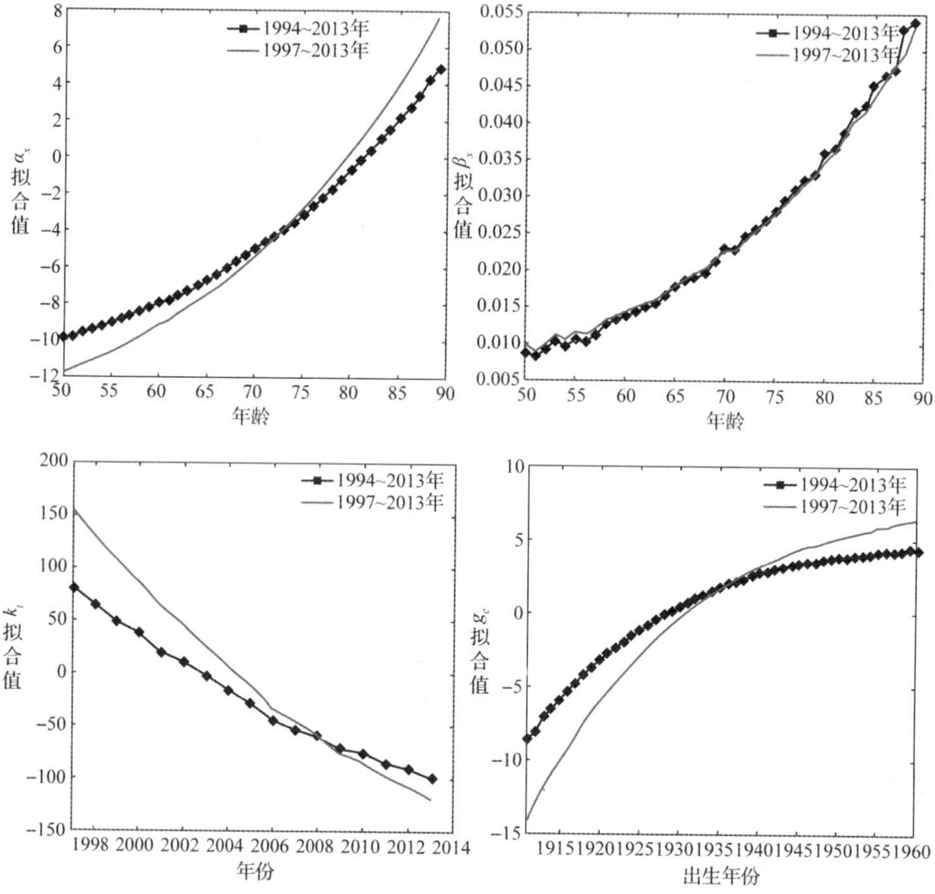

图 2-22 基于中国女性年限扩展方式的 RH 模型的稳健性拟合图

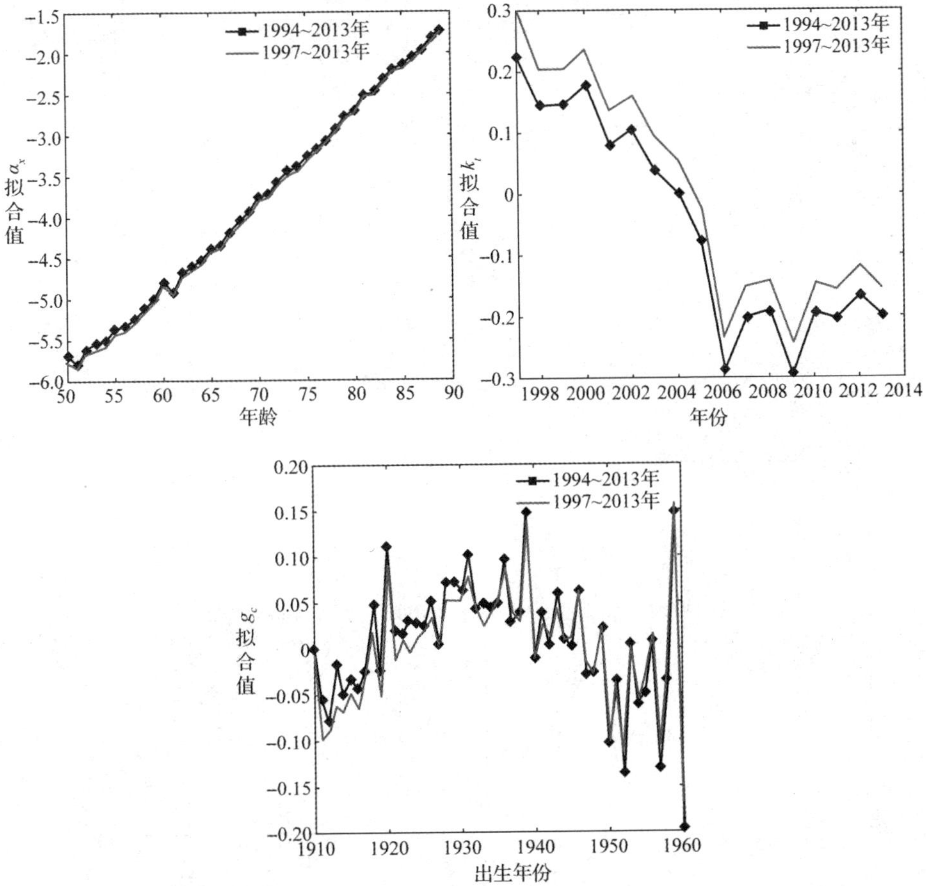

图 2-23　基于中国女性年限扩展方式的 APC 模型的稳健性拟合图

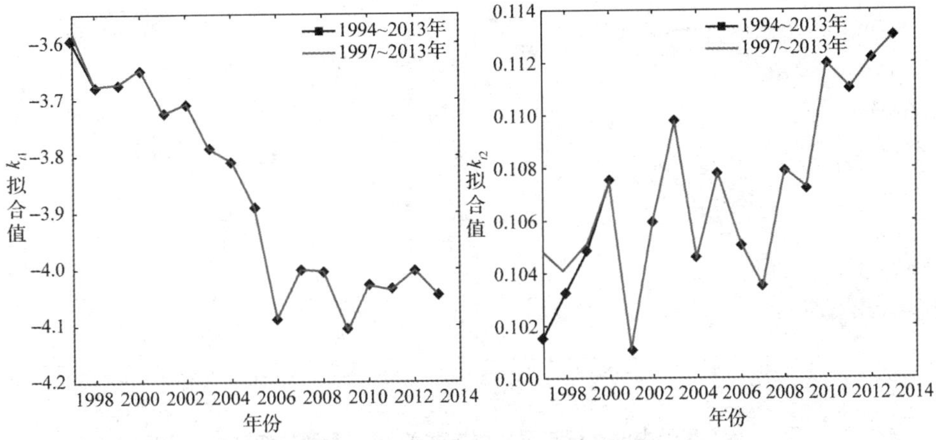

图 2-24　基于中国女性年限扩展方式的 CBD 模型的稳健性拟合图

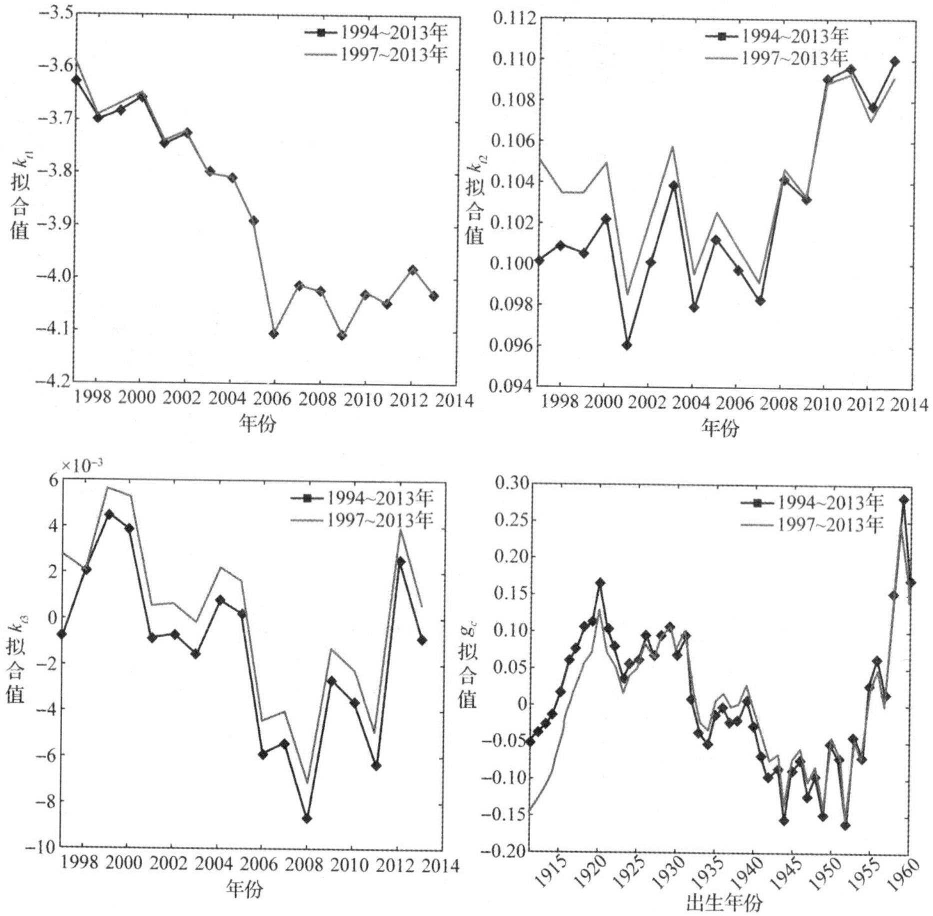

图 2-25 基于中国女性年限扩展方式的 M7 模型的稳健性拟合图

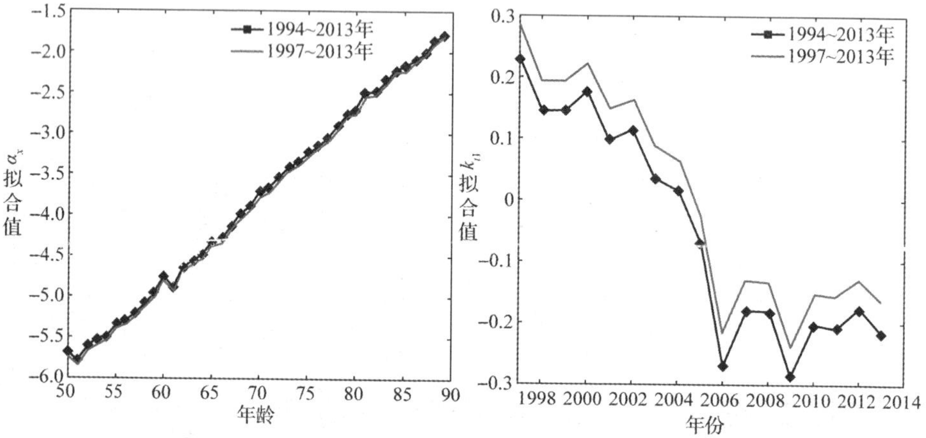

图 2-26 基于中国女性年限扩展方式的 Plat 模型的稳健性拟合图

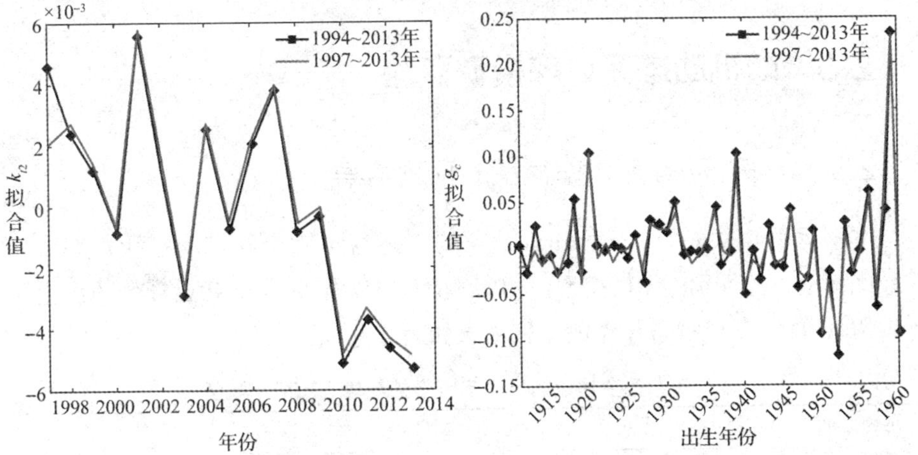

图 2-26　基于中国女性年限扩展方式的 Plat 模型的稳健性拟合图（续）

基于上述所采用的一些指标，如残差图、AIC、BIC 等，每个指标均有相应的最优随机动态死亡率模型，我们按照上述指标进行一个综合排名，得出拟合效果的随机动态死亡率模型自优至差的排名。由于中间名次的差异不明显，因此只排名最优和最差，综合选取拟合效果最优的随机动态死亡率模型，排名如表 2-5 所示。由于残差图以及稳健性指标均是从图例中得出分析结果，因此无法得出全部排名，仅能分析出最优和较优。由表 2-5 可知，男女性别的几个指标排名顺序大致相同，其中，M7 模型在五个指标中有两次排名第一，三次排名第二；CBD 模型三次排名第一，一次排名第五，但 CBD 模型在残差图这一指标中拟合较差。根据综合排名得出，对于中国男性和女性人口而言，M7 模型和 CBD 模型在拟合效果方面较优。

表 2-5　随机动态死亡率模型拟合效果拟合情况排名

性别	指标	LC 模型	RH 模型	APC 模型	CBD 模型	M7 模型	Plat 模型
男	残差图	—	—	2	—	1	2
	AIC	4	6	3	1	2	5
	BIC	4	6	3	1	2	5
	MAPE	6	2	4	5	1	3
	稳健性	—	6	—	1	2	2
女	残差图	—	—	2	—	1	2
	AIC	3	6	4	1	2	5
	BIC	3	6	5	1	2	4
	MAPE	6	2	4	5	1	3
	稳健性	—	6	—	1	2	2

2.3 随机动态死亡率模型预测

2.3.1 随机动态死亡率模型的预测结果

本书运用 R 软件的 Auto. arima 代码自动运行出六个随机动态死亡率模型的最优模型，分性别的 RH 模型、APC 模型、M7 模型以及 Plat 模型的出生年效应的 ARIMA 最优拟合模型的运行结果如表 2-6 所示。

表 2-6 各个模型的出生年因素的最优 ARIMA 模型

性别 模型	男		女	
	(p,d,q)	BIC	(p,d,q)	BIC
RH	ARIMA(3,2,0)	-89.11	ARIMA(2,2,1)	-76.61
APC	零均值 ARIMA(0,0,0)	-122.55	零均值 ARIMA(1,0,3)	-107.35
M7	零均值 ARIMA(1,0,0)	-123.47	零均值 ARIMA(1,0,0)	-119.76
Plat	零均值 ARIMA(0,0,0)	-132.11	零均值 ARIMA(0,0,0)	-128.62

随后，我们将运用表 2-6 中所得到的各个随机动态死亡率模型中的各个最优 ARIMA 模型对出生年因素进行 40 年的预测，我们将使用置信水平为 80%和 95%的扇形图来对预测结果进行分析，中国男性和中国女性各个模型 40 年的预测分别如图 2-27 至图 2-30 和图 2-31 至图 2-34 所示。

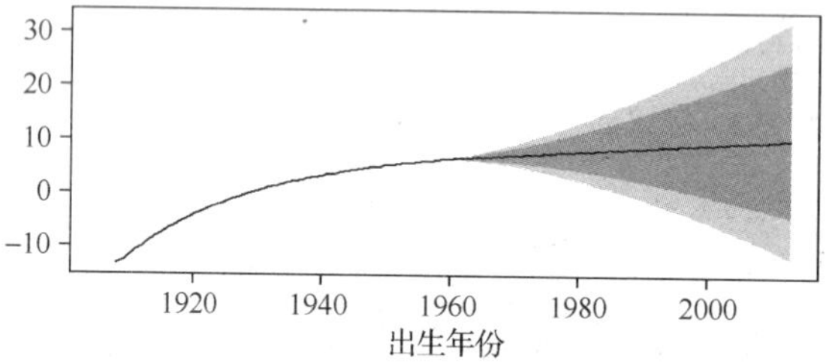

图 2-27 基于中国男性数据的 RH 模型出生年因素预测走势

根据 ARIMA 方法预测出了六个随机动态死亡率模型的 2014~2074 年的中心死亡率，本书将 2014~2017 年的预测拟合值和真实死亡率值进行对比，利用 MAPE 指标来对比分析各个模型的预测效果，其运行结果如表 2-7 所示。

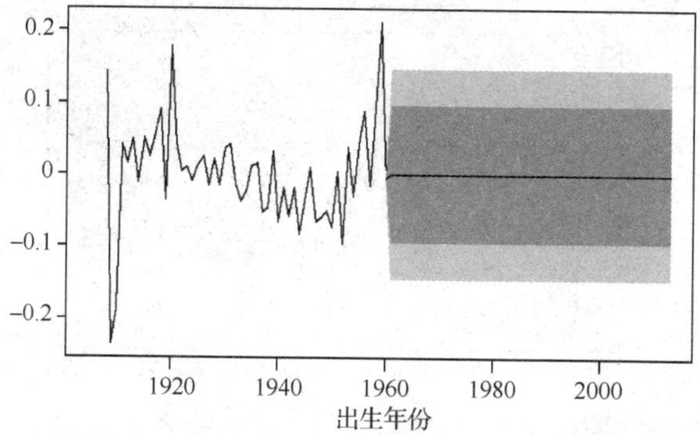

图 2-28　基于中国男性数据的 **APC** 模型出生年因素预测走势

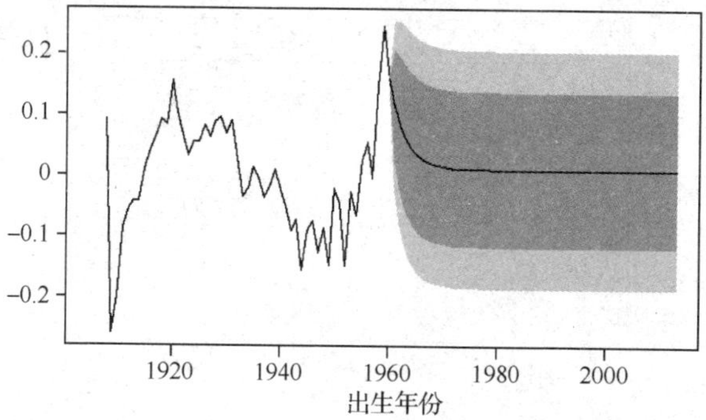

图 2-29　基于中国男性数据的 **M7** 模型出生年因素预测走势

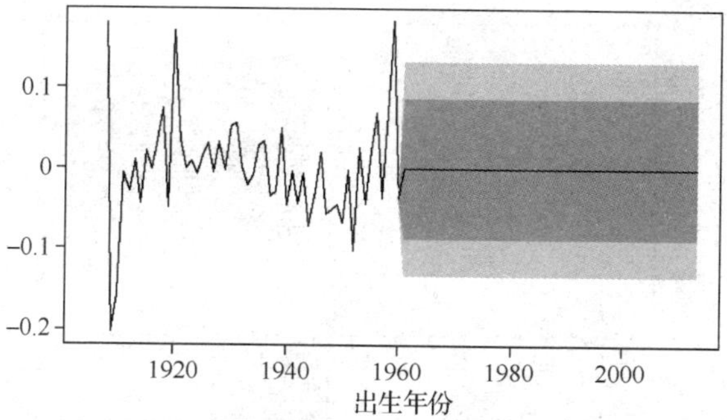

图 2-30　基于中国男性数据的 **Plat** 模型出生年因素预测走势

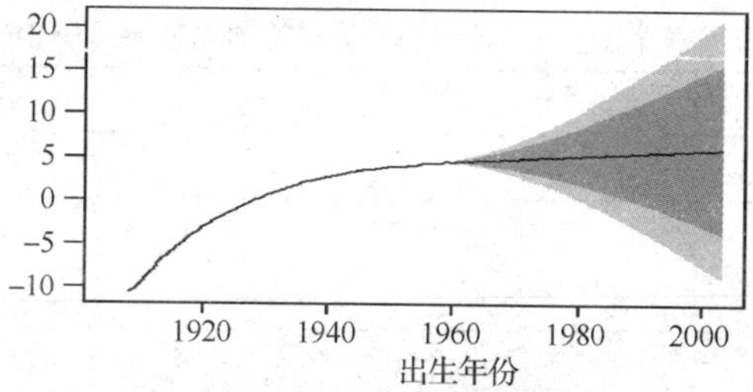

图 2-31　基于中国女性数据的 **RH** 模型出生年因素预测走势

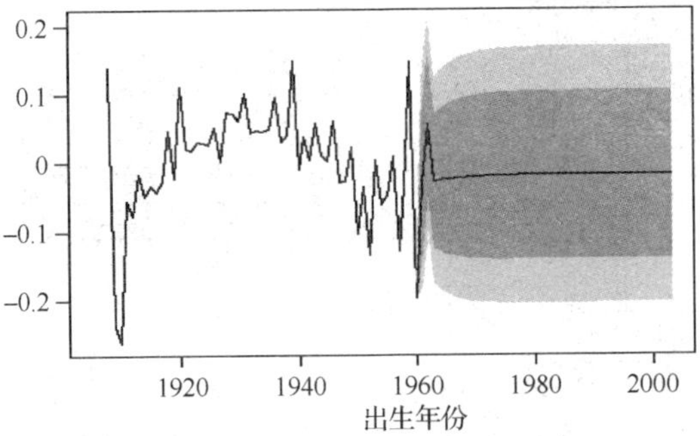

图 2-32 基于中国女性数据的 **APC** 模型出生年因素预测走势

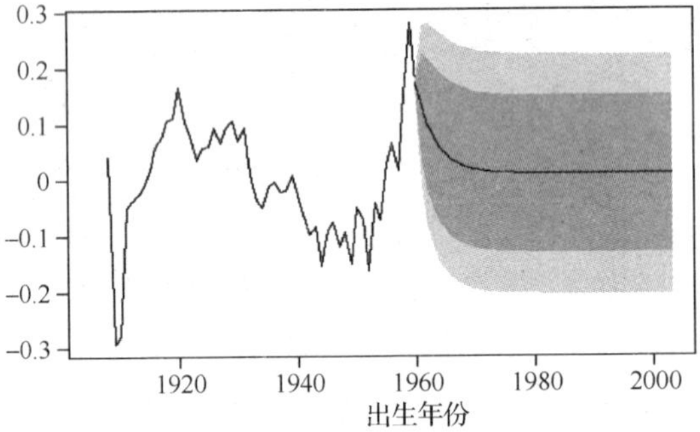

图 2-33 基于中国女性数据的 **M7** 模型出生年因素预测走势

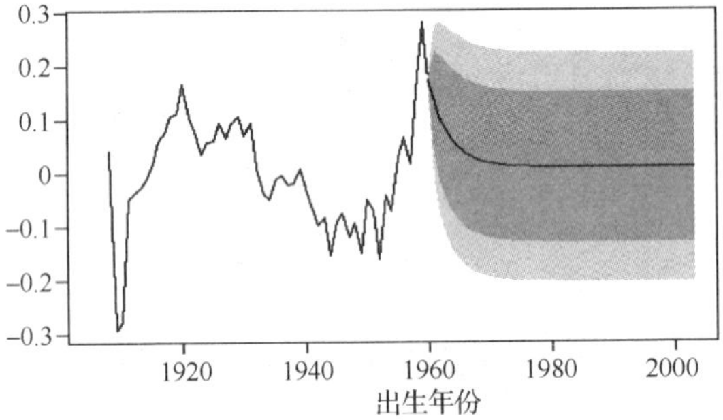

图 2-34 基于中国女性数据的 **Plat** 模型出生年因素预测走势

表 2-7 各个随机动态死亡率模型的预测效果 **MAPE** 值

性别	男	女
模型	MAPE	MAPE
LC	0. 1971 (5)	0. 2585 (4)
RH	0. 2108 (6)	0. 2115 (1)

续表

性别	男	女
模型	MAPE	MAPE
APC	0. 1866 (2)	0. 2601 (5)
CBD	0. 1904 (3)	0. 2412 (2)
M7	0. 1910 (4)	0. 2616 (6)
Plat	0. 1828 (1)	0. 2561 (3)

如表 2-7 所示，相对而言，中国男性的拟合效果更优，其中，男性的 MAPE 值除 RH 模型外，均处于 0. 2 以下，其中拟合最好的模型为 Plat 模型，其次为 APC 模型，再次为 CBD 模型；女性的 MAPE 值均高于 0. 2，拟合最优的模型为 RH 模型，其次为 CBD 模型，再次为 Plat 模型。总而言之，中国男性预测效果拟合最优的模型为 Plat 模型，中国女性预测效果拟合最优的为 RH 模型，中国男女性别人口死亡率预测效果拟合均处于良好状态。

2.3.2　生物合理性判断

随着社会的发展和医疗技术的进步，学者们对死亡率走势规律的看法各有不同。但是，以下两种规律是一致认可的：第一，在同一日历年，人的年龄越大，其年龄群体的死亡率越高。若某死亡率模型预测出来的数据与其相悖，则缺乏生物合理性。第二，在不考虑灾难和战争等不可抗力的因素下，从长期来看，死亡率会由于医疗技术和生活条件的改善而有一个下降的趋势。若某死亡率模型预测出来的数据随时间的推移有所上升，则其不具备生物合理性。

中国男性和女性人口死亡率数据的生物合理性判断指标分别由图 2-35 和图 2-36 分析得出。图 2-35 和图 2-36 使用的是 1994~2013 年 50~89 岁中国男性和中国女性人口中心死亡率数据来拟合上文选择的六个随机动态死亡率模型，每个小图中均有三个扇形图，表示死亡率预测区间，扇形图由上往下的年龄段分别为 85 岁、75 岁以及 65 岁，置信水平分别选取了 50%、80%以及 95%的死亡率扇形预测图，散点图为拟合的 1994~2013 年的历史数据。

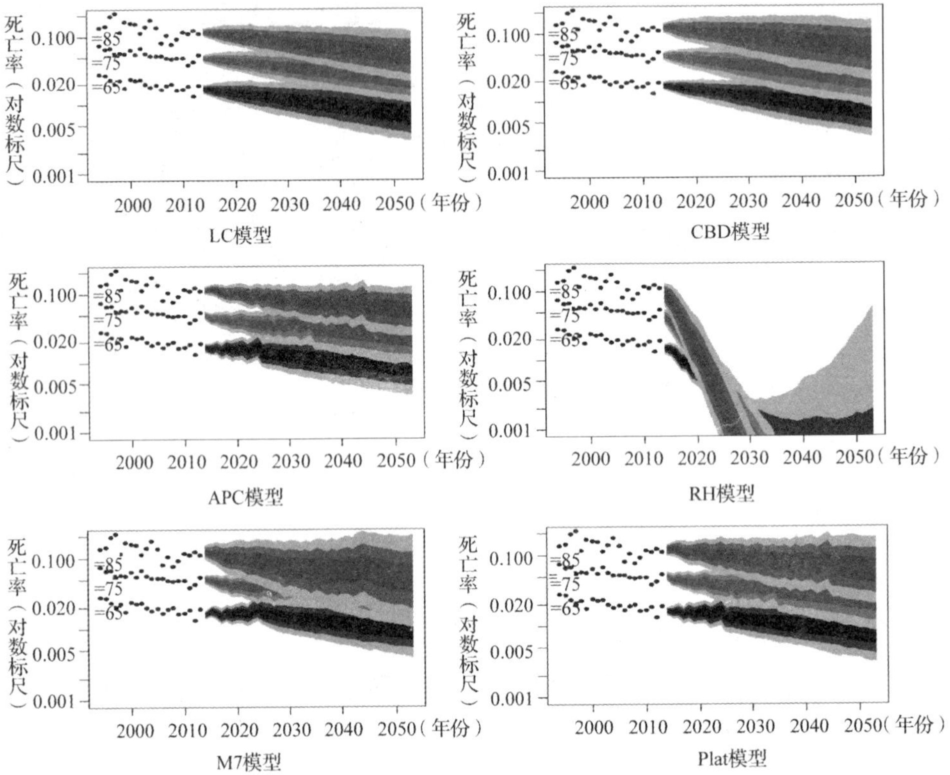

图 2-35 各个随机动态死亡率模型的中国男性死亡人口三个年龄段的预测走势

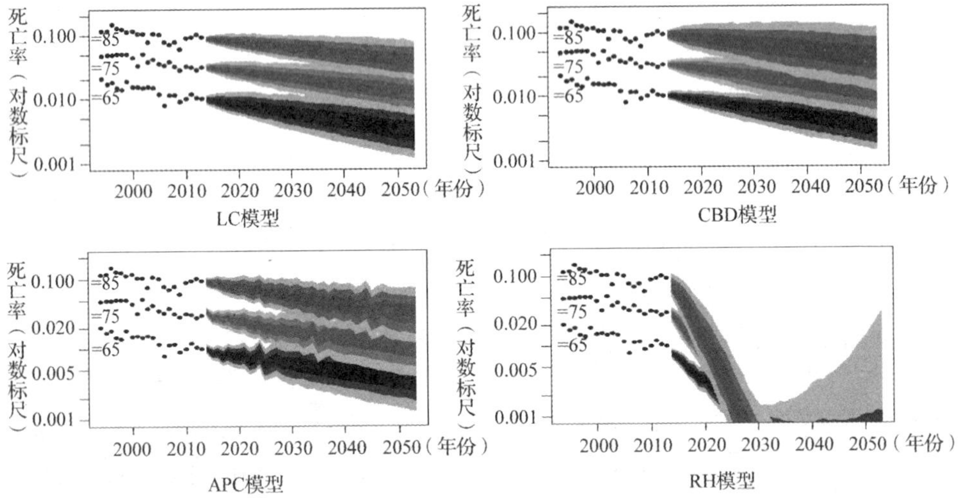

图 2-36 各个随机动态死亡率模型的中国女性死亡人口三个年龄段的预测走势

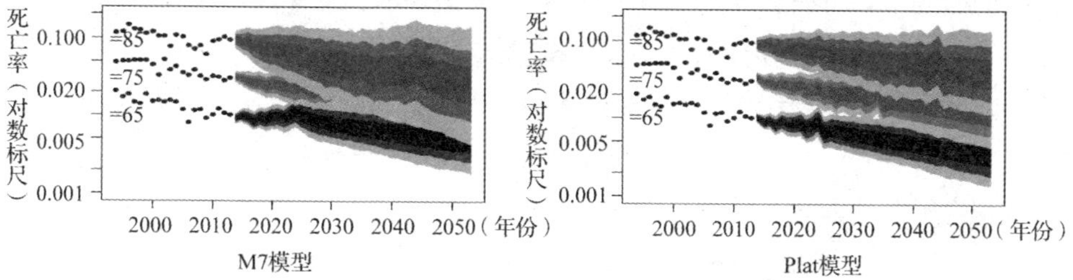

图 2-36　各个随机动态死亡率模型的中国女性死亡人口三个年龄段的预测走势（续）

由图 2-35 可知，RH 模型明显不符合生物合理性，其原因在于：第一，在预测年限的后段部分，死亡率有上升的趋势；第二，三个年龄段的预测扇形图重叠部分很多；第三，死亡率趋势下降得很快。M7 模型也违背了生物合理性，原因在于高龄人口的死亡率扇形图与低龄人口死亡率的扇形图重叠。LC 模型、CBD 模型、APC 模型和 Plat 模型的预测区间均比较合理，理由如下：第一，均是下降趋势；第二，由于高龄段死亡率的不确定性更强，因此年龄越大，预测区间应该越宽，CBD 模型和 Plat 模型中的高龄死亡率扇形图明显宽于略低年龄的扇形图；第三，该四个模型的高龄死亡率均高于略低年龄的死亡率，具备生物合理性，但其中四个模型在预测年限后段的高龄的区间均会与略低年龄的重合，APC 模型的重合区间最少。因此，综合考虑，中国男性人口的最优模型为 APC 模型、CBD 模型以及 Plat 模型。

如图 2-36 所示，RH 模型和 M7 模型明显不符合生物合理性，LC 模型、CBD 模型、APC 模型和 Plat 模型的预测区间均比较合理，具备生物合理性，理由如下：第一，均是平缓的下降趋势；第二，由于高龄段的死亡率不确定更强，因此年龄越大，预测区间应该越宽，CBD 模型和 Plat 模型中的高龄死亡率扇形图明显宽于略低年龄的扇形图；第三，该四个模型的高龄死亡率均高于略低年龄的死亡率，具备生物合理性，但其中四个模型在预测年限后段的高龄的区间均会与略低年龄的重合，APC 模型的重合区间最少，Plat 模型次之，但 APC 模型的高龄死亡率扇形图窄于略低年龄的死亡率扇形图。因此，综合考虑，中国女性人口的较优模型为 Plat 模型与 CBD 模型。

2.3.3　预测结果的稳健性检验

对于参数稳健性的判断，我们可以使用不同时间跨度的数据通过估计值曲线的对比分析来判断。若使用两组或多组时间跨度不一致的数据得到的两组估计值的曲线基本重合，说明模型的参数不会因为时间段和年龄段的改变而改变。本书仍将采用稳健性检验方法，选取年限区间分别为［1994，2013］和［1997，2013］的置信水平为95%的我国分性别的50~89岁死亡率数据进行40年三个年龄段的死亡率预测来判断其稳定性。中国男性的运行结果如图2-37所示，中国女性的运行结果如图2-38所示。

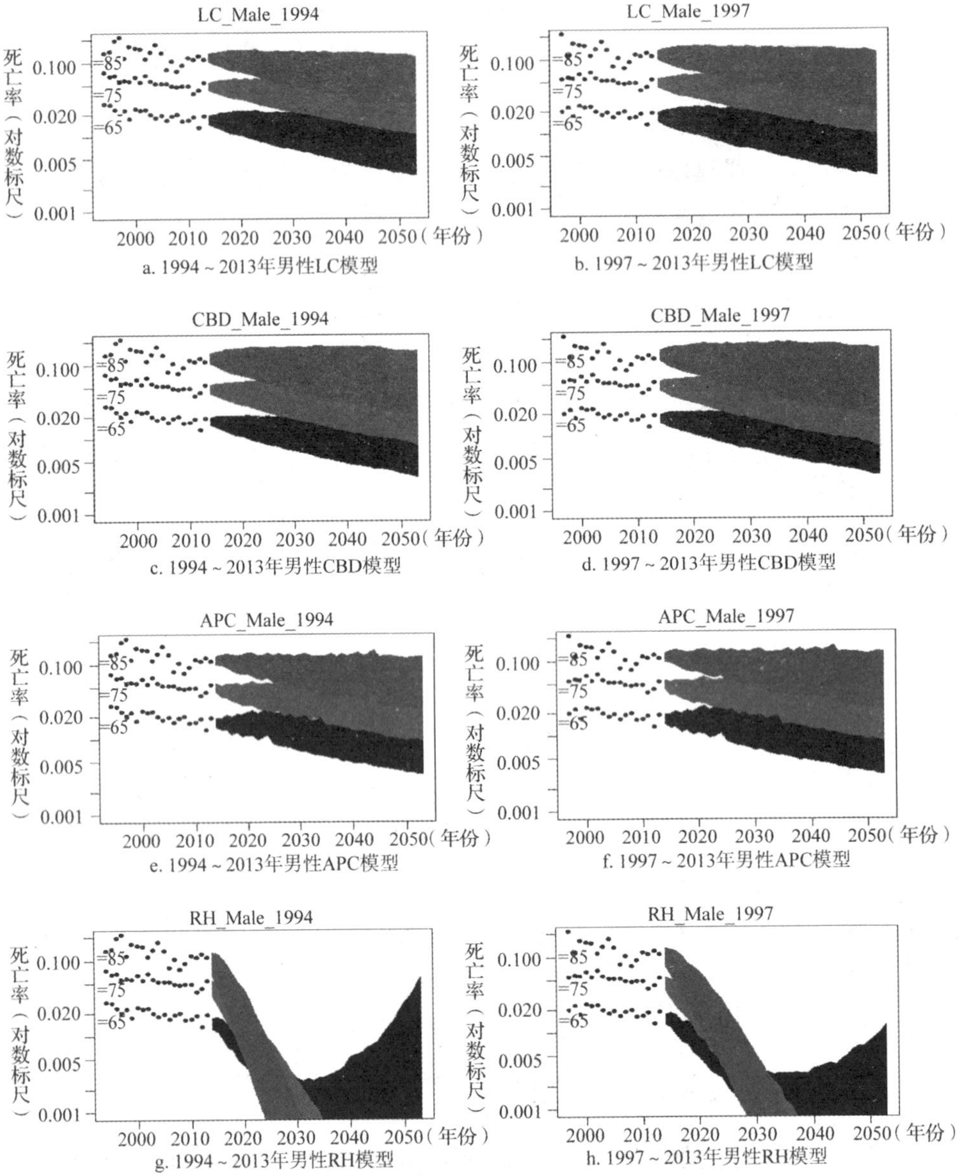

a. 1994～2013年男性LC模型

b. 1997～2013年男性LC模型

c. 1994～2013年男性CBD模型

d. 1997～2013年男性CBD模型

e. 1994～2013年男性APC模型

f. 1997～2013年男性APC模型

g. 1994～2013年男性RH模型

h. 1997～2013年男性RH模型

图2-37 中国男性各随机动态死亡率模型的预测效果稳定性分析

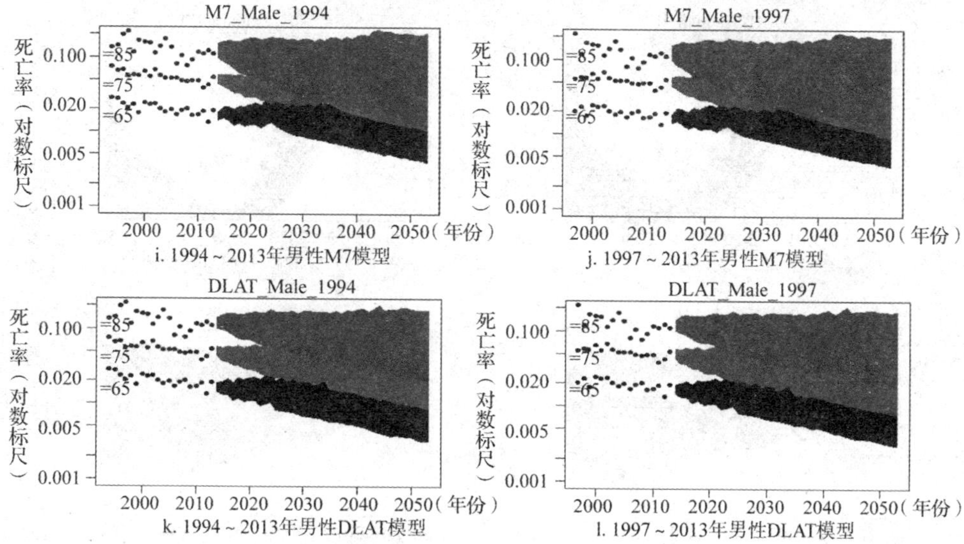

图 2-37　中国男性各随机动态死亡率模型的预测效果稳定性分析（续）

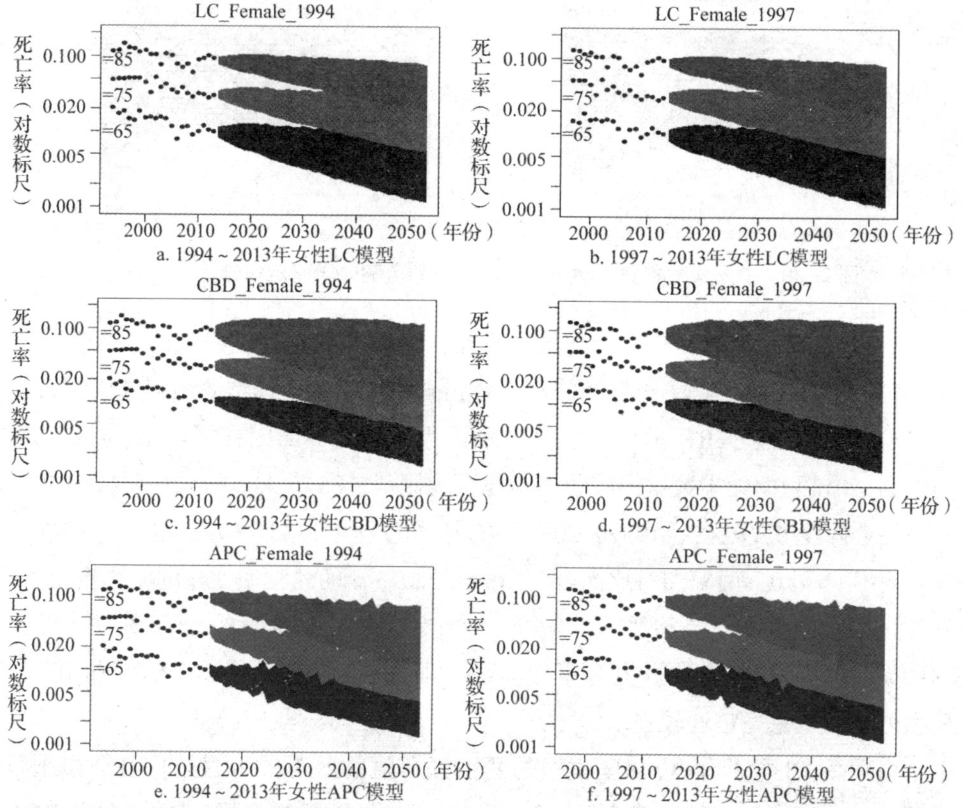

图 2-38　中国女性各随机动态死亡率模型的预测效果稳定性分析

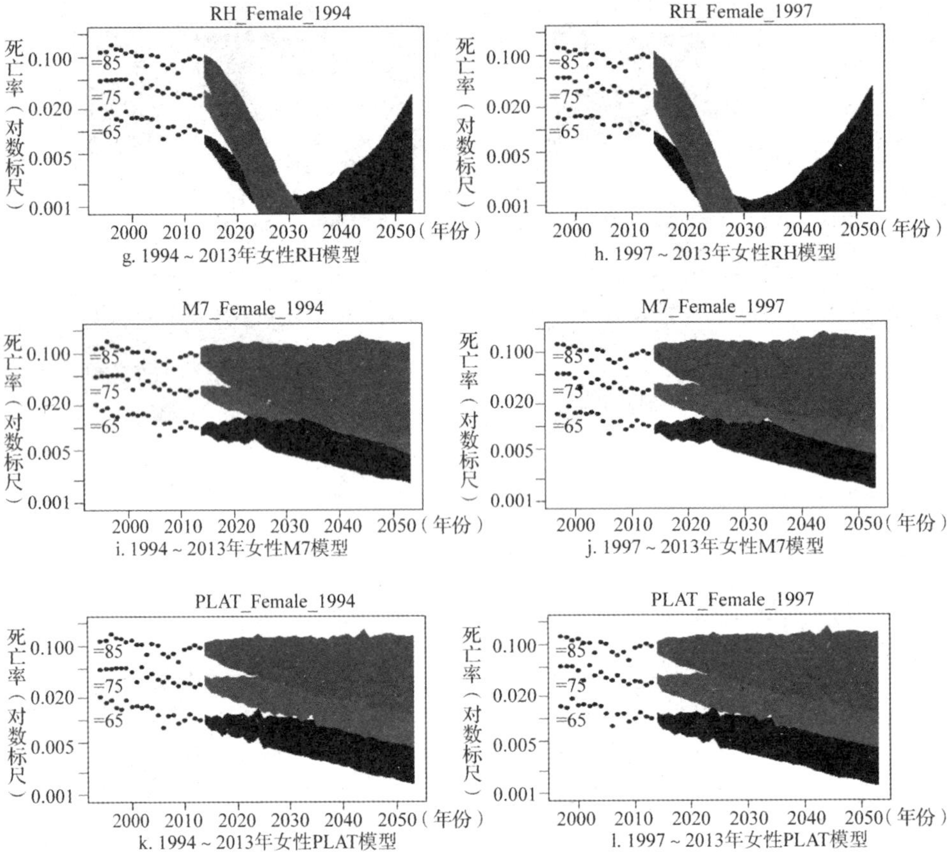

g. 1994～2013年女性RH模型　h. 1997～2013年女性RH模型

i. 1994～2013年女性M7模型　j. 1997～2013年女性M7模型

k. 1994～2013年女性PLAT模型　l. 1997～2013年女性PLAT模型

图 2-38　中国女性各随机动态死亡率模型的预测效果稳定性分析（续）

由图 2-37 可以看出，六个随机动态死亡率模型的男性人口的两个年限区间的各个年龄段的死亡率趋势及特点大致相同，说明各个模型的预测效果都较为稳定。具体而言，RH 模型的预测效果最为不稳定，原因在于：RH 模型在［1994，2013］的样本数据中的预测走势更为倾斜，85 岁人口的死亡率在 2030 年前便会降至 0，但在［1997，2013］的样本数据中，85 岁人口的死亡率在 2030 年后降至 0，两幅图对比而言，［1994，2013］的死亡率变化的幅度更快。另外，APC 模型和 M7 模型在［1997，2013］的各年龄段的死亡率下降较［1994，2013］的拟合数据更为平缓。综上所述，LC 模型、CBD 模型和 Plat 模型的预测效果稳定性较强。

由图 2-38 可以看出，RH 模型的两组拟合值的差距较为明显，APC 模型的［1997，2013］的拟合值扇形图较［1994，2013］更为平缓，M7 模型的 85

岁的［1997，2013］预测扇形图面积大于［1994，2013］的预测扇形图面积。综上，LC 模型、CBD 模型以及 Plat 模型的中国女性的预测效果的稳定性表现更好。

对基于中国分性别的最优预测效果的随机动态死亡率模型的选择，综合之前所采用的一些指标和图形，每个指标均有相应的最优随机动态死亡率模型，我们按照上述指标进行一个综合排名，得出预测效果优劣的随机动态死亡率模型的排名，由于中间名次的差异不明显，因此只排名最优和最差，综合选取预测效果最优的随机动态死亡率模型，排名如表 2–8 所示。根据表 2–8 综合分析得出，中国男性预测效果最优的模型为 Plat 模型，中国女性预测效果最优的模型为 CBD 模型。

表 2–8　随机动态死亡率模型预测效果拟合情况排名

性别	指标	LC 模型	RH 模型	APC 模型	CBD 模型	M7 模型	Plat 模型
男	MAPE	5	6	2	3	4	1
	生物合理性	—	6	1	2	—	2
	稳健性	1	6	—	1	—	1
女	MAPE	4	1	5	2	6	3
	生物合理性	—	6	—	1	—	1
	稳健性	1	6	—	1	—	1

对于中国男性和女性 50~89 岁的 1994~2013 年的人口死亡率数据的随机动态死亡率模型选择，运用了不同的指标进行对比分析，每个指标的最优随机死亡率模型均不太一致，表 2–9 对我国分性别的死亡率数据的历史数据拟合效果和预测效果的各项指标进行了整理排序，综合该表可以选出最适合我国男女性别的随机动态死亡率模型。由表 2–9 可知，中国男性人口数据的 CBD 模型在八项指标中有四项指标排名最优，历史数据拟合效果和预测效果拟合情况中的 MAPE 值虽然排名不是最优，但六个模型的两种情况的 MAPE 值差距不大，均处于拟合情况良好的情况，另外，CBD 模型的生物合理性表现也较优。中国女性人口数据的 CBD 模型在八项指标中有五项排名最优，其中，中国女性的六个随机动态死亡率模型的两种情况的 MAPE 值也相差不大，均处于良好状态。因此，我国男女性别 50~89 岁的最优随机动态死亡率模型均为 CBD 模型。

表 2-9 随机动态死亡率模型拟合情况排名

性别	拟合效果	指标	LC 模型	RH 模型	APC 模型	CBD 模型	M7 模型	Plat 模型
男	历史数据拟合效果	残差图	—	—	2	—	1	2
		AIC	4	6	3	1	2	5
		BIC	4	6	3	1	2	5
		MAPE	6	2	4	5	1	3
		稳健性	—	6	—	1	2	2
	预测拟合效果	MAPE	5	6	2	3	4	1
		生物合理性	—	6	1	2	—	2
		稳健性	1	6	—	1	—	1
女	历史数据拟合效果	残差图	—	—	2	—	1	2
		AIC	3	6	4	1	2	5
		BIC	3	6	5	1	2	4
		MAPE	6	2	4	5	1	3
		稳健性	—	6	—	1	2	2
	预测拟合效果	MAPE	4	1	5	2	6	3
		生物合理性	—	6	—	1	—	1
		稳健性	1	6	—	1	—	1

2.4 本章小结

本章通过定性和定量指标比较分析了 6 种随机动态死亡率模型，从中选择出最适合我国高龄人口的随机动态死亡率模型。对 6 种典型随机动态死亡率模型的结果进行了拟合与预测，根据拟合效果、预测效果、稳定性和生物合理性等指标选择出最适合我国的随机动态死亡率模型。

第3章　基于 Copula-AR(n)-LSV 的死亡率建模及长寿风险度量

合理的死亡率模型是精准度量长寿风险的关键。考虑不同年龄组间死亡率的相依性以及各年龄组死亡率的自相关性和异方差结构，运用多元 Copula 和 AR(n)-LSV 模型构建了随机动态死亡率模型，并在此基础上进一步运用 VaR、TVaR、Glue VaR 对长寿风险进行测度。研究结果表明，Copula-AR(n)-LSV 模型比 Lee-Cater 模型更好地刻画了死亡率趋势和波动；死亡率随着时间的推移逐渐改善，个体将面临逐年增长的长寿风险。

3.1　问题背景

死亡率下降已经成为当前我国人口变化的必然趋势。因实际寿命高于预期寿命所产生的长寿风险已引起社会养老保险、商业保险公司以及家庭的广泛关注。Li 等（2013）发现死亡率的改善随着时间的推移在年龄模式上发生转变，即首先发生在婴幼儿阶段，然后转到青中年阶段，最后出现在老年人群。同时，不同年龄组死亡率的变动差异带来的人口年龄结构变动，将会对社会养老保险、商业保险公司的偿付能力管理带来潜在的风险。因此，为了更加精准地度量和管理长寿风险，将年龄组死亡率的重要数据特征纳入死亡率模型，对于建立合理的死亡率模型、精准预测死亡率至关重要。

目前死亡率模型大致划分为静态死亡率模型和动态死亡率模型两大类，静态死亡率模型只考虑了年龄和死亡率的关系，无法对未来死亡率进行预测。因此，大多数学者对动态死亡率模型进行研究，其中 Lee 和 Cater（1992）提出的 Lee-Carter 模型和 Cains 等（2006）提出的 CBD 模型应用最广泛，随后大多数模型均是在此基础上进行改进和拓展。Renshaw 和 Haberman（2006）以及

Haberman 和 Renshaw（2009）将出生年效应纳入 Lee-Carter 模型中，简称 RH 模型。Currie（2006）给出 RH 模型的简化形式，即 Currie 模型（也被称为 APC 模型）。Plat（2009）结合 Lee-Carter 系模型和 CBD 系模型的优点，构造一个四因素的死亡率预测模型，即 Plat 模型。这些死亡率模型虽然都具有良好的拟合效果，但是都忽略了年龄组死亡率的重要数据特征，即不同年龄组间死亡率的相依性和各年龄组死亡率的自相关性和异方差结构。

Loisel 和 Serant（2007）首次提出死亡率在年龄组间和年份间存在相依性，通过研究其对长寿衍生品价格的影响，证实考虑死亡率相依性的重要性。Yang 等（2008）基于法国和瑞士的人口数据，发现 Lee-Carter 模型下各个年龄组的死亡率残差非独立同分布，即存在异方差结构。Wills 和 Sherris（2009）将长寿风险证券化，证明年龄组间死亡率相依性是长寿债券定价的关键因素。Mitchell 等（2013）发现各年龄组死亡率的自相关性，并据此获得优于 Lee-Cater 模型的拟合预测结果。Lin 等（2015）采用 Copula 模型和 AR-GARCH 模型分别刻画年龄间组死亡率的相依性和各年龄组死亡率的自相关性和异方差结构，在对美国、英国、日本特定年龄的死亡率拟合预测时获得了优良的结果。因此，在动态死亡率模型的研究中考虑年龄组间死亡率的相依性以及各年龄组死亡率的自相关性和异方差结构具有重要的理论意义。

国内学者关于死亡率模型的改进主要集中在 Lee-Carter 的拓展模型上。金博轶（2013）在 Lee-Carter 模型中结合带有惩罚项的泊松对数双线性模型。田梦和邓颖璐（2013）使用双指数跳跃扩散模型对 Lee-Carter 模型的时间序列因子进行拟合。吴晓坤和王晓军（2014）使用泊松极大似然估计结合再抽样方法对 Lee-Carter 模型参数及其他相关变量进行估计。姜增明和单戈（2016）利用双随机过程刻画 Lee-Carter 模型中时间效应的变动趋势，外推得到时间效应的均值和下限。胡仕强和陈荣达（2018）采用贝叶斯 MCMC 方法对双因子 Lee-Carter 模型进行参数估计。赵明等（2019）放宽 Lee-Carter 模型中年龄效应因子固定的假定，将年龄组死亡率变动趋势加入模型中，构造了死亡率的年龄轮转模型。由此可见，国内学者已经对 Lee-Carter 模型实现了较成熟的拓展，但是未关注不同年龄组间死亡率的相依性以及各年龄组间死亡率的自相关性和异方差结构。不同于现有文献，本书考虑不同年龄组间死亡率的相依性以及各年龄组死亡率的自相关性和异方差结构，运用多元 Copula 和 AR(n)-LSV 模型对我国 1994~2017 年的人口死亡率数据进行拟合预测，并对长寿风险进行度量分析，旨在为我国人口死亡率建模以及养老金和寿险公司的长寿风险管理提供方法基础。

3.2 模型的构建

令$p_{x,t}$和$q_{x,t}=1-p_{x,t}$分别为在t年x岁存活的人将生存一年和一年内死亡的概率，其中$x=0,1,2,\cdots,m$，m为最大可能存活的年龄。参照Lin等（2015），假设：死亡率$\mu_{x,t}$在每个整数年龄x和年份t内是恒定的；对于任意r，$s\in[0,1)$都有$\mu_{x+r,t+s}=\mu_{x,t}$；年龄x岁t年时的中心死亡率$m_{x,t}$等于死亡率$\mu_{x,t}$，且$\mu_{x,t}=-\ln(p_{x,t})$。

考虑各年龄组人口死亡率在不同时期上可能存在自相关性，首先对年龄组x中心死亡率对数构建AR(n)模型，即：

$$\ln(m_{x,t})= c+\sum_{i=1}^{n}\varphi_i\times\ln(m_{x,t-i})+\varepsilon_{x,t},\varepsilon_{x,t}\sim i.i.d.N(0,\sigma^2{}_{x,t}) \tag{3-1}$$

为了刻画残差异方差结构，需对其方差进行建模。目前波动性的衡量方法主要为条件异方差（GARCH）模型和随机波动（SV）模型，其中SV模型的估计方法复杂，但对实际数据的拟合效果最优，同时考虑到正向冲击和负向冲击对死亡率残差项$\varepsilon_{x,t}$波动的影响具有非对称性，即“杠杆效应”。本书选择LSV模型（杠杆SV模型）刻画AR(n)模型残差项$\varepsilon_{x,t}$的时变波动，其表达式为：

$$\varepsilon_{x,t}=e^{\frac{\sigma_{x,t}}{2}}\times\varepsilon_{x,t} \tag{3-2}$$

$$\sigma_{x,t}=\mu_{x,t}+\phi_{x,t}(\sigma_{x,t-1}-\mu_{x,t})+v_{x,t} \tag{3-3}$$

其中，$v_{x,t}=\sigma_{x,t}\times\eta_{x,t},(\varepsilon_{x,t},\eta_{x,t})'\sim i.i.d.N(0,0,1,1,\rho)$，$v_{x,t}$和$\varepsilon_{x,t}$为不可测项；$\mu_{x,t}$表示长期对数死亡率残差波动的平均水平；$\phi_{x,t}$表示对数死亡率残差波动的持续性，反映上期残差波动对本期残差波动的影响；ρ表示杠杆效应的程度。

LSV模型是没有封闭形式的密度函数，对LSV模型进行参数估计必须进行多重积分。此处使用贝叶斯MCMC方法，利用Gibbs抽样方法进行随机模拟，进而对LSV模型进行贝叶斯参数分析。在未知相关参数的先验分布设定时结合Kim（1998）的经验，分别将其设定为：$\mu\sim N(0,10)$，$\phi=2\phi^*-1$，$\phi^*\sim beta(20,1.5)$，$\tau^2\sim IG(2.5,0.025)$，$\rho\sim U(-1,1)$。

其次，考虑到不同年龄组中心死亡率存在相依性，故引入多元Copula模型刻画残差项的相依性。令F_x和f_x分别表示在给定信息集I_{t-1}下残差$\varepsilon_{x,t}$的条件累积分布函数和条件密度函数。F 和 f 分别为 $m+1$ 维随机变量ε_t=（$\varepsilon_{0,t}$，$\varepsilon_{1,t}$，…，$\varepsilon_{m,t}$）在给定信息集I_{t-1}下的条件联合分布函数和条件联合密度函数。令 $u_{x,t}=F_x(\varepsilon_{x,t} \mid I_{t-1})$，$u_{x,t}\in[0,\ 1]$，$x=1,\ 2,\ \cdots,\ m$。则：

$$F(\varepsilon_{0,t},\varepsilon_{1,t},\cdots,\varepsilon_{m,t};\theta)=C(u_{0,t},u_{1,t},\cdots,u_{m,t};\theta \mid I_{t-1}) \tag{3-4}$$

$$f(\varepsilon_{0,t},\varepsilon_{1,t},\cdots,\varepsilon_{m,t};\theta)=c(u_{0,t},u_{1,t},\cdots,u_{m,t};\theta \mid I_{t-1})\times\prod_{i=0}^{m}f(\varepsilon_{i,t} \mid I_{t-1}) \tag{3-5}$$

其中，C（$u_{0,t}$，$u_{1,t}$，…，$u_{m,t}$；R，$\vartheta \mid I_{t-1}$）为条件多元 Copula 函数，c（$u_{0,t}$，$u_{1,t}$，…，$u_{m,t}$；$\theta \mid I_{t-1}$）为多元 Copula 密度函数。

参照 Lin 等（2015），本书采用多元 Normal Copula 函数和多元 t-Copula 函数刻画残差相依性，其中多元 t-Copula 函数的表达式为：

$$C(u_{0,t},u_{1,t},\cdots,u_{m,t};R,\vartheta)=T_{R,\vartheta}[T_{\vartheta}^{-1}(u_{0,t}),T_{\vartheta}^{-1}(u_{1,t}),\cdots,T_{\vartheta}^{-1}(u_{m,t})] \tag{3-6}$$

其中，$T_{R,\vartheta}$是 $n\times n$ 相关矩阵 R 和自由度为 ϑ 的多元 t 分布函数，T_{ϑ}^{-1}是自由度为 ϑ 的 t 分布函数的逆函数。对应的多元 t-Copula 密度函数为：

$$c(u_{0,t},u_{1,t},\cdots,u_{m,t};R,\vartheta)=|R|^{-\frac{1}{2}}\frac{\Gamma\left(\frac{\vartheta+m+1}{2}\right)}{\Gamma\left(\frac{\vartheta}{2}\right)}\left(\frac{\Gamma\left(\frac{\vartheta}{2}\right)}{\Gamma\left(\frac{\vartheta+1}{2}\right)}\right)^{m+1}\frac{\left(1+\frac{1}{\vartheta}\zeta_t'R^{-1}\zeta_t\right)^{-\frac{\vartheta+m+1}{2}}}{\prod_{i=0}^{m}\left(1+\frac{\zeta_{i,t}^2}{\vartheta}\right)^{-\frac{\vartheta+1}{2}}} \tag{3-7}$$

其中，$\zeta_t=(\zeta_{0,t},\ \zeta_{1,t},\ \cdots,\ \zeta_{m,t})'$，$\zeta_{i,t}=T_{\vartheta}^{-1}$（$u_{i,t}$），$i=0,\ 1,\ \cdots,\ m$。当自由度 ϑ 趋近无穷大时，多元 t-Copula 函数退化成多元 Normal Copula 函数。

由于利用极大似然估计同时估计条件边际分布参数和 Copula 函数参数比较困难，此处采用 IFM（Inference Functions for Margins）估计上述构建的 Copula-AR(n)-LSV 模型，其具体过程如下：

（1）利用极大似然估计方法估计年龄组 x（$x=0,\ 1,\ 2,\ \cdots,\ m$）中心死亡率对数的 AR(n) 模型参数φ_x=（$\hat{c}_x$，$\hat{\varphi}_{x,1}$，$\hat{\varphi}_{x,2}$，…，$\hat{\varphi}_{x,n}$），$x=0,\ 1,\ 2,\ \cdots,\ n$，并计算各年龄组中心死亡率对数的 AR(n) 残差 $\hat{\varepsilon}$=（$\hat{\varepsilon}_{0,t}$，$\hat{\varepsilon}_{1,t}$，…，$\hat{\varepsilon}_{m,t}$）。

（2）利用残差 $\hat{\varepsilon}$=（$\hat{\varepsilon}_{0,t}$，$\hat{\varepsilon}_{1,t}$，…，$\hat{\varepsilon}_{m,t}$）估计 LSV 模型参数，并估计出

$\hat{\sigma}=(\hat{\sigma}_{0,t},\hat{\sigma}_{1,t},\cdots,\hat{\sigma}_{m,t})$。

（3）以极大似然法估计 Copula 模型参数 ϑ：

$$\hat{\vartheta}=\operatorname{argmax}\sum_{t=n}^{T}ln(c(F_0(\varepsilon_{0,t};\hat{\varphi}_0,\hat{\sigma}_{0,t}),F_1(\varepsilon_{1,t};\hat{\varphi}_1,\hat{\sigma}_{1,t}),\cdots,F_m(\varepsilon_{m,t};\hat{\varphi}_m,\hat{\sigma}_{m,t});\vartheta\mid I_{t-1}))$$

3.3　长寿风险的度量方法

参照赵明和王晓军（2015），本书选择基于连续性终身生存年金精算现值度量长寿风险，其表达式为：

$$a_{x,t_f}=a_{x:\omega-x,t_f}\approx\frac{1}{2}+\sum_{k=1}^{\omega-x-1}{}_kp_{x,t_f}\times v^k+\frac{1}{2}\times{}_{\omega-x}p_{x,t_f}\times v^{\omega-x}\tag{3-8}$$

其中，ω 为极限年龄，${}_kp_{x,t_f}$为t_f年 x 岁人存活 k 年的概率，$v=(1+r)^{-1}$是折算系数。

以$VaR_\alpha(X)$ 度量在给定时间内因长寿风险产生的可能损失，其表达式为：

$$VaR_\alpha(X)=DP_\alpha(X)-a_{x,t_f}\tag{3-9}$$

其中，$DP_\alpha(X)$ 是基于 Copula-AR(n)-LSV 死亡率模型随机模拟产生的生命年金价格经验分布 $DP(X)$ 的 α 百分位数。进一步用$TVaR_\alpha(X)$ 度量在给定时间段内超过$VaR_\alpha(X)$ 的损失，即 $TVaR_\alpha(X)=\frac{1}{1-\alpha}\int_\alpha^1 VaR_\lambda(X)d\lambda$ 。但是这两种方法存在一定的不足，VaR 方法只关注最坏情况下的损失，并且不具备次可加性，不属于一致性的风险度量方法；TVaR 方法弥补了 VaR 方法的缺陷，可是期数值计算较为复杂，且灵活性较差。因此，为了应对尾部极端风险发生的可能，同时获得更全面的风险度量信息，满足有效控制长寿风险的要求，进一步采用 GlueVaR 对长寿风险进行度量。GlueVaR 是 Belles-Sampera（2014）提出的一种比 VaR 和 TVaR 具有更优灵活性的风险度量方法，具有平移不变性、正齐次性、单调性和次可加性，拥有一个优良风险度量方法的所有性质。基于VaR_α、$TVaR_\alpha$和$TVaR_\beta$的数值，根据式（3-10）得到$GlueVaR_{\beta,\alpha}^{h_1,h_2}$：

$$GlueVaR_{\beta,\alpha}^{h_1,h_2}(X)=\omega_1\times TVaR_\beta(X)+\omega_2\times TVaR_\alpha(X)+\omega_3\times VaR_\alpha(X)\tag{3-10}$$

其中，
$$\begin{cases} \omega_1 = h_1 - \dfrac{h_2 - h_1}{\beta - \alpha} \times (1-\beta) \\ \omega_2 = \dfrac{h_2 - h_1}{\beta - \alpha} \times (1-\alpha) \\ \omega_3 = 1 - \omega_1 - \omega_2 = 1 - h_2 \end{cases}$$

3.4 实证分析

3.4.1 数据处理与假设

本书利用 1995~2018 年的《中国人口统计年鉴》和《中国人口和就业统计年鉴》提供的人口死亡数据进行以下处理：①将 1995 年、2000 年、2005 年、2010 年和 2015 年 90 岁以上的人口数据合并计算 90+的死亡数据；②通过采用相邻数据插值法补充个别年龄在某年死亡率的缺失值以及将 1996 年仅到 85+的死亡数据扩展 85 岁到 90+岁，整理出 1994~1997 年中国人口分年龄、分性别、年龄末为 90+的单岁组死亡率。结合研究需要，此处假设见下：

（1）假设以 2017 年为研究的基期。

（2）由于我国法定退休年龄为男性 60 周岁和女性 55 周岁，故假设本书研究对象为 60 岁的男性和 55 岁的女性，且其极限年龄为 90 岁。①

（3）假定折现率恒定不变且为 3%。

3.4.2 人口死亡率模型估计

3.4.2.1 AR(n) 模型阶数的选择

本书以对数死亡率的 ACF 和 PACF 图选择 AR(n) 模型最优滞后期，图 3-1 和图 3-2 分别列出了男性和女性 45 岁、55 岁、65 岁、75 岁及 85 岁的 PACF 图。② 图 3-1 和图 3-2 显示年男性和女性死亡率对数的最优滞后阶数为 1。图 3-3 和图 3-4 为年龄 x 岁在 t 年时中心死亡率对数 ln（$m_{x,t}$）与年龄 x 岁滞后一期的中心死亡率对数 ln（$m_{x,t-1}$）的对比图。可以看出，45 岁、55 岁、65 岁、75 岁、85 岁男性和女性的中心死亡率对数与相应年龄滞后一期的中心死亡率对

① 大部分国家统计局公布的年龄上限为 90+，且赵明和王晓军（2015）发现长寿风险对极限年龄的变动并不敏感。

② 由于篇幅有限，只列出部分 PACF 图。

数存在明显的线性关系，这表明各年龄组死亡率对数存在自相关性，因而证明采用 AR(n) 模型拟合各年龄组中心死亡率对数是合理的。

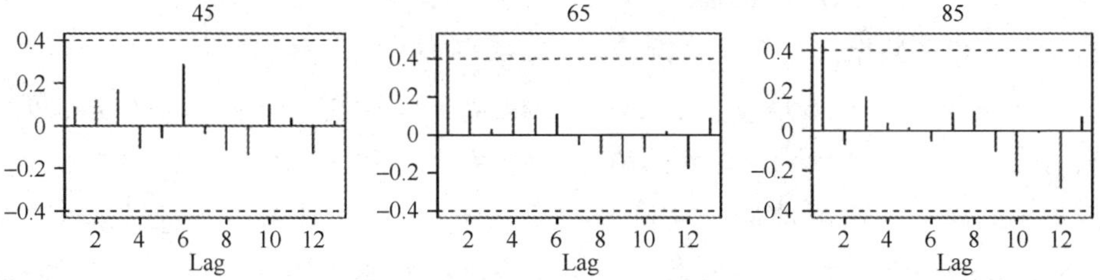

图 3-1　男性死亡率对数 PACF

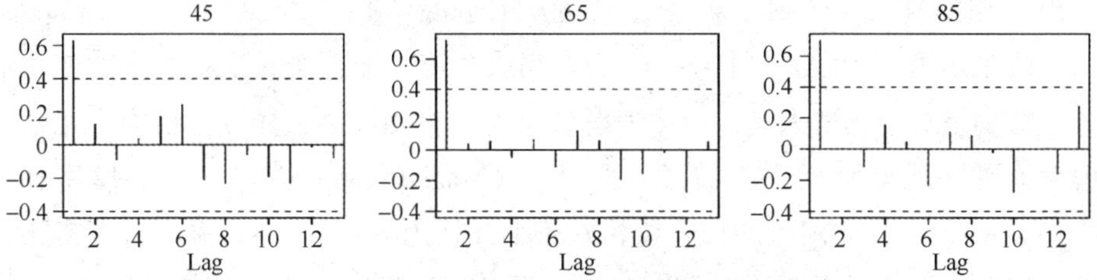

图 3-2　女性死亡率对数 PACF

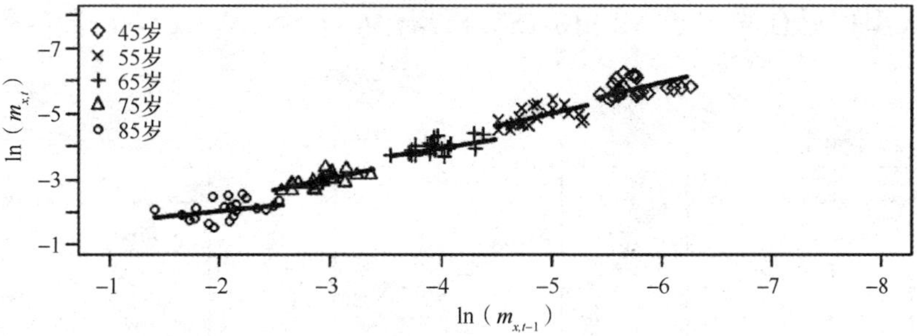

图 3-3　男性的 ln（$m_{x,t}$）与 ln（$m_{x,t-1}$）

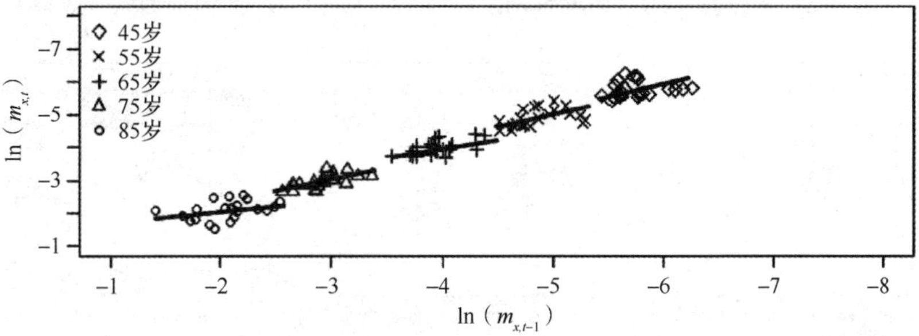

图 3-4　女性的 ln（$m_{x,t}$）与 ln（$m_{x,t-1}$）

3.4.2.2 多元 Copula-AR(1)-LSV 死亡率模型估计

本书分别以 Normal Copula-AR(1)-LSV 模型、t-Copula-AR(1)-LSV 模型、Lee-Carter 模型、AR(1)-LSV 模型对不同性别各年龄的死亡率进行预测，同时与实际死亡率数据进行对比分析。

图 3-5 和图 3-6 展示了 Normal Copula-AR(1)-LSV 模型、Lee-Carter 模型和 AR(1)-LSV 模型对于 60 岁、70 岁、80 岁男性和 55 岁、70 岁、85 岁女性死亡率的样本内预测值以及实际死亡率。图 3-7 和图 3-8 展示了 t-Copula-AR(1)-LSV 模型、Lee-Carter 模型、AR(1)-LSV 模型对于 60 岁、70 岁、80 岁男性和 55 岁、70 岁、85 岁女性死亡率的样本内预测值以及实际死亡率。可以看出，相对于 Lee-Carter 模型，Normal Copula-AR(1)-LSV 模型、t-Copula-AR(1)-LSV 模型和 AR(1)-LSV 模型在很大程度上能刻画真实死亡率的变动趋势，特别是对于高龄人口，说明考虑各年龄组自相关性和异方差结构的死亡率模型能更好地刻画死亡率波动。此外，Normal Copula-AR(1)-LSV 模型和 t-Copula-AR(1)-LSV 模型的拟合值相差较小，且比 AR(1)-LSV 模型对真实死亡率的拟合度更高，证明死亡率模型中考虑各年龄组间死亡率相依性的必要性。整体而言，在拟合效果上，Normal Copula-AR(1)-LSV 模型和t-Copula-AR(1)-LSV 模型相近且均优于 AR(1)-LSV 模型，AR(1)-LSV 模型优于 Lee-Carter 模型。

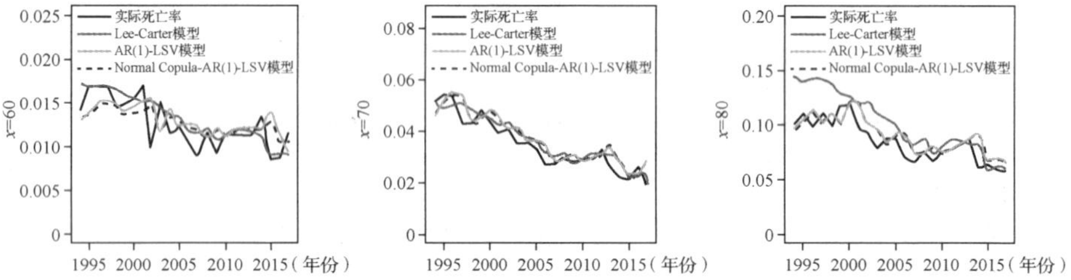

图 3-5 男性真实死亡率与 Normal Copula-AR(1)-LSV 模型的拟合效果

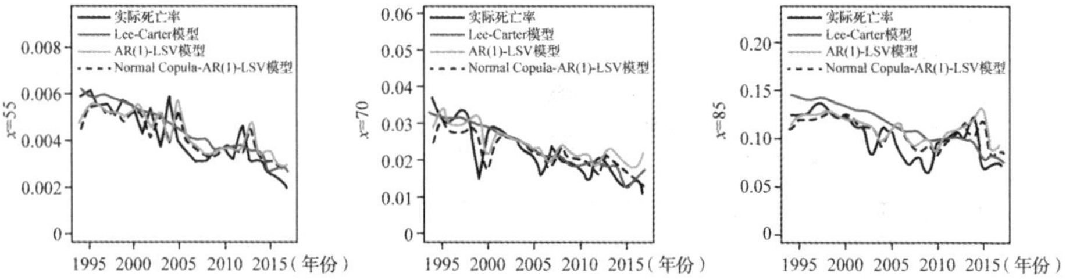

图 3-6 女性真实死亡率与 Normal Copula-AR(1)-LSV 模型的拟合效果

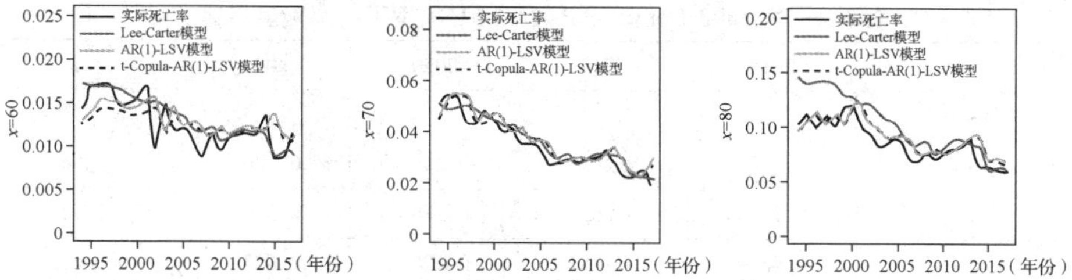

图 3-7 男性真实死亡率与 t-Copula-AR(1)-LSV 模型的拟合效果

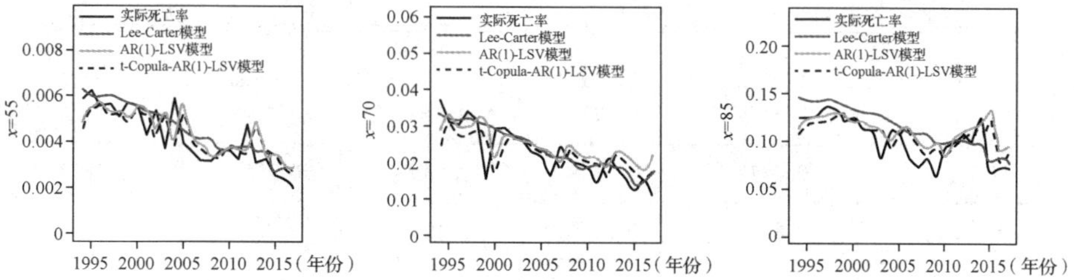

图 3-8 女性真实死亡率与 t-Copula-AR(1)-LSV 模型的拟合效果

3.4.3 长寿风险度量结果

根据 Belles-Sampera（2014）的经验，本书将式（3-10）中的参数设置为 $\alpha=95\%$，$\beta=99.5\%$，$h_1=\frac{11}{30}$，$h_2=\frac{2}{3}$，$\omega_1=\omega_2=\omega_3=\frac{1}{3}$，进而利用 $VaR_{95\%}$、$TVaR_{95\%}$、$TVaR_{99.5\%}$、$GlueVaR^{\frac{11}{30},\frac{2}{3}}_{99.5\%,95\%}$ 度量年金的长寿风险。表 3-1 为 Normal Copula-AR(1)-LSV 模型下的风险度量值。结果表明：①*GlueVaR* 风险度量方法的度量值与其他两种方法的度量值存在以下关系式：$VaR_{95\%}\leqslant GlueVaR^{\frac{11}{30},\frac{2}{3}}_{99.5\%,95\%}\leqslant TVaR_{99.5\%}$，$TVaR_{95\%}\leqslant GlueVaR^{\frac{11}{30},\frac{2}{3}}_{99.5\%,95\%}\leqslant TVaR_{99.5\%}$，印证了 *GlueVaR* 风险度量方法既充分考虑长寿风险尾部损失的分布，也同时考虑长寿风险最坏情况下的损失，获得了更全面的风险度量信息，具有一定的灵活性。②$VaR_{95\%}$ 和 $TVaR_{95\%}$ 的风险度量值两者差别较小，说明人口死亡率尾部极端风险发生的概率偏低，即死亡率的改善和长寿风险的发生是一个循序渐进的过程。③三种风险度量方法的数值都呈现逐年增加的趋势，说明长寿风险将会随着时间的推移而增大，并且由于女性的死亡率低于男性，女性的长寿风险度量值始终高于男性，即女性未来面临的长寿风险会高于男性。表 3-2 为 t-Copula-AR(1)-LSV 模型下的 $VaR_{95\%}$、$TVaR_{95\%}$、$TVaR_{99.5\%}$ 以及 $GlueVaR^{\frac{11}{30},\frac{2}{3}}_{99.5\%,95\%}$。同样可得到上述三点结论。

表 3-1　Normal Copula-AR(1)-LSV 模型下的风险度量值

年份	2018	2019	2020	2021	2022
男性					
$VaR_{95\%}$	0. 2285	0. 2426	0. 2484	0. 3067	0. 3484
$TVaR_{95\%}$	0. 2538	0. 2695	0. 2760	0. 3407	0. 3871
$TVaR_{99.5\%}$	0. 4569	0. 4851	0. 4968	0. 6133	0. 6968
$GlueVaR_{99.5\%,95\%}^{\frac{11}{30},\frac{2}{3}}$	0. 3131	0. 3324	0. 3404	0. 4202	0. 4774
女性					
$VaR_{95\%}$	0. 4475	0. 4777	0. 5967	0. 6798	0. 7086
$TVaR_{95\%}$	0. 4972	0. 5308	0. 6630	0. 7553	0. 7873
$TVaR_{99.5\%}$	0. 8949	0. 9554	1. 1934	1. 3595	1. 4172
$GlueVaR_{99.5\%,95\%}^{\frac{11}{30},\frac{2}{3}}$	0. 6132	0. 6546	0. 8177	0. 9315	0. 9710

表 3-2　t-Copula-AR(1)-LSV 模型下的风险度量值

年份	2018	2019	2020	2021	2022
男性					
$VaR_{95\%}$	0. 4013	0. 4093	0. 4372	0. 4423	0. 4493
$TVaR_{95\%}$	0. 4459	0. 4547	0. 4858	0. 4914	0. 4992
$TVaR_{99.5\%}$	0. 8026	0. 8185	0. 8745	0. 8845	0. 8986
$GlueVaR_{99.5\%,95\%}^{\frac{11}{30},\frac{2}{3}}$	0. 5500	0. 5608	0. 5991	0. 6061	0. 6157
女性					
$VaR_{95\%}$	0. 5666	0. 6347	0. 6847	0. 7462	0. 7870
$TVaR_{95\%}$	0. 6296	0. 7052	0. 7608	0. 8291	0. 8745
$TVaR_{99.5\%}$	1. 1332	1. 2694	1. 3694	1. 4924	1. 5741
$GlueVaR_{99.5\%,95\%}^{\frac{11}{30},\frac{2}{3}}$	0. 7765	0. 8698	0. 9383	1. 0226	1. 0785

为了进一步了解两个死亡率模型对于长寿风险度量结果的差异，结合 GlueVaR 风险度量方法的优良性，图 3-9 对比了两个死亡率模型下 *GlueVaR* 风

险度量值。由图 3-9 可知，较 Normal Copula-AR(1)-LSV 模型而言，t-Copula-AR(1)-LSV 模型下的风险度量值较高、增长速度较平缓、男性与女性相差较小。从稳健性和保守性的角度来看，对未来长寿风险的度量，我国人口死亡率的拟合预测选择 t-Copula-AR(1)-LSV 模型比较合理。

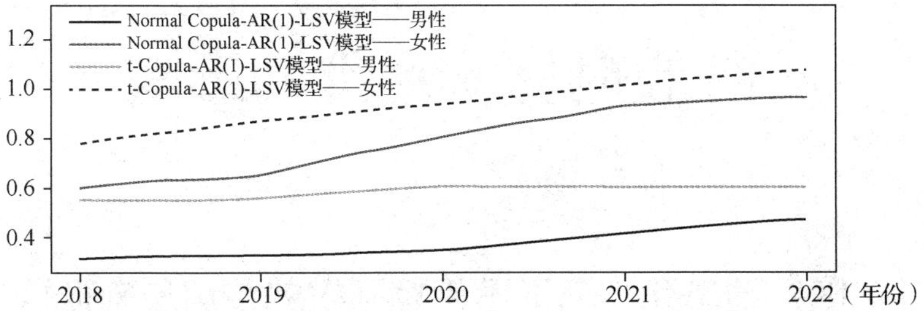

图 3-9 Normal Copula-AR(1)-LSV 与 t-Copula-AR(1)-LSV 模型下的 GlueVaR 风险度量值

3.5 本章小结

本章基于 1994~2017 年中国人口死亡率数据，构建了多元 Copula-AR(n)-LSV 死亡率模型，然后采用 VaR、TVaR 和 GlueVaR 风险度量方法对我国长寿风险进行度量，得到以下结论：

第一，对比死亡率模型预测值与实际死亡率，发现 Normal Copula-AR(1)-LSV 模型和 t-Copula-AR(1)-LSV 模型预测效果相近且均优于 AR(1)-LSV 模型，AR(1)-LSV 模型优于 Lee-Carter 模型。因此，考虑不同年龄组间死亡率的相依性以及各年龄组死亡率的自相关性和异方差结构可以提供更加精准的死亡率预测。

第二，通过长寿风险度量的结果可以发现，随着死亡率循序渐进地改善，长寿风险随着时间的推移而增大，并且女性未来面临的长寿风险会高于男性。对比 Normal Copula-AR(1)-LSV 模型和 t-Copula-AR(1)-LSV 模型下不同的 GlueVaR 风险度量值，从稳健性和保守性的角度来看，发现对未来长寿风险的度量，选择 t-Copula-AR(1)-LSV 模型拟合我国人口死亡率更为合理。

第4章　死亡率风险对住房反向抵押贷款定价的影响

4.1　随机动态死亡率下不带赎回权的住房反向抵押贷款产品定价

4.1.1　不带赎回权住房反向抵押贷款产品的模型构建

本书分别采用几何布朗运动模型、Vasicek 模型、CBD 模型对房价波动风险、利率风险以及死亡率风险进行定价，并将三个动态风险参数代入住房反向抵押贷款的定价模型中。假设我国住房反向抵押贷款市场是一个完全竞争的市场，贷款定价应该是精算公平的，贷款人所获得的现金流包含了贷款人的收益和风险溢价以及机会成本，即贷款人的贷款支出的现值=借款人的现金流收入现值=房屋价值的贴现值，这是本书构建住房反向抵押贷款的依据和原则。

记 p_x 为 x 岁的人的生存概率，q_x 为 x 岁的人在 $x+1$ 岁内死亡的死亡概率，${}_tp_x$ 为 x 岁的人在未来 t 年存活的概率，${}_tq_x$ 为 x 岁的人在未来的第 $t+1$ 年内死亡率的概率，${}_tp_x$ 和 p_x 的关系以及${}_tq_x$ 和 q_x 的关系如式（4-1）和式（4-2）所示：

$$ {}_tp_x = \prod p_x \times \cdots \times p_{x+t} \tag{4-1} $$

$$ {}_tq_x = \prod q_x \times \cdots \times q_{x+t} = \prod (1 - p_x) \times \cdots \times (1 - p_{x+t}) \tag{4-2} $$

记$\mu(s)$ 为瞬时死亡率，p_x，q_x 和$\mu(s)$ 的关系如式（4-3）和式（4-4）所示：

$$ p_{x+t} = \int_{t+1}^{t} -\mu(s)ds \tag{4-3} $$

$$q_{x+t} = \int_{t}^{t+1} p_{x+t}\mu(s)ds \quad (4-4)$$

以 $A(t)$ 表示借款人第 t 年获得的住房反向抵押贷款现金流，$r(s)$ 表示 s 时刻的反向住房抵押贷款的连续复利的年化利率，年金从合同订立后的次年开始，每年年初支付，直至借款人死亡即第 T 年，考虑到借款人的生存概率，贷款人的精算贴现现值如式（4-5）所示：

$$\sum_{t=1}^{T} A(t) \cdot {}_{t}p_{x} \cdot \exp(-\int_{s=0}^{t} r_{s}(s)ds) \quad (4-5)$$

记 t 时刻的房屋价值为 $H(t)$，若借款人 t 时刻死亡，考虑到借款人的死亡概率，在不考虑折旧费的情况下，房屋价值的精算贴现现值如式（4-6）所示：

$$\sum_{t=1}^{T} H(t) \cdot {}_{t}\mu_{x} \exp\{-\int_{s=0}^{t} r_{s}(s)ds\} \quad (4-6)$$

根据贷款人贷款支出的现值=借款人的现金流收入现值=房屋价值的贴现值的原则，式（4-5）和式（4-6）相等。若每年的年金支付为固定值，不随时间的变化而变化，假定贷款年利率在各年内不变，转换为离散复利的情况下，借款人每年获得的年金收入如式（4-7）所示，住房反向抵押贷款产品的基本模型为式（4-7）。

$$A = \frac{\sum_{t=1}^{105} H(t) \cdot {}_{t}\mu_{x} \cdot \prod_{s=1}^{t} (1 + r_{s}(s))^{-1}}{\sum_{t=1}^{105} {}_{t}p_{x} \cdot \prod_{s=1}^{t} (1 + r_{s}(s))^{-1}} \quad (4-7)$$

4.1.2 数据来源及各风险因素的定价模型

本书构建的住房反向抵押贷款定价所涉及的风险参数众多，其中，最基本的风险参数为住房价值波动参数、利率参数以及死亡率参数。另外，还涉及贷款比率、房屋折旧率以及住房反向抵押贷款的费用率、长期护理参数、赎回权价值参数等。以上这些参数构成了本书定价的核心要件。

4.1.2.1 房价波动模型及数据来源

本书住房价值波动参数的数据来源于国家统计局 2006 年 1 月至 2019 年 6 月长沙二手住宅销售价格环比指数指标。本书通过选取几何布朗运动来描述长沙二手房价值的走势，通过蒙特卡洛模拟法模拟 10000 次后取平均值来预测长沙未来 50 年的二手房价值走势。选取二手房住宅销售价格指数指标的原因在于：住房反向抵押贷款的房屋性质一般均为二手房，因此二手房的房价波动趋势和走势更适用于住房反向抵押贷款的产品定价；仅仅选取长沙的指标原因在于：全国各区域的房价波动走势过于宏观，各个城市的经济发展水平不尽相同，且二手房价值波动存在差异性，因此单单选取了以长沙为例的二手房住宅销售价格指数。对几何布朗运动模型的参数拟合得：

$$H_t = H_0 \exp(0.00509931 \cdot t + B_t),\ B_t \sim N(0, 0.00987972\sqrt{t}) \tag{4-8}$$

其中，H_t 为 t 时刻的房屋总价值，H_0 为住房反向抵押贷款合同订立时的初始价格。本书假定住房反向抵押贷款合同订立时（2020 年 1 月 1 日）的初始价格 H_0 为 200 万元，利用 MATLAB 编程模拟长沙未来 30 年（以 2019 年 6 月为基础）房价指数的走势，得到 10000 条路径，如图 4-1 所示。

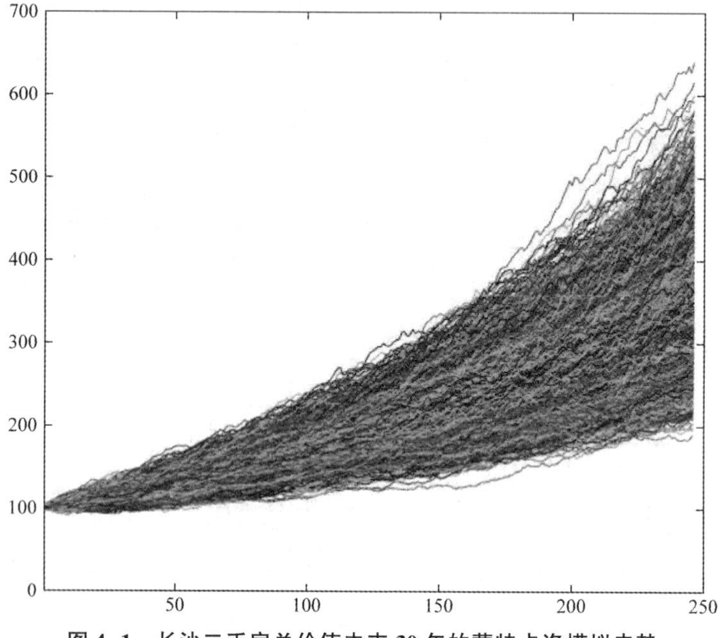

图 4-1　长沙二手房总价值未来 30 年的蒙特卡洛模拟走势

表 4-1 显示了长沙基于 2020 年的未来 49 年的二手房价格预测数据，表 4-1 是本章房价数据的核心。

表 4-1　基于几何布朗运动模型的 49 年（初始年份为 2020 年）长沙房价预测

年份	预测值(万元)	年份	预测值(万元)	年份	预测值(万元)
2020	200	2022	225.7018	2024	255.2172
2021	212.6796	2023	240.3452	2025	271.2712

续表

年份	预测值(万元)	年份	预测值(万元)	年份	预测值(万元)
2026	288.8166	2041	765.3716	2056	1908.5276
2027	306.4184	2042	812.3656	2057	2022.3362
2028	325.77	2043	862.5274	2058	2153.3472
2029	346.8554	2044	918.3812	2059	2296.2298
2030	368.0248	2045	976.5078	2060	2432.704
2031	390.7832	2046	1035.486	2061	2569.852
2032	415.999	2047	1100.0734	2062	2749.1596
2033	440.6822	2048	1168.6832	2063	2926.0258
2034	468.3036	2049	1237.6082	2064	3098.7732
2035	498.719	2050	1320.3786	2065	3294.155
2036	530.5068	2051	1406.3882	2066	3506.015
2037	563.711	2052	1491.4192	2067	3719.4338
2038	597.6018	2053	1586.9336	2068	3945.533
2039	635.5582	2054	1683.669		
2040	719.1234	2055	1788.0868		

4.1.2.2　利率风险因子及数据来源

本书贷款利率的定价将采用无风险利率+风险溢价的形式，采取 Vasicek 模型来描述我国无风险利率的动态变化。本书的无风险利率将采用市场接受度最为广泛的 Shibor7 天拆借利率来描述，样本数据来源于上海银行间拆借利率官网的 2006 年 1 月至 2019 年 12 月的 Shibor 7 天拆放数据，对 Vasicek 模型参数拟合得：

$$\Delta r_t = 0.0476528(0.0281 - r_t) + \varepsilon_t, \varepsilon_t \sim N(0, 0.066\%) \tag{4-9}$$

我们假定住房反向抵押贷款的风险溢价为一个固定值，设为 400bp，则选取 2019 年 6 月 17 日的连续复利率，初始贷款利率为 $r_0 = 0.065039071$。利用蒙特卡洛模拟 10000 条路径，未来 250 天的无风险利率走势如图 4-2所示。未来 50 年的无风险利率如表 4-2 所示，该表是本书贷款利率的核心数据。

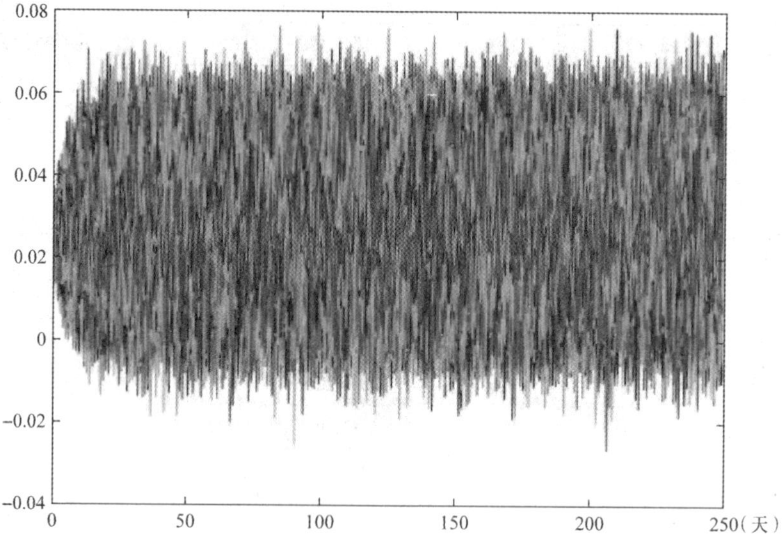

图 4-2 无风险利率预测走势

表 4-2 未来 50 年（每年初）的无风险利率

日期	无风险利率	日期	无风险利率	日期	无风险利率
2020	0.029403961	2037	0.028343287	2054	0.029426259
2021	0.027767806	2038	0.02737824	2055	0.028762675
2022	0.028675068	2039	0.028254578	2056	0.02772402
2023	0.028506838	2040	0.026326682	2057	0.028617193
2024	0.029739979	2041	0.028886799	2058	0.028256489
2025	0.029941004	2042	0.03026875	2059	0.030840024
2026	0.028826393	2043	0.027755628	2060	0.030509927
2027	0.02665088	2044	0.028808782	2061	0.027641681
2028	0.028639266	2045	0.028070624	2062	0.027530127
2029	0.02691824	2046	0.027530694	2063	0.030307958
2030	0.029212847	2047	0.027276499	2064	0.027196187
2031	0.028144831	2048	0.029586375	2065	0.027326435
2032	0.025507432	2049	0.026685423	2066	0.027098106
2033	0.027390751	2050	0.028301172	2067	0.028066336
2034	0.026124867	2051	0.028814374	2068	0.027134442
2035	0.028961178	2052	0.02742658	2069	0.028202761
2036	0.02718354	2053	0.027300858		

4.1.2.3　随机动态死亡率模型及数据来源

本书的死亡率数据在第 3 章已经做了详尽的介绍，本章将采用分性别的 50~89 岁的基于 CBD 动态死亡率模型预测拟合数据，90~105 岁的高龄人口死亡率数据由 CK 模型来进行外推。表 4-3 显示了 2020 年我国 60 岁男性人口的预测生命，表 4-4 显示了 2020 年我国 55 岁女性人口的预测生命，表 4-3 和表 4-4 为接下来章节的核心数据。

表 4-3　2020 年我国 60 岁男性人口的预测生命

年龄	q_x	p_x	${}_tp_x$	${}_tq_x$	${}_t\mu_x$
60	0. 007961	0. 992039	0. 992039	0. 007961	0. 008432
61	0. 008500	0. 991500	0. 983606	0. 016394	0. 008923
62	0. 009071	0. 990929	0. 974684	0. 025316	0. 009433
63	0. 009678	0. 990322	0. 965251	0. 034749	0. 009962
64	0. 010320	0. 989680	0. 955289	0. 044711	0. 010510
65	0. 011001	0. 988999	0. 944780	0. 055220	0. 011076
66	0. 011723	0. 988277	0. 933704	0. 066296	0. 011659
67	0. 012487	0. 987513	0. 922045	0. 077955	0. 012259
68	0. 013295	0. 986705	0. 909786	0. 090214	0. 012874
69	0. 014151	0. 985849	0. 896912	0. 103088	0. 013503
70	0. 015055	0. 984945	0. 883409	0. 116591	0. 014144
71	0. 016011	0. 983989	0. 869265	0. 130735	0. 014795
72	0. 017020	0. 982980	0. 854470	0. 145530	0. 015454
73	0. 018086	0. 981914	0. 839016	0. 160984	0. 016118
74	0. 019211	0. 980789	0. 822898	0. 177102	0. 016784
75	0. 020397	0. 979603	0. 806114	0. 193886	0. 017450
76	0. 021647	0. 978353	0. 788664	0. 211336	0. 018111
77	0. 022964	0. 977036	0. 770552	0. 229448	0. 018764
78	0. 024352	0. 975648	0. 751788	0. 248212	0. 019405
79	0. 025812	0. 974188	0. 732383	0. 267617	0. 020029
80	0. 027348	0. 972652	0. 712354	0. 287646	0. 020632
81	0. 028963	0. 971037	0. 691722	0. 308278	0. 021208
82	0. 030660	0. 969340	0. 670513	0. 329487	0. 021753
83	0. 032442	0. 967558	0. 648761	0. 351239	0. 022261
84	0. 034313	0. 965687	0. 626500	0. 373500	0. 022726
85	0. 036275	0. 963725	0. 603774	0. 396226	0. 023144
86	0. 038332	0. 961668	0. 580630	0. 419370	0. 023508
87	0. 040487	0. 959513	0. 557122	0. 442878	0. 023814

续表

年龄	q_x	p_x	${}_tp_x$	${}_tq_x$	${}_t\mu_x$
88	0. 042744	0. 957256	0. 533308	0. 466692	0. 024055
89	0. 045106	0. 954894	0. 509252	0. 490748	0. 017069
90	0. 033518	0. 966482	0. 492183	0. 507817	0. 018335
91	0. 037252	0. 962748	0. 473849	0. 526151	0. 019731
92	0. 041640	0. 958360	0. 454117	0. 545883	0. 021267
93	0. 046831	0. 953169	0. 432851	0. 567149	0. 022948
94	0. 053015	0. 946985	0. 409903	0. 590097	0. 024771
95	0. 060433	0. 939567	0. 385132	0. 614868	0. 026726
96	0. 069396	0. 930604	0. 358405	0. 641595	0. 028783
97	0. 080308	0. 919692	0. 329622	0. 670378	0. 030885
98	0. 093698	0. 906302	0. 298737	0. 701263	0. 032939
99	0. 110262	0. 889738	0. 265798	0. 734202	0. 034800
100	0. 130925	0. 869075	0. 230998	0. 769002	0. 036251
101	0. 156930	0. 843070	0. 194748	0. 805252	0. 036994
102	0. 189959	0. 810041	0. 157754	0. 842246	0. 036647
103	0. 232307	0. 767693	0. 121106	0. 878894	0. 034775
104	0. 287145	0. 712855	0. 086331	0. 913669	0. 086331
105	1. 000000	0. 000000	0. 000000	1. 000000	0. 000000

表 4-4　2020 年我国 55 岁女性人口的预测生命

年龄	q_x	p_x	${}_tp_x$	${}_tq_x$	${}_t\mu_x$
55	0. 001811	0. 998189	0. 998189	0. 001811	0. 001941
56	0. 001945	0. 998055	0. 996248	0. 003752	0. 002084
57	0. 002092	0. 997908	0. 994164	0. 005836	0. 002238
58	0. 002251	0. 997749	0. 991926	0. 008074	0. 002407
59	0. 002426	0. 997574	0. 989519	0. 010481	0. 002590
60	0. 002617	0. 997383	0. 986929	0. 013071	0. 002790
61	0. 002827	0. 997173	0. 984140	0. 015860	0. 003007
62	0. 003056	0. 996944	0. 981132	0. 018868	0. 003244
63	0. 003307	0. 996693	0. 977888	0. 022112	0. 003503
64	0. 003582	0. 996418	0. 974385	0. 025615	0. 003785
65	0. 003885	0. 996115	0. 970599	0. 029401	0. 004094
66	0. 004218	0. 995782	0. 966506	0. 033494	0. 004430

续表

年龄	q_x	p_x	$_tp_x$	$_tq_x$	$_t\mu_x$
67	0. 004583	0. 995417	0. 962076	0. 037924	0. 004797
68	0. 004986	0. 995014	0. 957279	0. 042721	0. 005198
69	0. 005430	0. 994570	0. 952081	0. 047919	0. 005636
70	0. 005919	0. 994081	0. 946445	0. 053555	0. 006114
71	0. 006460	0. 993540	0. 940331	0. 059669	0. 006635
72	0. 007056	0. 992944	0. 933696	0. 066304	0. 007204
73	0. 007716	0. 992284	0. 926492	0. 073508	0. 007825
74	0. 008445	0. 991555	0. 918668	0. 081332	0. 008501
75	0. 009253	0. 990747	0. 910167	0. 089833	0. 009237
76	0. 010149	0. 989852	0. 900930	0. 099070	0. 010037
77	0. 011141	0. 988859	0. 890893	0. 109107	0. 010907
78	0. 012243	0. 987757	0. 879985	0. 120015	0. 011850
79	0. 013466	0. 986534	0. 868135	0. 131865	0. 012871
80	0. 014826	0. 985174	0. 855264	0. 144736	0. 013973
81	0. 016338	0. 983662	0. 841291	0. 158709	0. 015160
82	0. 018020	0. 981980	0. 826131	0. 173869	0. 016434
83	0. 019893	0. 980107	0. 809697	0. 190303	0. 017797
84	0. 021980	0. 978020	0. 791900	0. 208100	0. 019247
85	0. 024305	0. 975695	0. 772653	0. 227347	0. 020783
86	0. 026898	0. 973102	0. 751870	0. 248130	0. 022398
87	0. 029790	0. 970210	0. 729472	0. 270528	0. 024085
88	0. 033017	0. 966983	0. 705387	0. 294613	0. 025830
89	0. 036619	0. 963381	0. 679556	0. 320444	0. 016135
90	0. 023744	0. 976256	0. 663421	0. 336579	0. 018353
91	0. 027664	0. 972336	0. 645069	0. 354931	0. 020826
92	0. 032285	0. 967715	0. 624243	0. 375757	0. 023562
93	0. 037745	0. 962255	0. 600681	0. 399319	0. 026556
94	0. 044211	0. 955789	0. 574125	0. 425875	0. 029789
95	0. 051886	0. 948114	0. 544335	0. 455665	0. 033216
96	0. 061021	0. 938979	0. 511120	0. 488880	0. 036759
97	0. 071919	0. 928081	0. 474361	0. 525639	0. 040300
98	0. 084956	0. 915044	0. 434061	0. 565939	0. 043665

续表

年龄	q_x	p_x	$_tp_x$	$_tq_x$	$_t\mu_x$
99	0. 100596	0. 899404	0. 390396	0. 609604	0. 046617
100	0. 119411	0. 880589	0. 343778	0. 656222	0. 048855
101	0. 142111	0. 857889	0. 294924	0. 705076	0. 050014
102	0. 169582	0. 830418	0. 244910	0. 755090	0. 049700
103	0. 202931	0. 797069	0. 195210	0. 804790	0. 047542
104	0. 243544	0. 756456	0. 147668	0. 852332	0. 043291
105	1. 000000	0. 000000	0. 000000	1. 000000	0. 000000

4. 1. 2. 4 其他因子的规定及数据来源

对于贷款比率，一般而言，正向的按揭贷款比率最高不超过 0. 7，由于住房反向抵押贷款属于商业养老保险性质，根据李克强总理对于商业养老保险的社会服务化理念，本书将采用政策服务性的住房反向抵押贷款的贷款比率，设置为 0. 8 来进行定价。对于费率而言，本书将采用现有大多数研究使用的 6%来进行，另外房屋折旧采用直线折旧法，假定每年的折旧率为 1. 82%。

对于长期护理保险参数和赎回权参数的数据来源将在下面小节进行介绍。将折旧率 β、费用率 α 以及贷款比率 λ 代入式（4-7）中，得到一般情况下住房反向抵押贷款的产品的一次性贷款定价模型和年金定价模型，模型分别如式（4-10）和式（4-11）所示，其中 g 为二手房住宅的年增长率。

$$LS_x = \sum_{t=1}^{105-x} \frac{\lambda \cdot [\,(H(t) \times (1-\beta)^t - \alpha H(0) \cdot (1+r_s)^t)\,]}{(1+r_s)^t} \times {}_t\mu_x \qquad (4-10)$$

$$A = \frac{\sum_{t=1}^{105-x} \lambda \cdot [H(0) \cdot \prod_{s=1} (1+g)(1-\beta)^t - \alpha H(0)(1+r_s)^t] \cdot {}_t\mu_x \cdot \prod_{s=1}^{t} (1+r_s(s))^{-1}}{\sum_{t=1}^{105} {}_tp_x \cdot \prod_{s=1}^{t} (1+r_s(s))^{-1}}$$

（4-11）

其中，x 为借款人合同订立时的年龄；t 为贷款终止的时刻，$x+t$ 为借款人死亡年龄，最大值为 105 岁；r 为无风险利率；r_s 为贷款利率；g 为房屋价值的增长速度；${}_t\mu_x$ 为 x 岁的人从第 t 年初到第 t 年末死亡的概率；${}_tp_x$ 为 x 岁的人在未来 t 年的存活概率；β 为折旧率，α 为费用率，λ 为贷款比率。

4.1.3 基于随机动态死亡率模型的住房反向抵押贷款定价结果

表 4-5 为合同订立时男性和女性分别为 55 岁、60 岁、65 岁、70 岁、

75 岁以及 80 岁的未涉及赎回权的基于随机动态死亡模型的住房反向抵押贷款的具体定价情况。表格左侧为基于我国第三套静态生命表的住房反向抵押贷款定价的情况。其中，LS 表示的是借款人一次性贷款所获得收入，年金是指借款人每年获得的现金流收入，年金支付系数为年金/合同订立时的房屋初始价值。

表 4-5　不带赎回权的住房反向抵押贷款产品定价

单位：万元

性别	静态生命表(第三套生命表 CL5&CL6)				随机动态(CBD 模型)死亡率模型生命表			
	年龄	LS	年金	年金支付系数	年龄	LS	年金	年金支付系数
男	55	69.1351	5.7696	0.0288	55	62.8423	5.1548	0.0258
	60	77.1373	6.8829	0.0344	60	71.6878	6.3043	0.0315
	65	85.6158	8.3736	0.0419	65	80.6683	7.7766	0.0389
	70	94.4124	10.4965	0.0525	70	89.2815	9.6927	0.0485
	75	102.7373	13.6950	0.0685	75	96.9115	12.2210	0.0611
	80	108.3646	18.2826	0.0914	80	102.7759	15.5496	0.0777
女	55	62.2150	4.9340	0.0247	55	55.5325	4.2811	0.0214
	60	70.0836	5.8682	0.0293	60	64.5603	5.2647	0.0263
	65	78.5157	7.0822	0.0354	65	74.2277	6.5501	0.0328
	70	87.3360	8.7288	0.0436	70	84.0623	8.2671	0.0413
	75	96.1374	11.0704	0.0554	75	93.3567	10.6083	0.0530
	80	103.4769	14.3687	0.0718	80	101.0666	13.8110	0.0691

由表 4-5 可知，纵向对比年龄，在合约订立初房屋价值一样的情况下，当借款人参与住房反向抵押贷款合约的年龄越大，其期望寿命越小，合约期越短，所获得一次性现金流和年金收入越高，如表右侧随机动态死亡率的产品定价所示，55 岁男性每年获得的年金为 51548 元，80 岁的男性每年可获得的年金为 155496 元，后者约是前者的 3.02 倍。

由表 4-5 可知，纵向对比性别，在合约订立初房屋价值一样的情况下，同样年龄的情况下男性借款人所获的年金和一次性收入高于女性借款人，原因在于女性的预期寿命高于男性，因此女性的合约期限较男性而言长，因此同样年龄段的女性所获得年金收入少于同样年龄段的男性年金收入。如表右侧随机动态死亡率模型的产品定价，60 岁的男性每年可获得年金收入为 63043 元，60 岁女性每年获得年金收入为 52647 元，前者约是后者的 1.2 倍。

由表4-5可知，横向对比静态生命表和随机动态死亡率模型生命表，在合约订立初房屋价值一样的情况下，基于随机动态生命表产品的一次性收入和年金收入低于静态生命表产品的一次性收入和年金收入，年龄越小差距越大。如55岁女性借款人在静态生命表情况下每年可获得年金收入为49340元，动态生命表下为42811元，降低了13.23%，而70岁的情况则降低了5.29%。其原因在于：人们的预期寿命随时间的推移不断增加，从而导致长寿风险增加，产品定价存在基差风险，使用静态的生命表无法改善这一状况，随机动态死亡率模型能有效地模拟死亡率随时间的变化。

4.2 随机动态死亡率下带赎回权的住房反向抵押贷款产品定价

4.2.1 赎回选择权

4.2.1.1 赎回权模型构建

住房反向抵押贷款可以根据借款人在合约期间将房屋的抵押权赎回与否分为无赎回权和有赎回权的住房反向抵押贷款。另外，有赎回权住房反向抵押贷款又根据赎回时点的不同分为欧式赎回权和美式赎回权的住房反向抵押贷款。欧式赎回权的住房反向抵押贷款产品是指借款人死亡后即合同终止后，借款人后代或继承人有权利选择是否清偿贷款以获得房屋的所有权；而美式赎回权的住房反向抵押贷款产品的赎回时间则为任意时间。

鉴于我国“养儿防老”的传统思想，老年人一般习惯将房产留给后代，在住房反向抵押贷款中增加赎回权便可以实现大多数老年人的愿望。由于这一传统更多地适用于老年人去世后其后代继承其房产的思想，因此本书将探讨的是欧式赎回权的基于随机动态死亡率模型的住房反向抵押贷款定价。接下来，我们将在无赎回权的住房反向抵押贷款产品的基础上嵌入一个欧式赎回权，即借款人去世时，其继承人可以自主选择：继承房屋所有权归还贷款或者放弃房屋所有权不归还贷款。一般而言，贷款到期时，若借款人贷款账户余额高于到期时房屋价值，继承人选择赎回房屋是亏损的，所以借款人继承人一般不选择赎回；若借款人贷款账户余额低于到期时房屋价值，则选择赎回。因此，在附赎回权的住房反向抵押贷款中，隐含着看跌期权，房屋到期时的市场价值为标的资产的市场价格，贷款本息和为执行价格。若房屋到期时的市场价值大于贷款本息和，则房屋可以被赎回；反之则不会行使赎回权。假设 x 岁的借款人在第 t 年死亡时房屋价值为 $H(t)$，借款人贷款账户余额为 $BAL(t)$，借款人继承人所能获得的收益如式（4-12）所示：

$$\begin{cases} 0 & H(t) < BAL(t) \\ H(t) - BAL(t) & H(t) \geq BAL(t) \end{cases} \tag{4-12}$$

给期权进行合理的定价是期权交易的关键，常用的定价方法是由 F. Black 和 M. Scholes 于 1973 年提出的 Black-Scholes 期权定价模型，该模型遵循以下假设：

第一，期权标的资产呈现对数正态分布。

第二，在期权有效期内，市场无摩擦即不存在税收和交易成本，无风险利率和预期资产收益是恒定不变。

第三，标的资产在合同期间无红利和其他所得。

第四，市场运作是持续的等假设。

假设借款人在第 t 年死亡，根据期权定价公式，则赎回权在当前的价值如式（4-13）所示：

$$V_t = BAL(t) \cdot e^{-rt}(1-N(d_2)) - H(0)(1-N(d_1)) \tag{4-13}$$

其中，

$$d_1 = \frac{\ln\left(\frac{H(0)}{BAL(t)}\right) + (r+0.5\sigma^2)t}{\sigma\sqrt{t}} \tag{4-14}$$

$$d_2 = d_1 - \sigma\sqrt{t} \tag{4-15}$$

r 为无风险利率；$BAL(t)$ 为借款人的贷款账户余额，为贷款期限结束时的贷款本息总额。对于一次性支付贷款的方式下，$BAL(t)$ 的表达式如式（4-16）所示，对于年金支付方式下的 $BAL(t)$ 如式（4-17）所示：

$$BAL(t) = \lambda H(0)(1+r_s)^T \tag{4-16}$$

$$BAL(t) = (1 + r_s)^T \sum \frac{A}{(1 + r_s)^t} \tag{4-17}$$

其中，λ 为贷款比率；$H(0)$ 为合同订立时的房屋价值；r_s 为住房反向抵押贷款的贷款利率；T 为期权合约的有效期，有效期一般是等于 x 岁人的平均余命；A 为每年年初借款人所能获得的年金金额。

由于个体借款人的死亡时间是不确定的，因此期权合约的有效期也是未知的。但根据保险学的大数法则，相同年龄的借款人的平均剩余寿命是一样的，即合约的有效期等于借款人的平均剩余寿命，即期权有效期确定。根据上文的分析与预测，我们得出随机动态死亡率模型的生命表和第三套静态生命表的平均剩余寿命，其结果如表4-6所示。由表4-6可知，基于随机动态死亡率模型的生命表的男女性平均余命分别高于基于第三套静态生命表的男女性平均余命。另外，无论是在静态生命表中，还是在动态生命表中，女性的平均余命高于男性的平均余命。同时，随着年龄的增加，动态生命表的平均余命与静态生命表的平均余命的差距越来越小。

表4-6 平均剩余寿命

静态生命表		动态生命表		静态生命表		动态生命表	
男	平均余命	男	平均余命	女	平均余命	女	平均余命
55	25.86	55	26.37	55	28.94	55	29.88
60	21.85	60	22.59	60	24.77	60	25.79
65	17.95	65	18.81	65	20.70	65	21.61
70	14.19	70	15.16	70	16.77	70	17.49
75	10.64	75	11.82	75	13.04	75	13.60
80	7.60	80	8.89	80	9.68	80	10.15

4.2.1.2 附赎回权的住房反向抵押贷款产品定价模型构建

接下来我们将构建一个无风险套利的资产组合，使无论住房价值是否大于或者小于执行价格即借款人贷款账户余额，都使现金的流入等于现金的流出。从贷款机构的角度看，该资产组合的构成为：

首先，按年金方式发放住房反向抵押贷款，每年年初支付为 A，支付期限为 T，在贷款利率为 r_s 的情况下，年金现值之和即一次性发放贷款的额度（LS）的表达式如式（4-18）所示，借款人贷款账户余额 $BAL(t)$ 为期权的执行价格，$BAL(t)$ 和 LS 的关系如式（4-19）所示。在贷款到期时，若住房价值 $H(t)$ 高于 $BAL(t)$，则借款人继承人归还贷款本息和（$BAL(t)$）；反之，借款人的继承人只需要偿还 $H(t)$。

$$LS = \sum_{t=1}^{T-1} \frac{A}{(1+r_s)^t} \tag{4-18}$$

$$BAL(t) = LS(1+r_s)^T \tag{4-19}$$

其次，购买一份欧式看跌期权。为对冲房价下跌给贷款机构造成的损失，贷款机构需购买一份欧式看跌期权，其执行价为 X，执行时间为贷款期限 T，期权费为 V。当期末房价 $H(t)$ 高于 X 时，期权不执行，收益为 0；当期末房价 $H(t)$ 低于 X 时，期权执行，收益为 $X-H(t)$，这样就保证了无论房价走势如何贷款人都能获得贷款本息额的收入。

最后，贷款机构向其他金融机构借入一系列现金流。假定贷款机构不占用自有资金，发放抵押贷款的资金均是向其他金融机构借入的。借用的资金数量在期初为 $A+V$，以后每年借数量 A 与每期支付的现金流相匹配，借款利率为 r_l，将每期借款进行贴现，借款贴现值之和为 L，其表达式如式（4-20）所示：

$$L = V + \sum \frac{A}{(1 + r_l)^t} \tag{4-20}$$

贷款到期时，贷款人还款额为：

$$L(1+r_l)^T = (1+r_l)^t \frac{(1+r_l)^{T-1}}{r_l} \cdot \lambda H(0) \cdot r_s \frac{(1+r_l)^{T-1}}{(1+r_s)^{T-1}} + V(1+r_l)^T \tag{4-21}$$

在以上三项资产组合中，贷款机构既对冲了风险，也未占用自有资金。根据无风险套利原则，贷款人在期末的现金流之和应该等于 0。即现金流入等于现金流出，即：

$$BAL(t) = L(1+r_l)^T \tag{4-22}$$

将式（4-16）代入式（4-22）中，联立式（4-21）的附欧式赎回权的住房反向抵押贷款产品的定价公式。

4.2.2 随机动态死亡率模型下附赎回权的反向抵押贷款定价结果

附赎回权的住房反向抵押贷款产品的定价模型涉及的主要参数有：房价波动率 σ、无风险利率 r_f、向其他金融机构借款的融资利率 r_l、平均余命 T、合约订立时房价的初始评估值 $H(0)$。其中，房价波动率 σ 和无风险利率 r_f 在第 4.1 节已经得出；对于向其他金融机构借款的融资利率 r_l，我们将采用在第 4.1 节计算得出的无风险利率的基础上上浮 100bp；平均余命采用表 4-6 所示数据。其中，与第 4.1 节不同的是，附赎回权的住房反向抵押贷款定价模型未涉及房屋的折旧、初始费用以及贷款比率。将所有的参数代入附赎回权的住房反向模型抵押贷款的定价模型中，得到表 4-7 和表 4-8 的定价结果。表 4-7 是基于第三套静态生命表的我国男性附赎回权的住房反向抵押贷款的定价结果，表 4-8 是基于随机动态死亡率模型的我国女性附赎回权的住房反向抵押贷款的定价结果。

表 4-7 基于第三套静态生命表的附赎回权的住房反向抵押贷款定价结果

单位：万元

性别	有赎回权				无赎回权			
	年龄	LS	年金	年金支付系数	年龄	LS	年金	年金支付系数
男	55	147.6387	12.4814	0.0624	55	162.0197	13.5211	0.0676
	60	154.2287	14.0514	0.0703	60	165.4685	14.7646	0.0738
	65	159.7078	16.1888	0.0809	65	168.6510	16.4948	0.0825
	70	165.4617	18.7632	0.0938	70	171.4092	19.0567	0.0953
女	55	144.9314	11.7489	0.0587	55	158.8897	12.6009	0.0630
	60	149.5507	12.8521	0.0643	60	162.6248	13.6169	0.0681
	65	154.6853	14.4233	0.0721	65	166.1647	14.9883	0.0749
	70	159.5245	16.7216	0.0836	70	169.3330	16.9239	0.0846

表 4-8 基于随机动态死亡率的附赎回权的住房反向抵押贷款定价结果

单位：万元

性别	有赎回权				无赎回权			
	年龄	LS	年金	年金支付系数	年龄	LS	年金	年金支付系数
男	55	147.1743	12.2555	0.0613	55	157.9080	12.9529	0.0648
	60	151.5603	13.5189	0.0676	60	161.9023	14.2379	0.0712
	65	157.5688	15.4924	0.0775	65	165.3351	15.9387	0.0797
	70	164.2274	17.8689	0.0893	70	167.8411	18.2213	0.0911
女	55	142.5679	11.4205	0.0571	55	154.9854	11.9482	0.0597
	60	147.6897	12.4857	0.0624	60	159.5290	13.0091	0.0650
	65	154.3421	14.0618	0.0703	65	163.7501	14.4498	0.0722
	70	159.0365	16.0643	0.0803	70	167.2670	16.4499	0.0822

由表 4-7 和表 4-8 可知，横向对比有赎回权的住房反向抵押贷款和无赎回权的住房反向抵押的定价结果，在相同年龄的情况下，有赎回权的产品年金和一次性贷款收入均低于无赎回权的年金和一次性贷款收入，有赎回权和无赎回权的年金收入差距随年龄的增长而缩小。其原因在于：有赎回权的住房反向抵押贷款产品借款人相当于要支付一部分期权费，年龄越小，其赎回的不确定性越强，期权费越高。纵向对比不同年龄状况，随着年龄的增加，其平均余命减少，借款人的一次性贷款收入和年金收入随年龄递增。另外，无论是有赎回权还是无赎回权，在相同年龄的情况下，女性借款人的一次性贷款收入和年金

收入均低于男性借款人的一次性贷款收入和年金收入。对比表 4-7 和表 4-8 可知，在相同年龄和相同性别的情况下，动态生命表中有赎回权的年金收入低于相同情况下静态生命表中的年金收入。

4.3　随机死亡率模型下附长期护理保险功能的住房反向抵押贷款产品定价

4.3.1　附长期护理保险的住房反向抵押贷款概述

4.3.1.1　长期护理保险概述

长期护理保险（LTCI），是指对陷入失能状态的被保险人给予照护服务或者费用补偿的一种健康保险。具体而言，当被保险人因年老，或者患有慢性疾病，或因意外伤残等导致身体上的某些功能全部或部分丧失而陷入失能状态，生活无法自理时，保险公司为其提供入住长期护理机构和照料等服务，或为其居家护理提供一系列的费用补偿。长期护理险是一种长尾业务，且周期较长，其目的在于提高被保险人的生活质量，不以完全康复为目标，而是尽可能长久维持或增进被保险人的身体机能，使被保险人的情况稍有好转或维持现状。由于我国已经步入了老龄化人口社会，国家统计局公布的 2018 年数据显示，我国 60 周岁以上的人口达 2.5 亿人，占总人口的 17.9%，还有数据显示我国陷入失能状态的老年人口约 4000 万人。另外，国家统计局报告指出，2018 年我国人均预期寿命为 77 岁，而健康预期寿命为 68.7 岁，也就是说，中国居民平均有 8.3 年的晚年生活是处于不健康状态的。在此背景下，由于长期护理保险能有效地补充、保障老年人口的生活资金来源和提高晚年生活质量，党的十八届五中全会首次提出要探索建立长期护理保险制度，该保险已在某些城市进行了试点。截至目前，我国陆续有 15 个省市试点长期护理保险。我国各地长期护理保险筹资来源主要为医保统筹基金、财政补助、单位企业缴费、个人缴费、社会及公益捐助等，具体筹资模式各不相同。总体来看，“个人缴费+医保统筹基金+财政补助”的形式最多。

长期护理保险由于自身的优势，所以具有良好的发展市场。第一，老龄化趋势是目前全球大部分发达国家与发展中国家的共同趋势，据瑞士再保险统计，到 2030 年，全球 65 岁及以上人口将超过 10 亿人，老龄化人口基数不断扩大，陷入失能状态的老年人口不断增加。第二，人口结构和社会趋势变化的推动增加了长期护理保险的需求。随着出生率的下降以及女性外出工作的比例越来越高，交通的发展导致家庭成员分散地域扩大，导致传统的长期护理提供者（即家庭成员）数量逐渐减少，增加了对正式以及长期性护理保险的需求。第三，个人和家庭承担长期护理费用的成本和风险较高，LTCI能缓解家庭成员及被保险人的负担，提高被保险人及其家庭的生活质量，有内在驱动因素。第四，普遍老年人均有长期护理的潜在需求，长期护理保险能提供相应的专业化护理服务。第五，长期护理保险一般都有税收优惠，易吸引相关人群参保。第六，LTCI拓宽了产品和服务范围。保险责任的多种形式将拓宽保险公司的产品和服务范围，提高市场份额。第七，减少逆向选择，刺激销售需求。长期护理保险可以与其他寿险或年金产品相联结形成混合型产品，有助于减少逆向选择，能刺激年金、寿险以及长期护理保险的销售。

但由于长期护理保险存在以下局限，导致其市场发展受阻。第一，长期护理保险的待遇享有人群的界定全球无统一标准，界限较模糊，失能人口状态确定不统一。第二，风险较大。由于长期护理险的被保险人普遍是年龄较大或者有疾病的特定人群，其属于高危人群，逆向选择比较严重，由此长期护理保险的保险人的承保风险较大。第三，定价困难。长期护理保险属于长尾业务，加上数据缺乏以及精算模型不具代表性，导致其定价相当困难，若定价有误，会影响保险公司声誉甚至造成重大的财务损失。第四，目前我国进行试点的城市有15个，除此之外还有很多城市主动参与进来，但各城市的长期护理保险模式与制度设计不尽相同，这将增加未来我国长期护理保险在全国推广的制度统一成本。第五，长期护理保险的消费者购买意愿不强，长期护理保险面临着消费者保险意识不强和损失厌恶心理的负面影响。由于长期护理保障金额较大以及长期护理发生率高等特征造成了长期护理保险所需的投保成本较高。较高的投保成本导致现有的投保群体大多为高收入群体，对于一般收入人群而言是难以承担或者不愿承担的。另外，由于我国老年人大多受到“养儿防老”等传统观念的影响，认为养老应由子女负担而不是依靠保险保障。第六，长期护理保险在主要发展中国家是由政府主导或者由政府兜底，所以公共财政支出较高，尤其是随着人口老龄化趋势的增长，加大了对公共财政的挑战等。

可见，大病护理对于个人和家庭而言开支巨大，它既不能由社会和政府全部覆盖，也不能被商业重疾保险全部报销。因此，我国居民一旦陷入失能状态，就不得不考虑变卖资产以获得现金流来保障自身的照料开支。房屋作为我国居民的主要资产，将是居民变卖资产的首选标的之一，但由于房产作为低流动性的资产，从交易成本、时间成本以及情感的角度而言，居民因患病变卖房屋将使自己处于被动的地位。针对上述长期护理保险的问题，本书提出将长期护理保险功能纳入住房反向抵押贷款中，设计出附长期护理功能的住房反向抵押贷款产品，该产品不仅能够解决长期护理保险前期缴纳的成本过高和居民陷入长期护理状态时变卖资产失去房屋使用权的问题，还能避免投保人损失厌恶的心理，能够缓解政府和社会的压力。除此之外，该项产品还能吸引和扩大住房反向抵押贷款的需求和市场，有效缓解住房反向抵押贷款的逆向选择风险。

4.3.1.2　附长期护理保险功能的住房反向抵押贷款产品概述

附长期护理保险功能的住房反向抵押贷款产品实质上仍属于住房反向抵押贷款，是一种将长期护理保险理论与住房反向抵押贷款理论相结合的保险。其实施过程如下：首先，拥有房产的老年人将房屋抵押给有资质的贷款机构。其次，贷款机构通过第三方对房产进行估值，另外，老年人还应该接受专业机构的身体检查和检验，以确定老年人的健康状态。最后，金融机构根据老年人的身体状况和年龄情况以及房屋估值情况给出具体的产品定价方案，签订保险合约。

与住房反向抵押贷款产品不同的是，附长期护理保险的住房反向抵押贷款产品将房屋价值分为两部分，第一部分为基本给付，即住房反向抵押贷款的年金给付部分；第二部分用于满足老年人的长期护理需求。这一产品在老年人能够保障日常生活质量的同时，还增加了老年人一旦陷入失能状态的长期护理费用补偿。当老年人死亡后，保险公司将有权变卖房屋。房屋变现收益用来偿还给付部分和护理费用的本息，若扣除完总费用本息后还有剩余，则由被保险人的继承人所有。该产品按照支付方式可以分为：趸付长期护理保险并按终生年金方式支付的住房反向抵押贷款产品（产品一）和年金支付方式下的附长期护理保险功能的住房反向抵押贷款产品（产品二）。这两种产品的差别在于长期护理费用支付的方式。产品一的具体实施过程是：一旦被保险人陷入长期护理状态，则一次性将长期护理费用支付给被保险人。产品二的实施过程是：一旦被保险人陷入长期护理状态，将在此后按年支付长期护理费用给被保险人。对于这两种产品，老年人在与保险公司签订产品合约后，不仅每年能够获得用于日常养老开支的年金收入，一旦老年人进入长期护理状态，该产品还将通过一次性赔付或者年金的形式，为老年人的长期护理提供保障支持。通过这样的设计，使该类产品实现了老年人日常养老和长期护理的双重保障功能。本书以产品二为例，构建出按年金方式支付的附长期护理功能的住房反向抵押贷款产品的定价模型。

4.3.2 附长期护理保险功能的住房反向抵押贷款产品的定价模型构建

基于第 4. 3. 1 节的附长期护理保险功能的住房反向抵押贷款的设计理念和实施方案，被保险人即借款人的收入由两部分构成，第一部分为基本生活保障收入即住房反向抵押贷款的年金给付额，第二部分则为长期护理费用收入部分。由于产品二即按年金支付方式的附长期护理功能的住房反向抵押贷款产品的长期护理费用的支付条件为：一旦借款人即被保险人陷入长期护理状态便按年金形式支付长期护理费用。因此，该产品涉及长期护理流行率因子，长期护理流行率记为${}_tw_x$，指的是 x 岁人群在第 t 年进入长期护理状态的概率。本节涉及的风险参数因子在第 4. 1 节产品的基础上，增加了长期护理流行率因子。本节仍然沿用第 4. 1 节的假设，即精算公平假设，贷款人的贷款支出的现值=借款人的现金流收入现值=房屋价值的贴现值。

房屋价值的精算现值如式（4-23）所示：

$$\sum_{t=1}^{T} H(t) \cdot {}_t\mu_x \exp\left\{-\int_{s=0}^{t} r(s)\,ds\right\} \tag{4-23}$$

其中，${}_t\mu_x$ 为 x 岁的借款人在第 t 年初到第 t 年末的死亡概率；$H(t)$ 为第 t 年的房屋价值；$r(s)$ 为 s 时刻的贷款年利率。

借款人的现金流收入由两部分构成，记年金为 A，年长期护理费用为 B，则借款人的收入现金流的精算现值如式（4-24）所示：

$$\sum_{t=1}^{T} (A \cdot {}_tp_x + B \cdot {}_tW_x \cdot {}_tp_x) \exp\left\{-\int_{s=0}^{t} r(s)\,ds\right\} \tag{4-24}$$

其中，${}_tp_x$ 为 x 岁的借款人在未来 t 年内的生存概率；${}_tw_x$ 为 x 的借款人在第 t 年陷入长期护理状态的概率；$r(s)$ 为 s 时刻的贷款年利率。根据精算公平原则，式（4-23）等于式（4-24）。在增加房屋折旧率、费用率以及贷款比率等因子后，按年金支付的长期护理保险功能的住房反向抵押贷款定价如式（4-25）所示：

$$\sum_{t=1}^{105-x}[\lambda\cdot H(0)\cdot(1-\beta)(1+g)-\alpha H(0)]\cdot\prod_{s}^{t}(1+r(s))^{-1}=\sum_{t}^{105-x}(A\cdot tpx+B\cdot{}_{t}w_{x}\cdot{}_{t}p_{x})\cdot\prod_{s}^{t}(1+r(s))^{-1} \tag{4-25}$$

4.3.3　长期护理保险定价模型

由式（4-25）可知，其涉及了长期护理费用以及长期护理流行率，这两个都属于长期护理保险定价模型的内容。对于长期护理保险的定量研究，主要有三种方法，分别为曼联法、减量表法以及 Markov 法。国内外大多数学者采用 Markov 模型进行定价，本书将使用王新军和王佳宇（2018）的长期护理保险定价的模型即离散的多状态的 Markov 模型对长期护理保险定价，并建立有序的 Logit 模型来测算不同状态下的转移概率。对于长期护理保险定价，其过程为：首先，长期护理状态的确定即失能状态的确定，确定指标和划分。其次，计算不同状态间的转移概率。再次，构造拓展的多状态转移概率表。最后，得出费率表。

4.3.3.1　长期护理状态的界定

无论是政策性长期护理保险还是商业保险性质的长期护理保险，长期护理状态的界定直接决定了被保险人的收益资格和收益水平，因此长期护理状态的界定是长期护理保险定价的关键和基础。目前国际主流的长期护理评估体系众多，如 FAQ、巴氏量表和 Katz 等。虽然其内容不完全一致，但这些体系建立所采用的标准一般均为日常生活自理能力（ADLs）、器械辅助日常生活自理能力（IADLs）以及认知障碍等。日常生活自理能力（ADL）最早于 1973 年由 Katz S. 提出，包括洗澡、穿衣、如厕、移动、控制、进食六项，在该标准下，一般根据 ADL 失能的数量确定失能状态。IADLs 属于 ADLs 的一种拓展标准，相对而言，它不仅包括日常基本生活能力，也包括被保险人与外界的联系情况，如关心他人及宠物、理财、外出购物等，该标准下的失能状态确定也是根据 IADLs 失能的数量确定。对于认知障碍标准下失能状态的界定是根据被保险人是否存在认知障碍来判定的。

本书沿用王新军和王佳宇（2018）基于中国保险业协会和中国法医学会发布的《人身保险伤残评定标准》所提及的六项日常生活自理能力（ADLs）标准，并参考发达国家的国际经验，对长期护理保险的状态界定采用 ADLs 和认知障碍标准来划分，其健康状态评估体系如表 4-9 所示。由表 4-9 可知，我们将人的状态划分为五种，即健康、轻度失能、中度失能、重度失能和死亡状态。

表 4-9　健康状态评估体系

序号	含认知障碍的五种状态健康划分	划分依据
0	健康	ADLs=0 且无认知障碍
1	轻度失能	ADLs∈(0,2]且无认知障碍
2	中度失能	ADLs∈[3,4]且无认知障碍
3	重度失能	ADLs∈[5,6]或存在认知障碍
4	死亡状态	死亡

4.3.3.2　多状态 Markov 模型

离散的 Markov 模型是目前较为流行的长期护理保险定价模型之一，它假定被保险人的健康状态服从 Markov 过程，由表 4-9 可知，被保险人存在的五种状态中，如果该模型假定死亡状态不可逆转，其他状态均可逆转。基于表 4-9 的五种状态的 Markov 模型的状态转移过程如图 4-3 所示。由图 4-3 可知，健康状态、轻度失能、中度失能以及重度失能四个状态之间可以相互转换，死亡状态为吸收态，不能转变为其他的状态。Markov 模型作为一个较成熟的模型，能够比较容易地进行参数估计和统计分析，因此具有数学与统计上的优势。

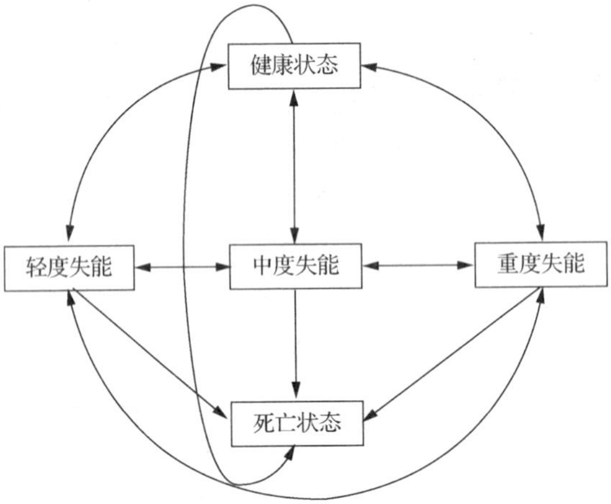

图 4-3　Markov 模型状态转移过程

在 Markov 模型中，从 x 到 $x+1$ 岁的状态满足离散时间的 Markov 链，我们用 $\{0, 1, 2, 3, 4\}$ 表示状态空间，则对于任意的时间 s 和 t 的状态 i，j 都有以下条件概率成立：

$$\Pr\{X(s+t)=j \mid X(s)=i, X(u)=x(u), 0\leqslant u\leqslant s\}=\Pr\{X(s+t)=j \mid X(s)=i\} \tag{4-26}$$

也就是说，被保险人在 $s+t$ 时所处的状态仅由 s 时刻所处的状态决定，与之前时刻所处的状态无关。将被保险人在 s 时刻处于状态 i，在 $s+t$ 处于状态 j 记为 $P_{ij}(s,s+t)$，则图 4-3 所示的五状态 Markov 模型如表 4-10 所示。

表 4-10　五状态的 Markov 模型的状态转移概率矩阵

状态	$(s+t,0)$	$(s+t,1)$	$(s+t,2)$	$(s+t,3)$	$(s+t,4)$
(s,0)	健康状态持续概率 $P_{00}^{s,s+t}$	轻度失能发生概率 $P_{01}^{s,s+t}$	中度失能发生概率 $P_{02}^{s,s+t}$	重度失能发生概率 $P_{03}^{s,s+t}$	健康死亡概率 $P_{04}^{s,s+t}$
(s,1)	康复概率 $P_{10}^{s,s+t}$	轻度失能持续概率 $P_{11}^{s,s+t}$	中度失能发生概率 $P_{12}^{s,s+t}$	重度失能发生概率 $P_{13}^{s,s+t}$	轻度失能死亡概率 $P_{14}^{s,s+t}$
(s,2)	康复概率 $P_{20}^{s,s+t}$	好转概率 $P_{21}^{s,s+t}$	中度失能持续概率 $P_{22}^{s,s+t}$	重度失能发生概率 $P_{23}^{s,s+t}$	中度失能死亡概率 $P_{24}^{s,s+t}$
(s,3)	康复概率 $P_{30}^{s,s+t}$	好转概率 $P_{31}^{s,s+t}$	好转概率 $P_{32}^{s,s+t}$	重度失能持续概率 $P_{33}^{s,s+t}$	重度失能死亡概率 $P_{34}^{s,s+t}$

显而易见，表 4-10 中每一横列的五种状态的概率之和为 1，记 $B_x^{0,d}$ 表示年龄为 x 岁时处于健康状态（序号为 0）的被保险人一生能获得的长期护理的保险金给付现值；$B_x^{1,d}$ 表示年龄为 x 岁时处于轻度失能状态（序号为 1）的被保险人一生能获得的长期护理的保险金给付现值；$B_x^{2,d}$ 表示年龄为 x 岁时处于中度失能状态（序号为 2）的被保险人一生能获得的长期护理的保险金给付现值；$B_x^{3,d}$ 表示年龄为 x 岁时处于重度失能状态（序号为 3）的被保险人一生能获得的长期护理的保险金给付现值。x 岁处于健康状态的人在 $x+1$ 岁可能面临的状态有五种，即健康（0）、轻度失能（1）、中度失能（2）、重度失能（3）及死亡（4）。因此，其在未来一年所能获得的保险金赔付的现值为这五种状态下可能获得赔付的加权平均值，权重为各个状态的概率，概率可以由表 4-10 获得。由于处于健康状态时不需要支付长期护理费用，且被保险人去世后也无须赔付，因此，所需要支付长期护理费用的状态仅有轻度、中度及重度失能状态。假定被保险人在轻度失能、中度失能、重度失能的状态下所能获得的年赔付额分别为 2.5 万元、5 万元以及 10 万元，则下一年所能获得的 $B_x^{0,d}$ 如式（4-27）所示：

$$B_x^{0,d}=2.5\cdot P_{01}^{s,s+1}+5\cdot P_{02}^{s,s+1}+10\cdot P_{03}^{s,s+1} \tag{4-27}$$

4.3.3.3　数据来源和状态转移概率矩阵测算

如式（4-27）所示，在长期护理定价模型的构建中，失能状态的划分即状态转移概率矩阵和各状态的护理费用的确定是长期护理保险定价的关键。本书对于状态转移概率矩阵测算的数据使用的是中国健康与养老追踪调查数据（CHARLS），该数据覆盖了我国 150 个县级单位，450 个村级单位，该数据的全国极限调查开始于 2011 年，每隔两年或三年追踪一次。该数据旨在收集一套代表中国 45 岁以上中老年人家庭和个人高质量的微观数据，以用来分析我国的人口老龄化问题。目前最新的追踪数据为 2015 年的追踪调查数据，该数据于 2017 年 10 月 11 日发布，本书选用 2013~2015 年的追踪调查数据中的基本信息和健康状况与功能板块对长期护理保险定价模型中的状态转移矩阵概率进行测算。另外，本书利用 Sata 软件对 CHARLS 2013 年至 2015 年的数据进行了预处理，在删除缺失值和无效值之后得出总的样本数量为 16499 个。本书对于健康状态的划分将采用表 4-9 的评估体系，表 4-11 显示了 CHARLS 数据库 2011~2015 年的健康状态的描述性统计。

表 4-11 各健康状态人数

健康状态	划分依据	2011 年	2013 年	2015 年
健康	ADL=0 且无认知障碍	16115	16431	19061
轻度失能	ADL∈(0,2]且无认知障碍	642	694	885
中度失能	ADL∈[3,4]且无认知障碍	134	134	157
重度失能	ADL∈[5,6]或认知障碍	705	989	820
死亡	死亡	0	431	689
总计		17596	18679	21612

本书使用的是王新军和王佳宇（2018）的有序 Logit 模型测算估计健康状态的转移概率矩阵。本书采用以 5 岁为单位的方式进行年龄分组以保证各年龄组样本数量能充分地测算状态转移概率矩阵，在构建模型时，控制了性别、年龄以及是否与配偶同居等变量，其模型如式（4-28）所示：

$$\Pr(Y_{t,i}=j|X_i)=G(\beta_0+\beta_1 Y_{t-1,i}+\beta_2 Age+\beta_3 Mari+\beta_4 Gender+\mu_i) \quad (4-28)$$

$i=1,\ 2,\ 3,\ \cdots;\ j=0,\ 1,\ 2,\ 3,\ 4;\ t=2015$ 年；$t-1=2013$ 年。

其中，i 取不同的值代表不同的样本，j 取 0~4 代表不同的健康状态，$Y_{t,i}=0$ 表示第 i 个受访者在 2015 年为健康状态，$Y_{t-1,i}=2$ 表示第 i 个受访者在 2013 年为中度失能状态，以此类推。Age 表示的是受访者所处的年龄组，由于样本数据数量的限制，本书采取以 5 岁为一组来进行年龄组的划分；Mari 表示的是受访者所处的婚姻状态，表达的是与配偶是否同居对状态转移概率的影响情况；

Gender 表示的是受访者的性别。$G(\cdot)$ 为有序 Logit 的累积概率分布函数。我们使用 Stata 软件通过极大似然估计法对参数进行估计，以 $P(t)$ 表示时间间隔为 t 的转移概率矩阵，$p_{ij}(x,x+1)$ 表示被保险人从 x 岁到 $x+1$ 岁之间的由 i 状态转移到 j 状态的转移概率，转移概率矩阵的每一横行的和为 1。由于 CHARLS 数据库的间隔时间为 2 年，因此我们记利用有序的 Logit 模型测算出来的状态转移概率矩阵为 P（2）。

由于间隔 2 年的个体健康状态会经历多种状态的变化，因此度量长期护理保险的状态转移概率不够精确，我们使用大多数研究所采用的转移强度矩阵将 $P(2)$ 转换为 $P(1)$。转移强度描述的是转移概率的瞬时变化情况，记作 μ_{ij}，其表达式如式（4-29）所示。将转移强度矩阵记为 5×5 的 Q 矩阵阶的形式，即可得转移强度矩阵，由 Komlogorov 向前方程式得 $P(t)$ 与 Q 的关系如式（4-30）所示：

$$\mu_{ij} = \lim_{\Delta t \to 0} \frac{P(x+\Delta t) - P(t)}{\Delta t} \tag{4-29}$$

$$P(t) = e^{Q \times t} \tag{4-30}$$

本书还将采用离散的 Markov 模型对转移概率矩阵和转移强度矩阵进行测算。由于本书采取的是 5 岁为一组的年龄分组法，且 CHARLS 数据库 85 岁以上高龄人口数据缺乏，所以分组的年龄范围为 45～80 岁，共计 7 个年龄组，对于单个年龄的转移概率采用崔晓东（2018）的转移强度为分段常数的预测方法。表 4-12 显示了基于 CHARLS 数据库和离散的五状态的 Markov 模型测算出来的间隔为 2 年的分性别与年龄段的健康状态转移矩阵，记为 P(2)。表 4-13 则显示了间隔为 1 年的 2015 年的分性别与年龄段的健康状态转移矩阵，记为 P(1)。

表 4-12　P（2）

2015 年												
年龄组	男性						女性					
	2013	0	1	2	3	4	2013	0	1	2	3	4
(50,55]	0	0.9395	0.0319	0.0074	0.0123	0.0090	0	0.8881	0.0716	0.0179	0.0172	0.0052
	1	0.6667	0.1754	0.0702	0.0351	0.0526	1	0.5940	0.2857	0.0526	0.0451	0.0226
	2	0.5000	0.2083	0.1667	0.0833	0.0417	2	0.7241	0.1034	0.0690	0.0690	0.0345
	3	0.4474	0.1316	0.0526	0.2105	0.1579	3	0.3833	0.1000	0.0333	0.4500	0.0333
	4	0	0	0	0	1	4	0	0	0	0	1

续表

2015年												
年龄组	男性						女性					
(55,60]	2013	0	1	2	3	4	2013	0	1	2	3	4
	0	0. 9241	0. 0435	0. 0128	0. 0111	0. 0085	0	0. 8323	0. 1212	0. 0228	0. 0201	0. 0036
	1	0. 6220	0. 1951	0. 1098	0. 0366	0. 0366	1	0. 5824	0. 3176	0. 0765	0. 0118	0. 0118
	2	0. 3333	0. 1667	0. 2000	0. 2333	0. 0667	2	0. 4808	0. 2115	0. 2308	0. 0577	0. 0192
	3	0. 2885	0. 0769	0. 0962	0. 4423	0. 0962	3	0. 3000	0. 2000	0. 0500	0. 4167	0. 0333
	4	0	0	0	0	1	4	0	0	0	0	1
(60,65]	2013	0	1	2	3	4	2013	0	1	2	3	4
	0	0. 8855	0. 0646	0. 0180	0. 0164	0. 0155	0	0. 7843	0. 1487	0. 0357	0. 0200	0. 0113
	1	0. 5839	0. 2701	0. 0949	0. 0219	0. 0292	1	0. 4890	0. 4107	0. 0596	0. 0157	0. 0251
	2	0. 3273	0. 1818	0. 2364	0. 1455	0. 1091	2	0. 3770	0. 1639	0. 3443	0. 0656	0. 0492
	3	0. 3333	0. 0972	0. 0556	0. 3750	0. 1389	3	0. 3423	0. 0901	0. 0541	0. 4685	0. 0450
	4	0	0	0	0	1	4	0	0	0	0	1
(65,70]	2013	0	1	2	3	4	2013	0	1	2	3	4
	0	0. 8510	0. 0745	0. 0208	0. 0230	0. 0307	0	0. 7296	0. 1718	0. 0592	0. 0282	0. 0113
	1	0. 4964	0. 3066	0. 0949	0. 0511	0. 0511	1	0. 4133	0. 3867	0. 0933	0. 0622	0. 0444
	2	0. 3784	0. 1892	0. 2973	0. 1081	0. 0270	2	0. 3433	0. 1940	0. 3284	0. 1194	0. 0149
	3	0. 3373	0. 0723	0. 1084	0. 3735	0. 1084	3	0. 2597	0. 1299	0. 0779	0. 4545	0. 0779
	4	0	0	0	0	1	4	0	0	0	0	1
(70,75]	2013	0	1	2	3	4	2013	0	1	2	3	4
	0	0. 7795	0. 1217	0. 0228	0. 0380	0. 0380	0	0. 6826	0. 1895	0. 0662	0. 0434	0. 0183
	1	0. 4754	0. 3115	0. 0820	0. 0656	0. 0656	1	0. 3618	0. 4221	0. 1055	0. 0905	0. 0302
	2	0. 3226	0. 2903	0. 1613	0. 1613	0. 0645	2	0. 2500	0. 3036	0. 1429	0. 1071	0. 1607
	3	0. 2105	0. 1316	0. 1053	0. 4342	0. 1184	3	0. 2414	0. 1552	0. 1034	0. 3621	0. 1379
	4	0	0	0	0	1	4	0	0	0	0	1
(75,80]	2013	0	1	2	3	4	2013	0	1	2	3	4
	0	0. 6814	0. 1703	0. 0599	0. 0410	0. 0473	0	0. 5527	0. 2616	0. 0802	0. 0633	0. 0422
	1	0. 3739	0. 3304	0. 0783	0. 0609	0. 1565	1	0. 2657	0. 4545	0. 1399	0. 0769	0. 0629
	2	0. 1429	0. 1905	0. 3571	0. 0714	0. 2381	2	0. 1429	0. 3429	0. 2571	0. 1429	0. 1143
	3	0. 1618	0. 0294	0. 1324	0. 4706	0. 2059	3	0. 2105	0. 1930	0. 0877	0. 3509	0. 1579
	4	0	0	0	0	1	4	0	0	0	0	1

续表

2015 年												
年龄组	男性						女性					
>80	2013	0	1	2	3	4	2013	0	1	2	3	4
	0	0. 6571	0. 1657	0. 0629	0. 0229	0. 0914	0	0. 3797	0. 3861	0. 1203	0. 0380	0. 0759
	1	0. 2800	0. 3800	0. 0800	0. 0200	0. 2400	1	0. 2235	0. 4765	0. 1706	0. 0353	0. 0941
	2	0. 0833	0. 1944	0. 1667	0. 1944	0. 3611	2	0. 1515	0. 1364	0. 3030	0. 1364	0. 2727
	3	0. 0462	0. 0615	0. 1077	0. 3538	0. 4308	3	0. 0610	0. 0854	0. 0488	0. 3049	0. 5000
	4	0	0	0	0	1	4	0	0	0	0	1

表 4-13　P（1）

2015 年												
年龄组	男性						女性					
(50,55]	2013	0	1	2	3	4	2013	0	1	2	3	4
	0	0. 9622	0. 0224	0. 0037	0. 0080	0. 0037	0	0. 9275	0. 0485	0. 0126	0. 0093	0. 0021
	1	0. 4765	0. 3712	0. 0902	0. 0282	0. 0338	1	0. 3833	0. 5087	0. 0633	0. 0317	0. 0130
	2	0. 2658	0. 2555	0. 3719	0. 0903	0. 0165	2	0. 5809	0. 0949	0. 2318	0. 0675	0. 0250
	3	0. 2615	0. 1387	0. 0478	0. 4474	0. 1046	3	0. 2122	0. 0740	0. 0289	0. 6661	0. 0187
	4	0	0	0	0	1	4	0	0	0	0	1
(55,60]	2013	0	1	2	3	4	2013	0	1	2	3	4
	0	0. 9531	0. 0312	0. 0060	0. 0060	0. 0037	0	0. 8910	0. 0829	0. 0121	0. 0125	0. 0014
	1	0. 4454	0. 3939	0. 1358	0. 0036	0. 0214	1	0. 3969	0. 5205	0. 0730	0. 0028	0. 0068
	2	0. 1587	0. 1904	0. 3930	0. 2221	0. 0357	2	0. 2967	0. 1828	0. 4607	0. 0485	0. 0114
	3	0. 1567	0. 0536	0. 0844	0. 6499	0. 0554	3	0. 1488	0. 1561	0. 0334	0. 6425	0. 0193
	4	0	0	0	0	1	4	0	0	0	0	1
(60,65]	2013	0	1	2	3	4	2013	0	1	2	3	4
	0	0. 9297	0. 0440	0. 0096	0. 0097	0. 0070	0	0. 8631	0. 0988	0. 0215	0. 0118	0. 0048
	1	0. 4007	0. 4852	0. 0960	0. 0047	0. 0133	1	0. 3239	0. 6109	0. 0441	0. 0075	0. 0137
	2	0. 1667	0. 1739	0. 4607	0. 1342	0. 0647	2	0. 2285	0. 1169	0. 5765	0. 0493	0. 0287
	3	0. 1929	0. 0744	0. 0437	0. 6057	0. 0833	3	0. 2055	0. 0506	0. 0377	0. 6811	0. 0251
	4	0	0	0	0	1	4	0	0	0	0	1

续表

2015 年												
年龄组	男性						女性					
(65,70]	2013	0	1	2	3	4	2013	0	1	2	3	4
	0	0. 9108	0. 0503	0. 0107	0. 0134	0. 0148	0	0. 8291	0. 1172	0. 0362	0. 0134	0. 0041
	1	0. 3286	0. 5240	0. 0843	0. 0349	0. 0284	1	0. 2776	0. 5835	0. 0713	0. 0416	0. 0260
	2	0. 2133	0. 1670	0. 5223	0. 0885	0. 0088	2	0. 2099	0. 1424	0. 5529	0. 0908	0. 0040
	3	0. 2011	0. 0417	0. 0914	0. 6010	0. 0646	3	0. 1505	0. 0836	0. 0546	0. 6664	0. 0450
	4	0	0	0	0	1	4	0	0	0	0	1
(70,75]	2013	0	1	2	3	4	2013	0	1	2	3	4
	0	0. 8642	0. 0853	0. 0109	0. 0219	0. 0178	0	0. 8016	0. 1238	0. 0467	0. 0224	0. 0056
	1	0. 3339	0. 5023	0. 0881	0. 0395	0. 0362	1	0. 2417	0. 5974	0. 0967	0. 0642	0. 0079
	2	0. 1672	0. 3128	0. 3427	0. 1473	0. 0300	2	0. 1459	0. 3046	0. 3121	0. 0939	0. 1144
	3	0. 1110	0. 0797	0. 0984	0. 6435	0. 0673	3	0. 1479	0. 0905	0. 0977	0. 5863	0. 0789
	4	0	0	0	0	1	4	0	0	0	0	1
(75,80]	2013	0	1	2	3	4	2013	0	1	2	3	4
	0	0. 8019	0. 1228	0. 0365	0. 0229	0. 0158	0	0. 7140	0. 1826	0. 0478	0. 0380	0. 0176
	1	0. 2732	0. 5362	0. 0572	0. 0426	0. 0908	1	0. 1896	0. 6157	0. 1189	0. 0462	0. 0295
	2	0. 0673	0. 1628	0. 5833	0. 0498	0. 1368	2	0. 0593	0. 2946	0. 4598	0. 1226	0. 0638
	3	0. 1045	0. 0000	0. 1017	0. 6805	0. 1133	3	0. 1419	0. 1244	0. 0638	0. 5761	0. 0937
	4	0	0	0	0	1	4	0	0	0	0	1
>80	2013	0	1	2	3	4	2013	0	1	2	3	4
	0	0. 7953	0. 1132	0. 0463	0. 0095	0. 0356	0	0. 5622	0. 3152	0. 0705	0. 0229	0. 0293
	1	0. 2010	0. 5853	0. 0748	0. 0022	0. 1368	1	0. 1716	0. 6412	0. 1351	0. 0124	0. 0397
	2	0. 0335	0. 1953	0. 3568	0. 2079	0. 2064	2	0. 1219	0. 0776	0. 5288	0. 1233	0. 1484
	3	0. 0264	0. 0316	0. 1118	0. 5747	0. 2556	3	0. 0421	0. 0584	0. 0353	0. 5467	0. 3176
	4	0	0	0	0	1	4	0	0	0	0	1

根据表 4-13，我们很容易获得各年龄各个状态的被保险人的状态转移概率，即第 4. 3. 2 节提到的长期护理流行率。表 4-14 为仅考虑初始状态为健康时 55 岁的人 31 年间的长期护理流行率。表 4-14 为附长期护理保险功能的住房反向抵押贷款定价的关键风险因子参数。由表 4-14 可知，随着年龄的增长，处于健康状态的概率越来越低，处于长期护理状态和死亡状态的概率越来越高；在同一年龄情况下，女性处于健康的概率低于男性，但在同一年龄情况下，女性死亡的概率低于男性死亡的概率。

表 4-14　初始状态为健康状态的 55 岁的被保险人的长期护理流行率

男性						女性					
年龄	0	1	2	3	4	年龄	0	1	2	3	4
55	0. 9622	0. 0224	0. 0037	0. 0080	0. 0037	55	0. 9275	0. 0485	0. 0126	0. 0093	0. 0021
56	0. 9289	0. 0400	0. 0109	0. 0119	0. 0083	56	0. 8508	0. 1059	0. 0209	0. 0183	0. 0041
57	0. 9067	0. 0474	0. 0163	0. 0159	0. 0137	57	0. 8090	0. 1323	0. 0283	0. 0237	0. 0066
58	0. 8904	0. 0509	0. 0196	0. 0195	0. 0195	58	0. 7852	0. 1448	0. 0333	0. 0271	0. 0094
59	0. 8775	0. 0526	0. 0216	0. 0226	0. 0257	59	0. 7710	0. 1508	0. 0363	0. 0292	0. 0124
60	0. 8668	0. 0534	0. 0228	0. 0249	0. 0321	60	0. 7619	0. 1536	0. 0380	0. 0306	0. 0154
61	0. 8359	0. 0699	0. 0251	0. 0268	0. 0424	61	0. 7224	0. 1751	0. 0462	0. 0329	0. 0231
62	0. 8145	0. 0770	0. 0274	0. 0280	0. 0530	62	0. 6975	0. 1854	0. 0511	0. 0345	0. 0311
63	0. 7981	0. 0801	0. 0291	0. 0289	0. 0639	63	0. 6808	0. 1899	0. 0540	0. 0356	0. 0393
64	0. 7845	0. 0812	0. 0300	0. 0295	0. 0748	64	0. 6688	0. 1914	0. 0555	0. 0364	0. 0476
65	0. 7726	0. 0813	0. 0304	0. 0299	0. 0858	65	0. 6594	0. 1913	0. 0562	0. 0368	0. 0559
66	0. 7429	0. 0878	0. 0338	0. 0339	0. 1017	66	0. 6171	0. 2000	0. 0706	0. 0465	0. 0655
67	0. 7195	0. 0904	0. 0361	0. 0364	0. 1177	67	0. 5890	0. 2030	0. 0782	0. 0540	0. 0756
68	0. 7000	0. 0911	0. 0375	0. 0378	0. 1336	68	0. 5692	0. 2031	0. 0820	0. 0594	0. 0860
69	0. 6831	0. 0908	0. 0382	0. 0386	0. 1493	69	0. 5544	0. 2019	0. 0836	0. 0631	0. 0967
70	0. 6679	0. 0899	0. 0384	0. 0389	0. 1648	70	0. 5428	0. 1999	0. 0842	0. 0655	0. 1074
71	0. 6180	0. 1173	0. 0322	0. 0489	0. 1837	71	0. 5054	0. 2182	0. 0773	0. 0713	0. 1268
72	0. 5840	0. 1256	0. 0329	0. 0544	0. 2032	72	0. 4797	0. 2229	0. 0758	0. 0744	0. 1458
73	0. 5582	0. 1275	0. 0341	0. 0576	0. 2228	73	0. 4605	0. 2224	0. 0749	0. 0758	0. 1648
74	0. 5371	0. 1269	0. 0347	0. 0593	0. 2423	74	0. 4450	0. 2195	0. 0738	0. 0761	0. 1837
75	0. 5189	0. 1251	0. 0348	0. 0601	0. 2615	75	0. 4318	0. 2156	0. 0725	0. 0756	0. 2023
76	0. 4589	0. 1365	0. 0525	0. 0598	0. 2926	76	0. 3642	0. 2423	0. 0844	0. 0788	0. 2280
77	0. 4151	0. 1381	0. 0612	0. 0596	0. 3262	77	0. 3222	0. 2504	0. 0901	0. 0808	0. 2543
78	0. 3809	0. 1350	0. 0648	0. 0590	0. 3604	78	0. 2943	0. 2496	0. 0917	0. 0814	0. 2807
79	0. 3529	0. 1297	0. 0654	0. 0579	0. 3942	79	0. 2744	0. 2445	0. 0911	0. 0808	0. 3067
80	0. 3289	0. 1235	0. 0644	0. 0562	0. 4271	80	0. 2592	0. 2376	0. 0892	0. 0795	0. 3321
81	0. 2900	0. 1239	0. 0537	0. 0491	0. 4834	81	0. 2007	0. 2456	0. 1004	0. 0633	0. 3877
82	0. 2586	0. 1174	0. 0473	0. 0424	0. 5343	82	0. 1699	0. 2322	0. 1026	0. 0546	0. 4383
83	0. 2320	0. 1086	0. 0424	0. 0369	0. 5802	83	0. 1502	0. 2136	0. 0996	0. 0493	0. 4851
84	0. 2087	0. 0993	0. 0381	0. 0325	0. 6215	84	0. 1502	0. 2136	0. 0996	0. 0493	0. 4851
85	0. 1881	0. 0902	0. 0343	0. 0288	0. 6586	85	0. 1229	0. 1775	0. 0871	0. 0419	0. 5684

4.3.4 随机动态死亡率下附长期护理保险功能的住房反向抵押贷款产品的定价结果

式（4-25）为附长期护理保险功能的住房反向抵押贷款产品的定价模型，我们沿用第4.1节的基础模型的数据，将表4-14的长期护理流行率数据代入式（4-25）中，假定被保险人的长期护理费用支付的最高年龄至85岁，当被保险人陷入轻度失能、中度失能和重度失能时，每年分别可获得2.5万元、5万元及10万元的长期护理费用赔付。表4-15为仅考虑合同订立初始被保险人即借款人为健康状态的我国男性和女性附长期护理功能的住房反向抵押贷款产品的定价结果。

表4-15 附长期护理功能的住房反向定价结果

单位：万元

性别	静态生命表					动态生命表				
	年龄	LS	长期护理费用	年金	年金支付系数	年龄	LS	长期护理费用	年金	年金支付系数
男	55	69.1351	2.5;5;10	5.1540	0.0258	55	63.0991	2.5;5;10	4.5573	0.0228
	60	77.1373	2.5;5;10	6.1631	0.0308	60	72.0989	2.5;5;10	5.6130	0.0281
	65	85.6158	2.5;5;10	7.5378	0.0377	65	81.3127	2.5;5;10	6.9830	0.0349
	70	94.4124	2.5;5;10	9.5437	0.0477	70	90.3163	2.5;5;10	8.7995	0.0440
女	55	62.2150	2.5;5;10	3.8582	0.0193	55	55.5325	2.5;5;10	3.2259	0.0161
	60	70.0836	2.5;5;10	4.6447	0.0232	60	64.5603	2.5;5;10	4.0731	0.0204
	65	78.5157	2.5;5;10	5.7150	0.0286	65	74.2277	2.5;5;10	5.2267	0.0261
	70	87.3360	2.5;5;10	7.3035	0.0365	70	84.0623	2.5;5;10	6.8941	0.0345

由表4-15所示，对比表4-5即基础的住房反向抵押贷款产品的定价结果，附加长期护理保险功能的产品的年金均低于同样情况下的年金支付，这是由于附加长期护理功能的产品将房屋价值一分为二，一旦被保险人即借款人陷入长期护理状态，则将获得年金形式的赔付。

横向对比表4-15，基于随机动态生命表的该产品定价在同一年龄情况下的年金支付仍旧是低于基于静态生命表的定价。另外，由表4-15可知，在同一年龄情况下，女性所能获得的年金收入低于男性在相同情况下的年金收入。

4.4　本章小结

死亡率因子是住房反向抵押贷款定价的关键风险因素之一。死亡率改善的不确定性导致住房反向抵押贷款因为寿命延长而引发相关风险。本章基于随机动态死亡率模型分析死亡率风险/长寿风险对不带赎回权住房反向抵押贷款、带赎回权反向抵押贷款、附长期护理保险功能的住房反向抵押贷款产品价格进行影响分析。考虑死亡率风险/长寿风险的反向抵押贷款价格比静态死亡率下贷款定价更为准确。

第 5 章　长寿风险的经济影响

5.1　长寿、老龄化对家庭消费总规模的影响

5.1.1　问题背景

随着预期寿命的延长和生育率下降，人口老龄化对全球经济的影响日益凸显。对于个人或者家庭，可能会因为寿命延长而导致储蓄不足、经济负担过重，或者陷入老年贫困。这种资产或者储蓄无法覆盖整个生命周期的风险，被称为个人或者家庭的长寿风险。为了降低家庭或者个人所面临的长寿风险，个人或者家庭将有意识地减少当期消费，为将来消费增加储蓄。由此可见，长寿或者预期寿命延长会影响家庭或个人的消费储蓄行为（Ando 和 Modigliani，1963；Yaari，1965；Skinner，1985；Börsch-Supan 和 Stahl，1991；Bloom 等，2003）。另外，养老保险能为退休人员提供稳定的养老金收入，从而降低其未来可能面临的长寿风险。显然，养老金制度也会对家庭消费和储蓄行为产生一定的影响。因此，长寿、养老保险和人口老龄化同时影响家庭消费。本章力图提示这三种因素对家庭消费的交互影响机理并进行实证检验。预期寿命对消费储蓄行为的影响一直被诸多学者所关注，Modigliani 的生命周期理论模型是较常用的分析工具。基于简单生命周期理论，Yaari（1965）首次建立了动态生命周期模型，用于研究生命的不确定性对消费行为的影响。随后该模型被拓展并应用到家庭消费领域，家庭消费被视为配偶双方死亡概率的函数（Skinner，1985）。考虑到老年消费会随着年龄增长而减少，Börsch-Supan 和 Stahl（1991）基于生命周期模型引入消费约束，建立了老年消费决策模型，用于揭示老年群体的消费和储蓄行为。他们发现，由于老年期消费不断下降，养老金收入使老年群体积累了大量的财富（Börsch-Supan，1992）。相关研究分为两类：一类是基于国家宏观数据研究人口预期

寿命对消费的影响；另一类是基于微观数据研究个人消费储蓄行为受预期寿命的影响。Bloom 等（2003）在传统生命周期储蓄模型中引入了人口寿命，拓展了理论模型，其分析表明，预期寿命延长会导致更高的储蓄率，基于国家层面的面板数据验证了该结论（Kuehlwein，1993；Lee 等，2000；Hurd 等，1998；Zhang 等，2003；Gan 等，2004；Sheshinski，2006；Kinugasa 和 Mason，2007）。部分学者的研究表明，预期寿命延长将会减少个人和家庭消费，而其他经济因素会减弱长寿对消费的影响程度（Kuehlwein，1993；Salm，2010；Anikó Bíró，2013）。Kuehlwein（1993）发现，遗产动机会减弱生命不确定性对消费的影响。Bloom 等（2007）研究发现，由于养老保险制度存在引致退休效应，现收现付制和较高的养老金替代率会减弱预期寿命对消费的影响。

养老保险为老年人口提供了稳定的养老金收入，同时为年轻人口提供了稳定的养老金收入预期。因而，养老金制度势必对个人消费储蓄行为产生影响。一般认为，养老金与居民储蓄存在替代效应。作为年金收入，养老金在一定程度上降低了生命不确定性所带来的风险，促进居民增加消费，减少了储蓄（Feldstein，1974；Dicks-Mireaux 和 King，1984；Hubbard，1987；Feng 等，2011；Alessie，2013；Chen 等，2015），但是这种替代效应会随着年龄的增加而降低（Attanasio 和 Brugiavini，2003），而 Gale（1998）则认为养老金对总体储蓄影响极小。此外，Hamaaki（2013）研究表明，开始给付养老金时消费会明显增加，但是随后正向作用会减弱。

与人口预期寿命一样，年龄结构也是重要的经济变量。学者们讨论了人口结构对消费、储蓄等宏观经济变量的影响。基于国家宏观经济数据和生命周期理论，一方面，部分学者认为人口老龄化对储蓄存在负向影响，而对消费增长存在正向作用（Danziger 等，1982；Fair 和 Dominguez，1991；Horioka，1997；Higgins，1998；Miles，1999；Enesi，2003；Bloom 等，2003；Li 等，2007；Erlandsen 和 Nymoenthe，2008；Estrada 等，2011；Aigner-Walder 和 Döring，2012；Hock 和 Weil，2012）；另一方面，有学者认为人口结构对消费不存在影响（Deton，1976），Kinugasa 和 Mason（2007）指出，如果预期寿命和退休年龄同时延长，人口老龄化可能不会导致储蓄率下降。

传统的生命周期理论认为，个人在年轻时进行储蓄，老年时将年轻时的储蓄用于消费。这表明不同年龄的行为人表现出不同的消费储蓄行为。随着年龄结构的变化，势必引起消费储蓄规模的变化。与此同时，不同年龄的个体预期寿命也存在较大差异，在一定程度上可能会导致预期寿命与人口结构对家庭消费造成交互影响。由于为老年群体提供了稳定收入，养老金可能会削弱预期寿命对消费所产生的负面影响。虽然有大量研究讨论了预期寿命、人口结构、养老金与消费储蓄的关系，但是这些变量间的交互影响则被忽视。因此，本书将重点讨论预期寿命、人口结构、养老金对消费储蓄的交互影响。

在两期标准世代交叠模型中，老年人的消费由工作时期的储蓄所决定。在不考虑养老金收入和不同年龄生存概率的情况下，Li 等（2008）分析了多期最优投资—消费决策与死亡风险。首先，我们构建了一个考虑养老金的多期随机动态规划模型，以揭示不同年龄的个体在寿命和养老保险的影响下如何做出消费决策，并通过反向归纳获得模型的显式最优策略。其次，根据不同年龄个体的最优消费策略，提出了家庭消费的经济模型，以研究预期寿命、养老保险和年龄结构对家庭消费的影响。最后，通过运用 1995 年至 2011 年 18 个经合组织国家的面板数据进行实证分析，结果表明长寿对家庭消费具有负面影响，而养老保险会促进家庭消费，人口老龄化会强化这两种影响。

通过构建理论模型，本章揭示了长寿、养老保险和人口结构对家庭消费的交互影响，理论分析结论被跨国面板数据所验证，具有一定的创新性。

5.1.2 理论模型

为了描述行为人一生的消费决策，我们使用一个将家庭消费与长寿和养老金联系起来的多期随机生命周期模型。记行为人的最长寿命为 T，退休年龄为 T_r，x 为其在 0 时刻（当前时刻）的年龄，当前 x 岁的行为人在 k 时刻拥有的财富为 $W_{x,k}$，其剩余寿命效用最大化的消费支出为 $\{C_{x,k}\}_{k=0}^{T-x-1}$，退休前净收入为 $I_{x,k}$，退休后领取养老金收入为 $\bar{I}_{x,k}$，则有：

$$W_{x,k+1}=\begin{cases}W_{x,k}+I_{x,k}-C_{x,k}, & k<T_r-x,\\ W_{x,k}+\bar{I}_{x,k}-C_{x,k}, & k\geqslant T_r-x,\end{cases} \tag{5-1}$$

$Z_{x,k}$表示具有当前年龄 x 的行为人在 k 时刻存活的概率。$E_{x,k}=Z_{x,k+1}/Z_{x,k}$ 是 x 岁的人在存活到 k 岁的条件下活到 $k+1$ 岁的概率。实际上，这个条件的生存概率随年龄增长而下降。因此，假定 $E_{x,k}$是年龄 x 的减函数，U（$C_{x,k}$）表示消费的效用函数，当前年龄为 x 的行为人在未来 k 时刻效用最大化的消费为 $\{C_{x,s}\}_{s=k}^{T-x-1}$，则其极值函数为：

$$V_k(W_{x,k}) := \max_{\{C_{x,s}\}_{s=k}^{T-x-1}} \sum_{s=k}^{T-x-1} Z_{x,s} U(C_{x,s}) \tag{5-2}$$

这满足贝尔曼方程：

$$V_k(W_{x,k}) = \max_{C_{x,k}} \{ Z_{x,k} U(C_{x,k}) + V_{k+1}(W_{x,k+1}) \}, k=0, \cdots, T-x-2 \tag{5-3}$$

上述模型没有考虑遗赠动机，所有的财富和养老金都将在 $T-x-1$ 时刻被消耗掉。因此，最终的条件是：

$$V_{T-x-1}(W_{x,T-x-1}) = \max_{C_{x,T-x-1}} Z_{x,T-x-1} U(C_{x,T-x-1}) = Z_{x,T-x-1} U(W_{x,T-x-1} + \bar{I}_{x,T-x-1}) \tag{5-4}$$

令 $P_{x,k}$ 为当前年龄 x 的行为人未来 k 时刻的收入总和，效用 $U(C_{x,k}) = C_{x,k}^{\gamma}/\gamma$，其中 $0<\gamma<1$，则优化问题的最优消费策略是：

$$C_{x,k}^{*} = \frac{W_{x,k} + P_{x,k}}{1 + L_{x,k}}, \quad k = 0, 1, \cdots, T-x-1 \tag{5-5}$$

其中，$P_{x,k} = \begin{cases} \bar{I}_{x+k} + P_{x,k+1}, & k \geq T_r - x \\ I_{x+k} + P_{x,k+1}, & k < T_r - x \end{cases}$，$P_{x,T-1} = \bar{I}_{x,T-1}$，$L_{x,k} = E_{x,k}^{1/(1-\gamma)}(1 + L_{x,k+1})$，$L_{x,T-x-1} = 0$。$L_{x,k}$是关于条件生存概率 $E_{x,k}$的动态因素。

此外，我们考虑一个总人口为 N 的经济体，$N = N_0 + N_w + N_e$，其中 N_0、N_w、N_e 分别代表青少年、工作年龄人口和老年人口。工作年龄和退休后行为人的消费分别为 $C_{w,k}(w<T_r)$ 和 $C_{e,k}(e \geq T_r)$。就式（5-5）而言，当 $k=0$ 时（即当前时刻），为了简化，令 $C_w = C_{w,0}$；$C_e = C_{e,0}$；$I_w = I_{w,0}$；$W_w = W_{w,0}$；$W_e = W_{e,0}$；$L_w = L_{w,0}$；$L_e = L_{e,0}$。那么，工作年龄和退休年龄的行为人的当前消费分别为：

$$C_w = \frac{W_w + I_w + P_{w,1}}{1 + L_w} \tag{5-6}$$

$$C_e = \frac{W_e + \bar{I}_e + P_{e,1}}{1 + L_e} \tag{5-7}$$

当前家庭消费为 $AC = N_w C_w + N_e C_e$，那么家庭消费与产出的比例是：

$$c = \frac{AC}{Y} = \frac{W_w + I_w + P_{w,1}}{y(1+L_w)}(1 - n_e - n_0) + \frac{W_e + \bar{I}_e + P_{e,1}}{y(1+L_e)} n_e \tag{5-8}$$

其中，Y 代表国民总产出，$y = Y/N$ 代表人均产出，$n_e = N_e/N$ 代表老年人口比例，n_0 代表青少年人口比例，对于 $0<\gamma<1$，$\partial L_{x,k}/\partial E_{x,k} > 0$，（$k=0$，1，⋯，

$T-x-1, 0<x\leqslant T$)，显然$\partial C_w/\partial L_w<0$，$\partial C_e/\partial L_e<0$，因此$\partial C_w/\partial E_{w,k}<0$，$\partial C_e/\partial E_{e,k}<0$。则有：

$$\frac{\partial c}{\partial E_{e,k}}=\frac{n_e}{y}\frac{\partial C_e}{\partial E_{e,k}}<0 \tag{5-9}$$

$$\frac{\partial c}{\partial \bar{I}_e}=\frac{n_e}{y(1+L_e)}>0 \tag{5-10}$$

$$\frac{\partial c}{\partial n_e}=\frac{W_e+\bar{I}_e+P_{e,1}}{y(1+L_e)}-\frac{W_w+I_w+P_{w,1}}{y(1+L_w)}=\frac{C_e-C_w}{y} \tag{5-11}$$

由于$E_{x,k}(k=0, 1, \cdots, T-x-1)$是年龄$x$的减函数，并且$\gamma<1$，所以$\partial L_x/\partial x<0$，我们可以得到$L_e<L_w$；又因为$W_e+P_{e,0}\geqslant W_w+P_{w,0}$，所以$C_e>C_w$，进而有$\partial c/\partial n_e>0$。

另外，由于$\partial C_x/\partial E_{x,k}<0$，则有：

$$\frac{\partial^2 c}{\partial E_{x,k}\partial n_e}=\frac{1}{y_t}\frac{\partial C_e}{\partial E_{x,k}}<0 \tag{5-12}$$

$$\frac{\partial^2 c}{\partial \bar{I}e\partial n_e}=\frac{1}{y(1+L_e)}>0 \tag{5-13}$$

由上述理论分析可知：长寿会减少家庭消费，而人口老龄化会强化长寿对家庭消费的这种负面影响；在一定收入条件下，人口老龄化促进家庭消费，养老保险促进家庭消费，而人口老龄化会强化养老保险对消费的促进作用。

5.1.3 实证分析与结果

为了验证上述结论，我们考虑以下简单的计量模型：

$$AC_{it}=b_0+b_1LG_{it}+b_2PS_{it}+b_3AG_{it}+b_4LG_{it}\times AG_{it}+b_5PS_{it}\times AG_{it}+u_{it} \tag{5-14}$$

其中，AC_{it}代表家庭总消费；LG_{it}代表长寿风险；PS_{it}代表养老金支出；AG_{it}代表老龄化水平。在式（5-14）中，交互项被用于描述关键变量对家庭总消费的相互作用，家庭最终消费支出与国内生产总值的比率代表家庭消费水平，40 岁和 65 岁及刚出生时的预期寿命作为长寿风险的代理变量，采用老年人口的比例来衡量人口老龄化水平，养老金支出与国内生产总值之比来衡量养老保险水平。根据已有理论，我们预计$b_1<0$，$b_2>0$，$b_3>0$，$b_4<0$，$b_5>0$。

由于存在缺失值，所以我们的研究仅使用 1995~2011 年 18 个 OECD 国家的面板数据，其中包括澳大利亚、加拿大、美国、日本、奥地利、比利时、捷克、丹麦、芬兰、法国、德国、意大利、荷兰、挪威、葡萄牙、斯洛伐克、瑞典和瑞士。上述变量的原始数据来源广泛：出生时、40 岁和 65 岁三个时期预期寿命来自人类死亡率数据（HMD）；家庭消费支出占 GDP 的比重、GDP 增长率，通货膨胀率和生育率来自世界银行数据；养老金支出、劳动力人口、老年人口和家庭可支配收入来自经合组织（OECD）数据库。此外，控制变量包括：GDP 增长率（GR）、生育率（FR）和家庭可支配收入（INC）。为了控制不可观察的国家效应，我们采用固定效应模型和随机效应模型，实证结果见表 5-1。

表 5-1　长寿、人口老龄化和养老保险对家庭消费的影响

变量	固定效应			随机效应		
	(1)	(2)	(3)	(4)	(5)	(6)
长寿	-0.0098*** (0.000)	-0.0160*** (0.000)	-0.0198*** (0.000)	-0.0097*** (0.000)	-0.0154*** (0.000)	-0.0194*** (0.000)
养老金支出	0.3225*** (0.001)	0.5299*** (0.000)	0.5376*** (0.001)	0.3319*** (0.001)	0.5196*** (0.000)	0.5276*** (0.000)
老年人口比例	0.7493*** (0.000)	1.4133*** (0.000)	1.3682*** (0.000)	0.7234*** (0.000)	1.3389*** (0.000)	1.3071*** (0.000)
长寿×老年人口比例		-0.2447*** (0.000)	-0.2191*** (0.000)		-0.2319*** (0.000)	-0.2082*** (0.000)
养老金支出×老年人口比例		14.382*** (0.000)	13.793*** (0.000)		14.079*** (0.000)	13.535*** (0.000)
GDP 增长率			-0.0309 (0.431)			-0.0305 (0.436)
生育率			-0.1854*** (0.002)			-0.1902*** (0.001)
家庭收入			0.0010* (0.062)			0.0010* (0.054)
家庭总消费	1.1733*** (0.000)	1.5351*** (0.000)	1.8285*** (0.000)	1.1654*** (0.000)	1.5024*** (0.000)	1.80344*** (0.000)
样本量	306	306	306	306	306	306
群体	18	18	18	18	18	18
R-sq	0.1973	0.3214	0.3518	0.1972	0.3213	0.3516

注：括号内为 t 统计值；*、***分别表示在 10%、1%的水平上显著；出生时预期寿命作为长寿风险的代理变量。

表5-1第（1）列至第（3）列和第（4）列至第（6）列分别显示了固定效应模型和随机效应面板模型的估计结果。第（1）列的回归结果表明，出生时的预期寿命对家庭消费有显著的负面影响，而养老金支出和老年人口比例对其有显著的正面影响。第（2）列增加了出生期望寿命与老年人口比例的交互项，以及养老金支出与老年人口比例的交互项，其系数分别为负和正。这意味着人口老龄化增强了长寿风险对家庭消费的负面影响，同时人口老龄化也增强了养老保险对家庭消费的促进作用。第（2）列中其他系数的绝对值大于第（1）列。

为了进行估计结果的敏感性检验，我们增加了GDP增长率、生育率和家庭可支配收入等解释变量。第（3）列回归结果表明，关键变量的估计结果与第（1）和第（2）列一致。通过比较分析第（1）、第（2）、第（3）列回归结果表明，当交互作用被忽略时，预期寿命和养老保险的影响被低估；GDP增长率对家庭消费没有显著影响；生育率和可支配收入对消费的影响分别显示为负和正；第（4）列至第（6）列的回归系数由随机效应面板模型估计，其结果与第（1）列至第（3）列一致。

为了对理论分析结果进行实证检验，我们选取了40岁和65岁行为人的预期寿命作为长寿风险的代理变量，基于固定效应面板模型的实证结果见表5-2。第（7）列和第（10）列回归结果显示，当只考虑预期寿命、养老保险和老龄化水平三个关键变量时，40岁和65岁行为人的预期寿命仍然对家庭消费产生负面影响。通过对系数绝对值的比较分析发现，与40岁时的预期寿命相比，65岁时预期寿命对消费的负面影响更大。这表明人口老龄化会增强预期寿命对家庭消费的影响；养老金支出和老年人口比例的系数为正，与表5-1的结果一致。第（8）列和第（11）列加入了预期寿命、养老保险和人口老龄化之间的交互项，其中预期寿命与老龄化的交互项系数依旧显著负相关。这表明人口老龄化会增强40岁和65岁人口预期寿命对家庭消费的负面影响。第（9）列和第（12）列显示了控制变量的回归结果，其估计系数的符号与表5-1相同。实证分析的结果与理论模型得出的结论一致。

表5-2 稳健性检验：长寿、养老保险和老龄化对家庭总消费的影响

变量	40岁时预期寿命			65岁时预期寿命		
	（7）	（8）	（9）	（10）	（11）	（12）
长寿	−0.0119***	−0.0171***	−0.0225***	−0.0147***	−0.0196***	−0.0224***
	（0.000）	（0.000）	（0.000）	（0.000）	（0.000）	（0.000）

续表

变量	40 岁时预期寿命			65 岁时预期寿命		
	(7)	(8)	(9)	(10)	(11)	(12)
养老金支出	0. 3038*** (0. 001)	0. 4366*** (0. 000)	0. 4274*** (0. 000)	0. 3024*** (0. 002)	0. 3975*** (0. 000)	0. 3625*** (0. 000)
老年人口比例	0. 7714*** (0. 000)	1. 2857*** (0. 000)	1. 2455*** (0. 000)	0. 7714*** (0. 000)	1. 1577*** (0. 000)	1. 0903*** (0. 000)
长寿×老年人口比例		-0. 2184*** (0. 000)	-0. 1856*** (0. 000)		-0. 2103*** (0. 000)	-0. 1615*** (0. 001)
养老金支出×老年人口比例		10. 066*** (0. 000)	9. 1085*** (0. 001)		7. 7827*** (0. 003)	6. 2320** (0. 019)
GDP 增长率			-0. 0391 (0. 323)			-0. 0555 (0. 175)
生育率			-0. 1948*** (0. 001)			-0. 1917*** (0. 002)
家庭收入			0. 0012** (0. 035)			0. 0006 (0. 345)
常数项	0. 8755*** (0. 000)	0. 9948*** (0. 000)	1. 1982*** (0. 000)	0. 6681*** (0. 000)	0. 6880*** (0. 000)	0. 7468*** (0. 000)
样本量	306	306	306	306	306	306
群体	18	18	18	18	18	18
R-sq	0. 2118	0. 2990	0. 3353	0. 2006	0. 2518	0. 2835

注：系数用固定效应模型估计。括号中为 t 统计值；**、***、分别表示在 5%、1%的水平上显著；40 岁和 65 岁的预期寿命作为长寿风险的代理变量。

5.1.4　结论

本节构建了一个多期动态规划模型，用以揭示行为人在预期寿命和养老保险的影响下如何进行生命周期内的消费决策，决策模型的纳什完美均衡策略通过逆向归纳法得到。理论模型的分析表明：长寿会减少家庭消费，而人口老龄化会强化长寿对家庭消费的这种负面影响；在一定收入条件下，人口老龄化促进家庭消费，养老保险促进家庭消费，而人口老龄化会强化养老保险对消费的促进作用。基于 1995~2011 年 18 个 OECD 国家的面板数据分析，本节进一步验证了不同年龄预期寿命、养老保险以及人口老龄化对家庭消费存在交互影响。

5.2 死亡率对人力资本投资的影响

5.2.1 问题背景

在经济增长过程中，人力资本发挥着重要作用，这已经成为共识，因而人力资本投资就显得十分重要。目前，虽然我国的人力资本投资总量较高且不断增长，但与发达国家相比水平尚且较低，并且存在区域不均衡的问题，因此进一步促进人力资本投资是我国经济进入“新常态”后亟待解决的问题之一。大部分研究表明，人口死亡率下降能够促进人力资本投资，而从表面看，在我国的历史数据中二者也呈反向变动关系：新中国成立以来，随着医疗技术的快速进步和人民生活水平的提高，我国各年龄段人口死亡率下降，经历了人口预期寿命的巨大提升，1949~2015 年我国人口死亡率由 20‰下降到 7.11‰，人均预期寿命由 35 岁提高到 76.34 岁，居于发展中国家前列；与此同时，1978~2015 年我国人均受教育年限由 1.21 年增加到 9.28 年。

相比于西方国家，国内的人口经济学理论体系和研究成果都尚有差距。关于我国人口死亡率下降对人力资本投资影响的研究更是寥寥无几，只有少数文献在探究预期寿命对经济增长的影响时提到，没有专门针对两者关系的研究。从理论意义上讲，本书将弥补我国人口死亡率下降对人力资本投资影响研究的不足，用实证分析结果说明我国人口死亡率下降在人力资本投资上的作用，完善人口死亡率与经济增长关系的理论。并且，在新的政策环境下，如二孩政策的放开，有可能会造成人口的变动，也会影响国家层面和家庭层面的人力资本投资，而本书可以为日后的相关研究提供一定的理论基础。因此，本书在研究领域中起到了承上启下的作用，具有重要的理论研究意义。

本书将选取我国各省（市、区）的死亡率和多项人力资本测量指标相关数据作为研究对象，充分认识人口死亡率下降、预期寿命上升对人力资本投资的作用机制。这既是促进我国人力资本投资，缩小东、中、西部地区人力资本投资水平差异提供理论依据，也是鼓励我国加快医疗保障制度改革，构建健全的社会医疗保障体系，按照“十三五”规划构建适应老龄化新形势的养老服务管理体制，鼓励各级政府采取措施改善人民生活，提高人民心理和生理健康水平，全方位施力，进一步降低人口死亡率，从而作用于人力资本投资，间接对经济增长产生影响。本书力求在我国人口死亡率下降、人口预期寿命上升的背景下寻求经济的长期增长。

随着人口经济学理论的发展，国内外关于人口死亡率与人力资本投资关系的相关研究逐渐深入。目前关于死亡率作用于人力资本投资的观点可以归纳为：人口死亡率下降促进人力资本投资；人口死亡率与人力资本投资的关系是非单调性的，其中前者是主流观点。以下是对部分国内外当前主要相关文献的梳理。

最早证明死亡率下降是提高教育投资重要动力的是 Ram 和 Schultz（1979），他们用印度的战后经历证明了这种影响是显著的。Preston（1980）计算出了死亡率下降在何种程度上提高教育投资的内在回报率，但发现教育回报率的上升不足以解释入学率的巨大上升。Meltzer（1992）则扩展了 Preston（1980）的模型，表明入学率相对于教育投资回报率的弹性是足够大的，死亡率下降引起的回报率上升确实可以解释入学率的巨大变化。他还指出，伴随死亡率下降的发病率下降进一步提高了教育投资的回报率。但 Hazan 和 Zoabi（2006）指出，父母选择孩子的教育，不只是单独选择教育水平，而是和生育率水平一起选择。他们得出结论：预期寿命延长不仅对质量回报的影响是正向的，对数量回报的影响也是正向的，最后产生质量与数量均衡。因此预期寿命对人力资本投资的作用并没那么大，在探究这个问题时控制生育率决策是很重要的。Cervellati 等（2011）认为人力资本对于死亡率下降的反应是积极的，但也是滞后的。原因是他们发现，在 1980 年，预期寿命对人力资本的影响是不显著的，直到 2000 年，所有国家预期寿命对人力资本的影响都是积极的、显著的。李力行和吴晓瑜（2011）在前人的研究基础上，进一步区分成年人对小孩和成年人对自己的人力资本投资，发现人力资本的投入随着寿命的增加而上升，当一个人成年后，如果发现自己的预期寿命上升，就会提高对自己及下一代的人力资本投资。此外，还有很多学者也在研究过程中证明了死亡率下降对提高人力资本投资具有显著影响（Ehrlich 和 Lui，1991；Kalemli-Ozcan 等，2000；Zhang 等，2001；Boucekkine 等，2002；Zhang 和 Zhang，2005；林忠晶和龚六堂，2007；Oster 等，2013）。个别学者的看法与以上主流观点不同。许非和陈琰（2008）在探究预期寿命、人力资本投资与经济增长的关系时，发现预期寿命对人力资本投资的净效应是模糊不定的，人力资本投资率随预期寿命延长的变化呈倒“U”形，预期寿命与人力资本投资的关系是非单调的。

总结国内外的研究动态可以发现，死亡率下降促进人力资本投资是学术界的主流观点。但是，在大部分文献中，人力资本投资都是作为研究人口死亡率对经济增长影响的中间变量，专门针对两者的研究很少，并且与国外相比，国内研究成果尚且不足，结合我国实际情况的研究寥寥无几，更没有区分东、中、西部地区差异的研究。因此，关于我国人口死亡率与人力资本投资的关系还有很大的研究空间。本书的主要工作是运用我国31个省份1995~2015年的省际面板数据，划分为全国、东部、中部、西部四个样本，然后运用系统GMM方法，揭示人口死亡率下降和预期寿命上升对人力资本投资的作用。

5.2.2 人口死亡率对人力资本投资影响的机理分析

影响人力资本投资的因素有很多，如国内生产总值、外商直接投资、就业率、城乡收入差距、城市化率、人口密度等，除此以外，影响人力资本投资的因素还有教育投资回报率、生育率等，人口死亡率对人力资本投资的影响主要是通过以下两个因素实现：

（1）基于教育投资回报率视角，死亡率下降提高教育投资回报率。在人口转型完成后，学术界有一个流行模型是更低的死亡率水平提高了人力资本投资的回报或者说对人力资本投资的偏好。教育投资回报率是指每增加一年或者一个阶段的教育带来收入提高的百分比，即教育的收益净现值与教育投资的成本现值之比。人口死亡率下降也意味着预期寿命的提升，人们相比过去会有更长的寿命和工作年限，由于工作年限增加，个人获得的经济收益也增加，即在人口死亡率下降和教育投资成本现值不变的情况下，增加教育会带来更高的收益净现值。因此，人口死亡率下降会提高教育投资回报率。Preston（1980）在研究20世纪欠发达国家死亡率下降的原因和后果时，用墨西哥作为实证对象，计算出了死亡率下降能在何种程度上提升教育投资的内部回报率，结果显示随着死亡率的下降，教育的私人回报率和社会回报率都会上升。

人力资本投资的形式多种多样，包括各级正规教育、职业技术培训、健康保健、对孩子的培养、寻找工作的活动、劳动力迁移等，其中，各级正规教育尤为重要。对于个人而言，教育投资回报率上升意味着教育成为一项更值得投资的活动，人们会把有限的时间更多地分配在教育活动上，进行教育投资，而教育投资是人力资本投资的重要组成部分，因此教育投资回报率的提高会促进人力资本投资。Foster和Rosenzweig（1996）在研究技术进步与人力资本投资和回报的关系时也提到，1971年印度的低教育水平很大程度上是由教育的低回报导致的，换而言之，人力资本积累的上升要归因于教育回报的上升。综上所述，死亡率下降能通过提高教育投资回报率促进人力资本投资。

（2）基于生育数量与教育质量决策视角，死亡率下降影响生育率。在我国，伴随着长期实行的计划生育政策，死亡率下降、预期寿命上升带来的影响之一是日益严重的人口老龄化。在人口老龄化较为严重的情况下，老年人养老资源的增加会导致家庭抚养及教育孩子的资源减少，成本增加，导致生育率进一步降低。国内学者许非和陈琰（2008）发现，社会保障税率是预期寿命的函数，生育率是预期寿命和社会保障税率的函数，一般情况下，在养老金替代率固定时，预期寿命延长提高了社会保障税率，对生育率产生直接影响和间接影响。结果表明，预期寿命对生育率的作用是先负后正。因此，死亡率下降、预期寿命上升会影响生育率。

对单个家庭来说，生育率高低意味着孩子数量的多少，其他条件不变时，孩子数量多，在工作阶段为家庭带来的总收入也就越高。如果父母在做出对下一代的教育决策时，是以孩子的总收入为依据，那么在生育率高的情况下，就会减少对单个孩子的教育投入。就如 Hazan 和 Zoabi（2006）所言，父母会在孩子数量和质量之间做出选择，最终形成均衡状态，即生育率与人力资本投资存在负相关关系。综上所述，死亡率下降能通过影响生育率作用于人力资本投资。

5.2.3　我国人口死亡率对人力资本投资影响的实证分析

（1）模型设定。

$$Y_{it}=\alpha\, mor_{it}+\beta\, X_{it}+\delta_i+\varepsilon_{it} \tag{5-15}$$

其中，i 和 t 分别表示省份和年份，Y 表示人力资本投资，mor 表示人口死亡率，X_{it}表示除死亡率外其他影响人力资本投资的变量，即控制变量，δ_i是不随时间变化的地区非观测效应，ε_{it}表示干扰项。

（2）变量选取。

本书的被解释变量是人力资本投资变量，限于数据的可获得性，本书仅考虑教育资本投资。借鉴 Manuelli 等（2012）的做法，我们使用人均受教育年限（edu）作为人力资本投资的代理变量之一。高等教育和公共教育支出也是人力资本投资的重要形式，因此我们还选用高等教育人数比例（hig）和人均财政性教育经费支出（exp）作为被解释变量。

本书的解释变量是人口死亡率（mor）。控制变量是除死亡率外其他影响人力资本投资的变量。Kalemli-Ozcan（2003）证实生育率与人力资本投资之间存在负相关关系，因此我们选择生育率（abr）作为控制变量之一。Samir 和 Sami（2014）在研究交通和外商直接投资对人力资本投资影响时，将就业率和城市化率作为控制变量，并证实外商直接投资对人力资本有积极影响，由于就业率数据不可获，且失业率与就业率高度相关，因此我们选择城镇登记失业率（une）、城市化率（urb）和外商直接投资（fdi）作为控制变量。Checchi（2007）等在探究技术移民、FDI 和人力资本投资的关系时，将人均 GDP、人口密度、基尼系数作为控制变量，因此我们也采用这三者作为控制变量。由于基尼系数难以计算，我们采用同样衡量城乡收入差距的城乡收入比（gap）代替，即城市居民人均可支配收入/农村人均纯收入。

（3）数据说明及描述性分析。

关于被解释变量，人均受教育年限和高等教育人数比例均是根据《新中国 60 年统计资料汇编》、历年《中国统计年鉴》以及历年各地区《统计年鉴》计算得到。人均财政性教育经费支出则根据历年《中国教育经费统计年鉴》的教育经费数据及历年《中国人口统计年鉴》的人口数据计算，以 1995 年为基期，用各省的 GDP 平减指数进行换算得到。为使实证结果更加可靠，我们对人均受教育年限、人均财政性教育经费支出进行取对数处理。

关于解释变量，人口死亡率数据来源于历年《中国统计年鉴》以及历年各地区《统计年鉴》。

关于控制变量，参考莫龙和韦宇红（2013）的做法，以计划生育政策启动时间——1973 年为基期，计算出我国在不实施计划生育政策下的生育率，数据来源于历年《中国人口统计年鉴》与《中国人口与就业统计年鉴》。失业率数据来源于历年《中国人口与就业统计年鉴》。城市化率用城镇人口占总人口比重表示，周一星和田帅（2006）以“五普”数据为基础对我国分省城市化率进行了修订，因此本书采用他们的修订值。FDI 来源于历年《中国统计年鉴》及历年各地区《统计年鉴》的数据，由于该数据以当年美元价格计算，在此依据当年美元兑人民币的年平均汇率换算为人民币，并以 1995 年为基期，用各省的 GDP 平减指数进行换算得到。GDP（gdp）数据来源于国家统计局，并根据国家统计局公布的地区生产总值指数（上年 = 100），以 1995 年为基期剔除价格变动计算得到。人口密度（den）根据历年《中国人口统计年鉴》及各省面积计算得到，城市居民人均可支配收入和农村人均纯收入数据来源于国家统计局和历年《中国农村统计年鉴》。同时，我们也对人均 GDP、人口密度和 FDI 数据进行取对数处理。

本书的数据跨度为 1995~2015 年，按照地理分布将 31 个省（市、区）划分为东、中、西部三个地区。表 5-3 至表 5-6 报告了主要变量的描述性统计结果，包括观察值个数、均值、标准差、最小值和最大值。图 5-1 反映了主要变量的变化趋势。使用系统 GMM 方法对全国、东部、中部、西部四个样本分别进行估计，所用软件是 Stata14.0，根据命令 Xtabond2 进行回归，估计结果如表 5-7至表 5-9 所示。

表 5-3　主要变量的统计特征（全国）

变量	观测值	均值	标准差	最小值	最大值
edu	651	0. 891	0. 083	0. 415	1. 084
hig	651	7. 230	5. 897	0. 091	42. 335
exp	649	2. 606	0. 391	1. 740	3. 524
mor	650	6. 122	0. 729	4. 210	8. 800
abr	650	20. 695	5. 787	4. 807	32. 091
une	631	3. 443	0. 800	0. 460	6. 500
gap	647	2. 881	0. 661	1. 599	5. 605
urb	649	45. 638	16. 419	15. 850	89. 600
gdp	651	4. 066	0. 343	3. 259	4. 879
den	651	2. 277	0. 641	0. 291	3. 585
fdi	641	1. 844	0. 782	−1. 154	3. 190

表 5-4　主要变量的统计特征（东部）

变量	观测值	均值	标准差	最小值	最大值
edu	231	0. 931	0. 061	0. 786	1. 084
hig	231	10. 072	8. 018	1. 212	42. 335
exp	231	2. 740	0. 380	1. 969	3. 524
mor	231	5. 948	0. 680	4. 210	7. 200
abr	230	15. 308	5. 159	4. 807	24. 904
une	223	3. 189	0. 951	0. 460	6. 500
gap	231	2. 422	0. 320	1. 599	3. 153
urb	231	58. 653	17. 204	22. 770	89. 600
gdp	231	4. 296	0. 295	3. 646	4. 879
den	231	2. 760	0. 304	2. 328	3. 585
fdi	230	2. 496	0. 394	1. 548	3. 190

表 5-5 主要变量的统计特征（中部）

变量	观测值	均值	标准差	最小值	最大值
edu	168	0.907	0.044	0.789	0.981
hig	168	5.865	3.146	0.432	14.987
exp	168	2.479	0.362	1.842	3.191
mor	168	6.115	0.564	4.740	7.280
abr	168	21.514	2.653	16.587	28.131
une	168	3.487	0.711	0.600	4.900
gap	168	2.626	0.361	1.727	3.304
urb	168	41.998	10.042	21.700	58.800
gdp	168	3.988	0.288	3.459	4.539
den	168	2.400	0.248	1.910	2.765
fdi	167	1.935	0.418	0.727	2.814

表 5-6 主要变量的统计特征（西部）

变量	观测值	均值	标准差	最小值	最大值
edu	252	0.844	0.097	0.415	0.978
hig	252	5.536	3.606	0.091	17.743
exp	250	2.568	0.386	1.740	3.497
mor	251	6.287	0.828	4.330	8.800
abr	252	25.064	3.379	14.585	32.091
une	240	3.649	0.622	1.870	6.300
gap	248	3.480	0.597	2.142	5.605
urb	250	36.058	10.114	15.850	60.940
gdp	252	3.907	0.304	3.259	4.660
den	252	1.752	0.662	0.291	2.572
fdi	244	1.166	0.688	-1.154	2.628

从表 5-3 至表 5-6 可以看出，东部的人力资本投资变量水平高于全国水平，而西部的人力资本投资变量水平低于全国水平，中部的人均受教育年限高于全国水平，高等教育人数比例和人均财政性教育经费支出低于全国水平。关于解释变量，东部和中部的人口死亡率都低于全国水平，西部的人口死亡率高于全国水平。至于控制变量，东部的生育率、失业率和城乡收入差距低于全国水平，城市化率、人均 GDP、人口密度和 FDI 则高于全国水平；西部则恰好相反，生育率、失业率和城乡收入差距高于全国水平，城市化率、人均 GDP、人口密度和 FDI 低于全国水平；在中部地区，生育率、失业率、人口密度和 FDI 高于全国水平，城乡收入差距、城市化率和人均 GDP 低于全国水平。

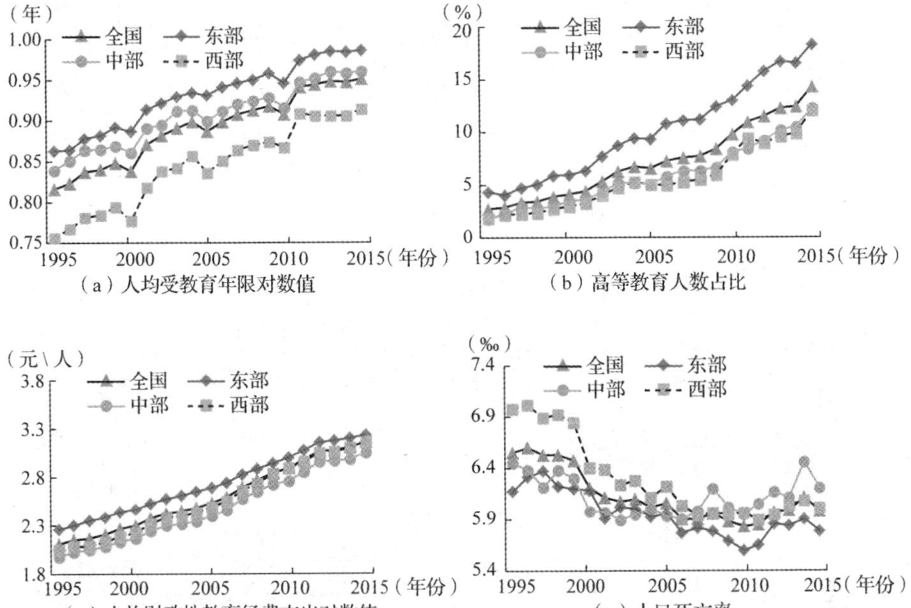

（a）人均受教育年限对数值　（b）高等教育人数占比

（c）人均财政性教育经费支出对数值　（c）人口死亡率

图 5-1　1995~2015 年全国及东、中、西部地区各主要变量变化趋势（截面均值）

由图 5-1 可以发现，从 20 多年的变化趋势来看，全国及东、中、西部地区人力资本投资总体上均呈现上升趋势，相比其他样本，西部地区人均受教育年限和人均财政教育经费支出上升最快，东部地区的高等教育人数比例上升最快；全国、东部、西部的人口死亡率呈现明显下降趋势，中部地区的死亡率波动较大，下降趋势不明显。且人均受教育年限、人均财政性教育经费支出和人口死亡率的地区差距均缩小，高等教育人数比例的地区差距扩大。人力资本投资的上升趋势是否与人口死亡率的下降趋势相关联？两者关系在不同地区的表现是否相同？以下部分将对上述问题进行深入探讨。

（4）实证估计结果。

表 5-7　人口死亡率对人均受教育年限的影响

解释变量	被解释变量：人均受教育年限			
	全国	东部	中部	西部
mor	−0.012** (−2.14)	−0.001 (−0.12)	0.001 (0.19)	−0.017** (−2.05)
abr	0.001 (0.51)	−0.003* (−1.73)	−0.0001 (−0.04)	0.0004 (0.15)

续表

解释变量	被解释变量:人均受教育年限			
	全国	东部	中部	西部
une	0.011** (2.44)	0.004 (0.80)	0.016** (2.15)	-0.009 (-0.84)
gap	-0.004 (-0.60)	0.022* (1.83)	-0.026*** (-3.13)	0.009 (0.52)
urb	0.001 (1.29)	0.001* (1.75)	0.001* (1.72)	0.006*** (2.68)
gdp	0.106*** (3.05)	0.144*** (6.92)	0.108*** (3.13)	-0.013 (-0.24)
den	0.037** (2.09)	-0.013 (-0.48)	0.033 (1.11)	0.036* (1.96)
fdi	-0.013 (-0.91)	-0.058*** (-4.22)	-0.028*** (-2.73)	0.008 (0.62)
Hansen test	0.177	0.871	1.000	0.205
Arellano-Bond AR(1)	0.000	0.017	0.012	0.013
Arellano-Bond AR(2)	0.404	0.363	0.723	0.487
观察值	618	222	167	229

注：***、**、*分别表示在1%、5%、10%水平上显著。

由表5-7可知，人口死亡率对人均受教育年限的影响在东部样本和中部样本中不显著，在全国样本和西部样本中是显著的，两者呈负相关关系。具体来说，在全国样本中，死亡率系数为-0.012，显著性水平为5%，意味着在其他因素不变时，人口死亡率下降1%，人均受教育年限提高0.12‰；在西部样本中，死亡率系数为-0.017，显著性水平为5%，表明其他因素不变时，人口死亡率下降1%，人均受教育年限提高0.17‰。至于控制变量，在多数样本中，urb和gdp对edu的影响是显著的且系数都为正，意味着城市化率和人均GDP的提高能显著提高人均受教育年限。

表5-8 人口死亡率对高等教育人数比例的影响

解释变量	被解释变量:高等教育人数比例			
	全国	东部	中部	西部
mor	-2.072* (-1.69)	-4.658** (-2.33)	-0.028 (-0.13)	-0.228 (-0.39)

续表

解释变量	被解释变量:高等教育人数比例			
	全国	东部	中部	西部
abr	1.757*** (3.24)	2.377* (1.80)	0.153 (0.25)	0.627* (1.85)
une	-0.040 (-0.05)	-0.819 (-0.52)	-0.651 (-0.96)	0.186 (0.13)
gap	0.430 (0.27)	-1.199 (-0.43)	-0.353 (-0.55)	-0.819 (-1.04)
urb	0.646*** (3.16)	0.478 (1.45)	-0.012 (-0.08)	-0.054 (-0.61)
gdp	-2.691 (-0.40)	-2.334 (-0.19)	14.236*** (12.40)	15.677*** (4.99)
den	3.128 (1.23)	20.178* (1.95)	-0.145 (-0.05)	0.664 (0.72)
fdi	2.967 (1.02)	7.213 (0.89)	-1.632 (-0.75)	-0.387 (-0.50)
Hansen test	0.251	0.638	1.000	0.143
Arellano-Bond AR(1)	0.052	0.031	0.013	0.083
Arellano-Bond AR(2)	0.858	0.463	0.041	0.056
观察值	618	222	167	229

注：***、**、*分别表示在1%、5%、10%水平上显著。

由表5-8可知，人口死亡率对高等教育人数比例的影响在中部样本和西部样本中不显著，在全国样本和东部样本中是显著的，两者呈负相关关系。具体来说，在全国样本中，死亡率系数为-2.072，显著性水平为10%，意味着在其他因素不变的情况下，人口死亡率下降1%，高等教育人数比例提高2.07%；在中部样本中，死亡率系数为-4.658，显著性水平为5%，表明其他因素不变时，人口死亡率下降1%，高等教育人数比例提高4.66%。关于控制变量，在多数样本中，abr系数显著为正，意味着生育率的提高能显著提高高等教育人数比例。

表5-9 人口死亡率对人均财政性教育经费支出的影响

解释变量	被解释变量:人均财政性教育经费支出			
	全国	东部	中部	西部
mor	-0.050* (-1.70)	-0.046* (-1.85)	0.006 (0.52)	-0.007 (-0.42)

续表

解释变量	被解释变量：人均财政性教育经费支出			
	全国	东部	中部	西部
abr	0.044*** (3.22)	-0.002 (-0.21)	0.033*** (3.63)	-0.001 (-0.07)
une	0.016 (1.00)	0.019 (0.94)	0.008 (0.49)	-0.023 (-0.70)
gap	0.069** (2.20)	-0.035 (-0.69)	0.027 (1.01)	0.032** (2.28)
urb	0.011** (2.09)	0.003 (1.18)	0.016*** (4.59)	-0.014*** (-4.49)
gdp	1.053*** (7.02)	1.324*** (13.81)	1.086*** (14.58)	1.682*** (15.41)
den	-0.028 (-0.22)	-0.101 (-1.24)	0.245** (2.56)	-0.002 (-0.07)
fdi	0.037 (0.44)	-0.271*** (-2.97)	-0.157** (-2.36)	-0.135*** (-3.10)
Hansen test	0.162	0.917	1.000	0.106
Arellano-Bond AR(1)	0.101	0.095	0.377	0.572
Arellano-Bond AR(2)	0.374	0.446	0.024	0.415
观察值	618	222	167	229

注：***、**、*分别表示在1%、5%、10%水平上显著。

由表5-9可知，人口死亡率对人均财政性教育经费支出的影响在中部样本和西部样本中不显著，在全国样本和东部样本中显著，两者呈负相关关系。具体来说，在全国样本中，死亡率系数为-0.050，显著性水平为10%，意味着在其他因素不变的情况下，人口死亡率下降1%，人均财政性教育经费支出提高0.5‰；在东部样本中，死亡率系数为-0.046，显著性水平为10%，表明其他因素不变时，人口死亡率下降1%，人均财政性教育经费支出提高0.46‰。

（5）估计结果的解释。

实证结果表明，在全国样本中，人口死亡率对人均受教育年限、高等教育人数比例和人均财政性教育经费支出这三个人力资本投资变量都有负向显著影响。在东部样本中，人口死亡率对高等教育人数比例和人均财政性教育经费支出有负向显著影响，对人均受教育年限影响不显著；在中部地区，人口死亡率对三个被解释变量的影响都不显著；在西部地区，人口死亡率对人均受教育年限有负向显著影响，对高等教育人数比例和人均财政性教育经费支出影响都不显著。

因此，从全国来看，人口死亡率下降可以提高人力资本投资，在东部和西部地区，这种影响在一定程度上也是显著的，与预期结果相符，即人口死亡率下降会提高预期寿命，促进人们进行人力资本投资活动，主要是以教育投资的方式，以获得更长时间后的回报，这种作用机制在我国是存在的。在中部地区这种作用之所以不显著，可能如 Hazan 和 Zoabi（2006）所言，更长的预期寿命对人力资本积累的作用没有过去实证研究中发现的那么大，生育率会对人们的人力资本投资行为产生影响，父母会在孩子的质量和数量中做出选择并产生质量—数量均衡，这种质量与数量均衡在中部地区表现较强，导致死亡率对人力资本投资作用不显著。

5.3　长寿对经济增长影响的门限效应

5.3.1　问题背景

现有文献关于预期寿命与经济增长关系一直存在争议。目前，文献研究表明预期寿命与经济增长之间可能存在正向关系（Li 等，2006）、不存在显著关系（Acemoglu 和 Johnson，2007）、负向关系（Bloom 等，2014；Hansen 和 LØnstrup，2015）、非线性关系（Desbordes，2011）。在研究预期寿命对经济增长的非线性影响过程中，Desbordes（2011）通过在线性模型中加入二次平方项估计非线性影响，但是该方法仅能刻画变量间对称的非线性关系，而无法刻画非对称的非线性关系。同时，预期寿命与经济增长之间可能存在非对称特征的非线性关系。

不同于平方项的对称性，动态门限模型更适合估计预期寿命对经济增长的非对称门限效应。本书我们采用考虑内生变量的面板门限模型，该模型本质上是 Hansen（1999）的拓展，被 Kremer 等（2013）发展。不同于 Desbordes（2011）的结论，实证结果表明存在预期寿命对经济增长的非对称门限效应。特别地，当通货膨胀被剔除，采用人均实际 GDP 时，非对称门限效应更为明显。

5.3.2　数据与典型事实

我们采用 1981~2014 年全球 85 个国家的均衡面板数据，其中因变量为人均 GDP，以出生年龄组预期寿命作为长寿的代理变量和核心解释变量。赡养比、贸易开放水平、资本形成、生育率、婴儿死亡率、人口增长速度被选为控制变量。以上变量数据均收集于世界银行的 WDI（World Development Indicators）。消费侧真实 GDP 和生产侧真实 GDP 通过除以人口规模得到不同的人均真实 GDP。这两个变量数据来自 Penn World Table 9.0。

为了初步识别长寿对经济增长的门限效应，首先画出两者的散点图，并拟合对应的二次曲线，如图 5-2 所示。图 5-2 表明仅对于高水平寿命的样本 U 形的对称二次曲线拟合较好，其他样本拟合偏差较大。这进一步表明寿命对经济增长可能存在非对称的线性关系。

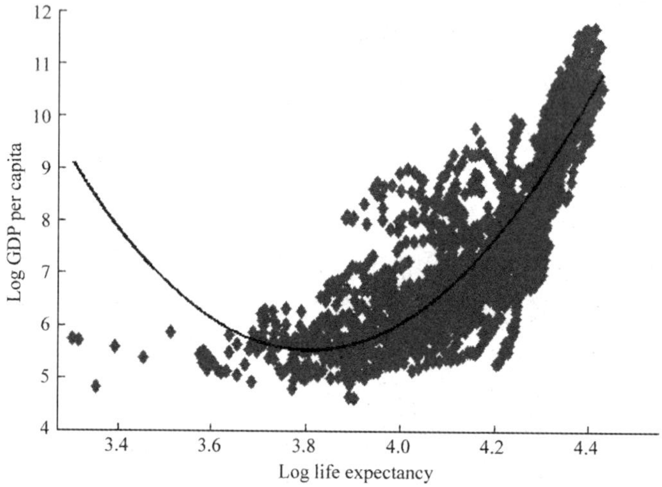

图 5-2　预期寿命与人均 GDP

5.3.3　预期寿命对经济增长影响的面板门限模型

本节将采用 Kremer 等（2013）提出的动态面板门限模型识别预期寿命与经济增长之间的门限效应。在 Hansen（1999）的面板门限模型中，没有考虑变量的内生性问题。为了考虑变量的内生性问题，Caner 和 Hansen（2004）提出了横截面门限模型的 GMM 估计方法。结合前两者模型，Kremer 等（2013）拓展提出了动态面板门限模型，该模型考虑了将初始收入作为内生性回归因子。参照 Kremer 等（2013）、Ahsan 和 Haque（2017），将寿命对经济增长影响的实证模型设定为：

$$y_{it}=\mu_i+\alpha_1'x_{it}I(q_{it}\leqslant\gamma)+\delta_1 I(q_{it}\leqslant\gamma)+\alpha_2'x_{it}I(q_{it}>\gamma)+\beta' z_{it}+\varepsilon_{it} \tag{5-16}$$

其中，y_{it}为人均 GDP 或者真实人均 GDP，μ_i 为个体固定效应，核心解释变量为预期寿命对数。$I(\cdot)$ 为根据门限变量预期寿命对 LE 所定义的指示性函数。z_{it}为控制变量，包含外生控制变量（z_{1it}）和内生控制变量（z_{2it}）。根据 Desbordes（2011），预期寿命在经济增长的实证模型中为内生性变量。当初始人均 GDP 纳入控制变量时，模型（5-16）便成为了动态面板门限模型，包含两个重要的内生性变量：预期寿命对数 LE an 和初始人均 GDP 对数。其余控制变量作为外生性变量归入 z_{1it}。参照 Bick（2010），δ_1 为横截面数据的共同截距。

为了估计方程（5-16），参照 Kremer 等（2013）以及 Ahsan 和 Haque（2017），首先，将外生变量作为工具变量，估计内生变量 z_{2it}关于外生变量 z_{1it} 的简易回归模型。方程（5-16）中内生变量 z_{2it}由简易回归的预测值 $\hat{z}_{2it}$替代。其次，对于每个固定的门限值 γ，关于 $\hat{z}_{2it}$的方程（5-16）被最小二乘法重复估计。回归的残差平方和记为 $S(\gamma)$。选择最优门限值 γ 使满足 $\hat{\gamma}=\text{argmin}\ S(\gamma)$。参照 Caner 和 Hansen（2004），最优门限值 $\hat{\gamma}$ 的 95%置信区间的临界值根据 $\Gamma=\{\gamma: LR(\gamma)\leqslant C(\alpha)\}$ 确定，其中 $C(\alpha)$ 为似然比统计量 $LR(\gamma)$ 的近似分布对应的 95%分位点（Hasen，2000）。在最优门限值 $\hat{\gamma}$ 的基础上，方程（5-16）中变量系数将采用 GMM 估计。

门限模型（5-16）的主要特征是可以度量预期寿命在不同水平下对经济增长的差异影响，即门限效应，模型估计结果见表 5-10。表 5-10 实证结果表明，在预期寿命低于或者高于门限值的水平下，预期寿命对经济增长存在不同的边际影响。第 1 列为人均 GDP 对数作为因变量的动态面板门限模型估计结果，预期寿命对数的门限值为 4. 1559，对应 95%的置信区间为［4. 1435 4. 1570］。参照（Hansen，1999；Bose 等，2008；Henry 等，2012；Ahsan 和 Haque，2017）的理解，动态面板门限模型门限值的置信区间紧凑，区间估计较为精确。工具变量的 Hansen J 检验为 0. 214，表明工具变量是有效的。在低于门限值水平下，预期寿命对经济增长的边际效应为负（-0. 7720），而高于门限值水平下预期寿命对经济增长影响为正（0. 3692）。这表明预期寿命对经济增长影响存在显著的门限效应。其余控制变量系数符号与理论预期相符。初始人均 GDP 对经济增长具有显著的正向作用，系数为 0. 8918，表明经济增长存在收敛性。人口赡养比对经济增长存在显著负向影响，资本形成和贸易对经济增长存在积极影响。人口方面，生育率和人口增长速度与人均 GDP 正相关。作为健康因素，婴儿死亡率反映健康水平高低，对经济增长存在负向影响。为了剔除通货膨胀对人均 GDP 的影响，以消费侧真实人均 GDP 和产出侧真实人均 GDP 作为被解释变量，动态面板门限回归模型的结果被估计在第 2 列和第 3 列。不同于人均 GDP 作被解释变量的情形下，预期寿命在低于门限值时对经济增长影响不显著，而高于门限值时对人均 GDP 存在显著的正向影响。这表明剔除通货影响后预期寿命对经济增长依然存在门限效应。该现象可以用 Hansen 和 LØnstrup（2015）的观点解释。当预期寿命改善通过增加物质资本和人力资本的积累对经济增长产生正向影响的同时，也会导致人口规模增加，稀释人均 GDP。预期寿命对经济增长的净影响取决于其正向影响和负向影响的相对强度。对于高水平预期寿命的国家，普遍收入水平高，具有较高的生产力，物质资本和人力资本积累的正向影响超过人口规模导致的稀释效应，进而表现出正向净影响。与之相反，对于低预期寿命的国家，如非洲国家，生产率低下，资本要素回报率较低，预期寿命通过要素积累促进经济增长的影响低于其人口规模带来的稀释效应，进而表现出负向或者不显著的净影响。

表 5-10 寿命对经济增长的门限效应：动态面板门限模型

	被解释变量		
	人均 GDP	真实人均 GDP(消费侧)	真实人均 GDP(产生侧)
门限值 $\hat{\gamma}$	4.1559	4.1494	4.2886
95%置信区间	[4.1435 4.1570]	[4.1435 4.1559]	[4.2805 4.2912]
$\hat{\alpha}_1$ 系数(低于 $\hat{\gamma}$)	-0.7720** (0.034)	0.3257 (0.164)	0.0407 (0.638)
n_1	1109	1090	1798
$\hat{\alpha}_1$ 系数(高于 $\hat{\gamma}$)	0.3692*** (0.001)	0.1194** (0.023)	0.0664* (0.086)
n_2	1781	1800	1092
控制变量			
初始人均 GDP	0.8918*** (0.000)	0.9632*** (0.000)	0.9751*** (0.000)
赡养比	-0.0098** (0.036)	-0.0029** (0.022)	-0.0004 (0.709)
贸易	0.0020** (0.039)	0.0000 (0.723)	0.0000 (0.772)

续表

	被解释变量		
	人均 GDP	真实人均 GDP（消费侧）	真实人均 GDP（产生侧）
资本形成	0.0025* (0.067)	0.0013* (0.091)	0.0017** (0.017)
生育率	0.0563 (0.230)	-0.0035 (0.850)	-0.0244 (0.141)
婴儿死亡率	-0.0052*** (0.002)	0.0001 (0.247)	0.0000 (0.396)
人口增长速度	0.0337*** (0.002)	-0.0022 (0.764)	0.0058 (0.217)
$\hat{\delta}_1$	4.7691*** (0.007)	-0.8198 (0.446)	0.1016 (0.808)
N	2890	2890	2890
Hansen J（p-value）	0.214	0.201	0.203

注：括号中为 P 值。门限变量为预期寿命对数。*、**、*** 分别表示在 10%、5%和 1%水平下显著。

参照 Ahsan 和 Haque（2017），我们采用不同的工具变量滞后阶数，重新估计动态面板门限模型，检验预期寿命对经济增长影响的门限效应是否稳健，结果如表 5-11 所示。表 5-11 结果显示，改变工具变量滞后阶数对实证结果影响较小，这表明不同工具变量的滞后阶数下预期寿命的门限效应是稳健的。

表 5-11　稳健性检验：不同工具变量滞后阶数

	真实人均 GDP（消费侧）		真实人均 GDP（产出侧）	
	Instruments lag（1 3）	Instruments（1. ）	Instruments lag（1 3）	Instruments（1. ）
门限值 $\hat{\gamma}$	4.1494	4.1494	4.2886	4.2886
95%置信区间	[4.1435　4.1559]	[4.1435　4.1559]	[4.2805　4.2912]	[4.2805　4.2912]
$\hat{\alpha}_1$ 系数（低于 $\hat{\gamma}$）	0.0550 (0.237)	0.0509 (0.284)	-0.0116 (0.736)	0.0122 (0.728)
n_1	1090	1090	1798	1798
$\hat{\alpha}_1$ 系数（高于 $\hat{\gamma}$）	0.0834*** (0.000)	0.0688*** (0.000)	0.0467*** (0.003)	0.0420*** (0.000)

续表

	真实人均 GDP(消费侧)		真实人均 GDP(产出侧)	
	Instruments lag(1 3)	Instruments(1.)	Instruments lag(1 3)	Instruments(1.)
n_2	1800	1800	1092	1092
控制变量				
初始人均 GDP	0.9719*** (0.000)	0.9763*** (0.000)	0.9851*** (0.000)	0.9865*** (0.000)
赡养比	-0.0015*** (0.002)	-0.0010*** (0.005)	-0.0009 (0.135)	-0.0005 (0.146)
贸易	0.0000 (0.672)	0.0000 (0.367)	0.0000 (0.725)	0.0000 (0.725)
资本形成	0.0010** (0.018)	0.0008*** (0.005)	0.0011** (0.024)	0.0007 (0.109)
生育率	-0.0010 (0.892)	-0.0017 (0.749)	-0.0040 (0.543)	-0.0058 (0.171)
婴儿死亡率	-0.0003* (0.076)	-0.0003** (0.037)	-0.0003 (0.187)	-0.0001 (0.489)
人口增长速度	0.0035 (0.415)	0.0019 (0.583)	0.0044 (0.293)	0.0033 (0.328)
$\hat{\delta}_1$	0.1376 (0.468)	0.0871 (0.662)	0.2604* (0.089)	0.1292 (0.387)

注：括号中为 P 值。门限变量为预期寿命对数。*、**、***分别表示在 10%、5%和 1%水平下显著。

综上所述，本书采用 1981~2014 年 85 个国家的面板数据，基于动态面板门限模型对预期寿命对经济增长的门限效应进行检验。该模型的优点是可以解决变量的内生性问题。不同于 Desbordes（2011）所采用的平方项系数度量非线性关系，动态面板门限模型更适合检验非对称的非线性关系。该模型有助于更为精准地检验预期寿命对经济增长影响的门限效应。实证结果表明，预期寿命在低于门限水平下对经济增长的影响是不显著的，而高于门限值则呈现显著的正向影响。实证结果对于不同被解释变量和工具变量滞后阶数均表现出良好的稳健性。

5.4　人口老龄化下长寿与经济增长的动态关系

5.4.1　问题背景

随着医疗技术的进步，寿命改善已成为全球性趋势。作为重要的人口因素之一，更长的寿命将导致人口规模的扩大和老年人口负担加重（Hansen 和 LØnstrup，2015）。这些变化将会稀释特定国家和区域的人均 GDP。同时，根据生命周期理论，预期寿命作为一个非常重要的经济因素，会对个人经济决策产生不可忽视的影响，如增加储蓄（Zhang 和 Zhang，2005）、刺激人力资本投资（Hazan 和 Zoabi，2006）。预期寿命通过增加实物资本和人力资本对经济增长产生积极作用。因而寿命延长对经济增长同时存在负向和正向影响，从而使预期寿命对经济发展的复杂影响成为经济学家们存在争议的问题。对预期寿命与经济增长之间关系的探讨有助于政府制定相关政策应对寿命改善带来的各种挑战。这些因果关系促使我们对预期寿命与经济增长之间的动态关系进行调查分析。

目前关于预期寿命与经济增长之间关系的实证研究主要集中在两条主线：一条是预期寿命对经济增长的影响，利用面板数据进行实证检验，如 Acemoglu 和 Johnson（2006）、Aghion 等（2011）、Bloom 等（2014）、Hansen 和 LØnstrup（2015）。但是在这些文献中关于预期寿命对经济增长的净影响存在较大争议。另一条是经济增长对预期寿命的影响。该问题最早被 Preston（1975）利用横截面数据证明存在正向影响，两者关系可被 Preston 曲线刻画。随后该曲线被广泛应用于 Preston（2007）、Bloom 和 Canning（2007）、Dalgaard 和 Strulik（2011）。更多相关的研究主要集中于预期寿命对经济增长的单向影响或者经济增长对预期寿命的单向影响。不同于现有研究，本书将基于一个新面板数据利用面板向量误差模型对预期寿命与经济增长的相互影响进行实证研究。

特别重要的是，预期寿命改善的同时会加速人口结构老龄化，而不同的年龄阶段预期寿命对家庭储蓄行为存在不同的影响（Ehrlich 和 Lui，1991；Kinugasa 和 Mason，2007；Ehrlich 和 Lui，1991）。研究证明，在人口老龄化下年轻人的预期寿命增加将对经济增长产生更大的促进作用。成年人的寿命对总储蓄规模的影响也被 Kinugasa 和 Mason（2007）讨论。他们认为老龄人口生存率可以解释人口转变对总储蓄存在较大的正向作用。人口寿命与人口结构存在紧密的联系。伴随着人口老龄化，不同老龄化水平的国家经济发展水平存在差异，类似问题被 Kinsella 和 He（2009）、Vogelsang 和 Raymo（2014）讨论。受这些文献启发，本书将尝试检验不同老龄化水平的国家人口预期寿命与经济增长之间的关系是否存在显著差异。

本书的主要目的是检验预期寿命与经济增长的长期和短期动态关系，并进一步检验不同老龄化水平下两者关系的差异化。为了研究这些问题，本书通过面板单位根检验、面板协整检验、面板因果检验，进行了完善的面板数据分析。首先，利用几种经典的单位根检验变量的平稳性。其次，确定存在相同单位根阶数对其进行协整关系检验。为了解决协整方程关系估计中可能存在的内生性问题，协整系数被动态最小二乘法估计。通过协整系数分析预期寿命与经济增长的长期关系。最后，基于面板向量误差模型的结果对两者的长期和短期因果关系进行检验。

5.4.2 模型设定和估计方法

参照 Acemoglu 和 Johnson（2007），本书将选用人均 GDP 和 GDP 总量度量经济水平，进而讨论预期寿命与经济增长直接的关系。计量方法将按照如下步骤进行：首先，面板单位根检验被用于判断预期寿命、人均 GDP、GDP 总量的单位根数量。其次，在确定变量为一阶单整的情况下，利用 Kao（1999）和 Pedroni（1999，2004）所建议的面板协整检验方法检验预期寿命与人均 GDP（或 GDP 总量）是否存在长期的协整关系。再次，利用面板 DOLS 估计对预期寿命与经济增长直接的协整系数进行估计。最后，利用 GMM 估计方法估计面板 VECM 模型，进而检验预期寿命与经济增长的因果关系。

（1）面板协整检验。参照 Pedroni（2004），设定面板数据模型：

$$PGP_{it}=\alpha_i+\delta_i t+\beta_i LE_{it}+e_{it} \tag{5-17}$$

$$TGP_{it}=\alpha_i+\delta_i t+\beta_i LE_{it}+e_{it} \tag{5-18}$$

其中，PGP、TGP、LE 分别表示人均 GDP、GDP 总量和预期寿命；下标 i（$i=1, 2, \cdots, N$）和 t（$t=1, 2, \cdots, T$）分别表示国家和时间；α_i 和 δ_i 分别表示个体固定效应和时间趋势效应；e_{it} 为误差项。为了检验面板数据是否存在协整关系，Pedroni（2004）提出了七种统计检验。

为了处理以上模型可能存在的内生性偏差，Kao 和 Chiang（1998）提出 DOLS 估计方法被采用。协整系数的 DOLS 估计通过以下模型被估计：

$$PGP_{it} = \alpha_i + \beta_i LE_{it} + \sum_{j=-q}^{q} c_{ij}\Delta LE_{it+j} + \nu_{it} \tag{5-19}$$

$$TGP_{it} = \alpha_i + \beta_i LE_{it} + \sum_{j=-q}^{q} c_{ij}\Delta LE_{it+j} + \nu_{it} \tag{5-20}$$

通过引入偏差修正，DOLS 方法优于完全修正最小二乘法（FMOLS）和 OLS（Kao 和 Chiang，1997）。Kao 和 Chiang（1997）的蒙特卡洛模拟结果表明 OLS 和 FMOLS 估计面板数据回归系数是有偏的。

（2）基于面板 VECM 模型的面板因果检验。参照 Engle 和 Granger（1987），我们通过估计面板 VECM 模型，分两步检验预期寿命与人均 GDP（或 GDP 总量）的短期和长期因果关系。首先估计方程（5-19）和方程（5-20）得到残差项 ν_{it}（误差项；ECT_{it}），然后再估计短期调整系数。具体地，估计以下面板 VECM 模型：

$$\Delta PGP_{it} = u_i + \lambda_1 ECT_{it-1} + \phi_{11}(L)\Delta PGP_{it} + \phi_{12}(L)\Delta LE_{it} + \varepsilon_{it} \tag{5-21}$$

$$\Delta LE_{it} = \zeta_i + \lambda_2 ECT_{it-1} + \phi_{21}(L)\Delta PGP_{it} + \phi_{22}(L)\Delta LE_{it} + \delta_{it} \tag{5-22}$$

$$\Delta TGP_{it} = u_i + \lambda_1 ECT_{it-1} + \phi_{11}(L)\Delta TGP_{it} + \phi_{12}(L)\Delta LE_{it} + \varepsilon_{it} \tag{5-23}$$

$$\Delta LE_{it} = \zeta_i + \lambda_2 ECT_{it-1} + \phi_{21}(L)\Delta TGP_{it} + \phi_{22}(L)\Delta LE_{it} + \delta_{it} \tag{5-24}$$

其中，Δ 表示一阶差分；u_i，ζ_i 分别表示经济增长和预期寿命的个体效应；$\phi_{ij}(L) = \sum_{p=1}^{q} \phi_{ij,\,p} L^p$；$L$ 为滞后算子，其定义为 $L^p x_t = x_{t-p}$；ε_{it}，δ_{it} 为独立的白噪声；p 为 SIC 信息准则选择的最优滞后期数；$\lambda_j(j=1,\ 2)$ 为调整系数。面板 GMM 估计方法被用于估计方程（5-21）至方程（5-24）。

第一，我们考虑预期寿命与人均 GDP（或 GDP 总量）的短期因果关系。对于短期因果检验，需对方程（5-21）至方程（5-24）中原假设 H_0：$\phi_{12,1} = \phi_{12,2} = \cdots = \phi_{12,p} = 0$ 和 H_0：$\phi_{21,1} = \phi_{21,2} = \cdots = \phi_{21,p} = 0$ 进行检验。第二，长期因果关系需要检验 λ_j 的显著性。为了同时检验误差修正项 ECM_{it-1} 和其他变量滞后期系数的显著性，采用以下 F 检验：

$$F = \frac{(SSR_r - SSR_{ur})/q}{SSR_{ur}/(n-k-1)} \tag{5-25}$$

其中，SSR_r、SSR_{ur} 分别为带约束条件和无约束条件的模型误差平方和，q 为约束条件数量，n 为观测值数量，k 为无约束模型的参数数量。则 F 服从自由度为（q，$n-k-1$）的 F 分布。

5.4.3　数据与典型事实

为了检验不同老龄化水平下预期寿命与经济增长关系，需要将样本国家按照年龄结构进行分组。Vogelsang 和 Raymo（2014）采用 10%、15%、20%的老龄化水平分类方法将样本划分为年轻、一般、年老、最年老四类不同人口结构的地区。为了简化，本书将基于 2014 年老年人口占比采用 10%和 15%的划分标准，将样本分为年轻、中等、年老的地区和国家。本书采用了 1980~2014 年 65 个国家的面板数据，样本及分组情况如表 5-12 所示。人口预期寿命、人均 GDP、GDP 总量均来自世界银行官方数据。样本描述性统计分析如表 5-13 所示。从表 5-13 中可以看出，不同年龄结构的国家的预期寿命、人均 GDP、总量 GDP 存在显著差异。

表 5-12　基于老龄化水平的样本分组

年轻型国家(42)		中等型国家(11)	年老型国家(12)
Bangladesh	Nepal	Cameroon	Canada
Belize	Nicaragua	Chile	Denmark
Benn	Niger	Cyprus	Finland
Botswana	Nigeria	Honduras	France
Bolivia	Pakistan	Iceland	Germany
Burundi	Panama	Israel	Italy
China	Peru	Korea	Netherlands
Dominican	Philippines	Singapore	Norway
Egypt	Rwanda	Thailand	Portugal
Ghana	Saudi Arabia	United States	Spain
Guatemala	Salvador	Uruguay	Sweden
Guyana	Senegal		United Kingdom
Honduras	Sierra Leone		
India	Sri Lanka		
Indonesia	South Africa		
Jordan	Sudan		
Kenya	Togo		
Madagascar	Turkey		
Malaysia	Tunisia		
Mauritius	Vincent		
Morocco	Mexico		

表 5-13　描述性统计分析

Variable	观测值	均值	中位数	最小值	最大值	标准误
全样本						
LE	2275	67. 335	69. 658	27. 078	83. 078	10. 081
PGP	2275	8779. 93	2251. 9	125. 69	102910. 5	13866. 6
TGP	2275	394973	31151	59. 100	17393103	1403465
年轻型国家						
LE	525	62. 738	64. 086	27. 079	77. 595	8. 923
PGP	525	2005. 2	1025. 63	125. 69	24883. 2	2627. 9
TGP	525	124675. 5	12129. 5	59. 100	10482371	570796
中等型国家						
LE	1190	75. 865	76. 341	64. 446	82. 917	3. 857
PGP	1190	16621. 6	12462. 1	682. 78	68344. 6	14517. 24
TGP	1190	1152043	67802. 38	2087. 5	17393103	3243440
年老型国家						
LE	560	77. 792	77. 724	71. 215	83. 078	2. 453
PGP	560	27739. 5	24278. 12	2523. 0	102910. 5	16882. 6
TGP	560	818261. 2	463457. 9	25220. 5	3879275	854793. 4

图 5-3 展示了不同年龄结构国家预期寿命与人均 GDP 的关系。从图 5-3 中可以看出，全样本和各子样本下预期寿命与人均 GDP 存在正相关关系，但是，从样本拟合直线来看，直线的斜率存在显著差异，这表明预期寿命与人均 GDP 之间正向关系会因为不同年龄结构存在差异。类似现象也可以在图 5-4 中发现。表明有必要考虑不同年龄结构对预期寿命与经济增长之间的关系分别进行实证分析。

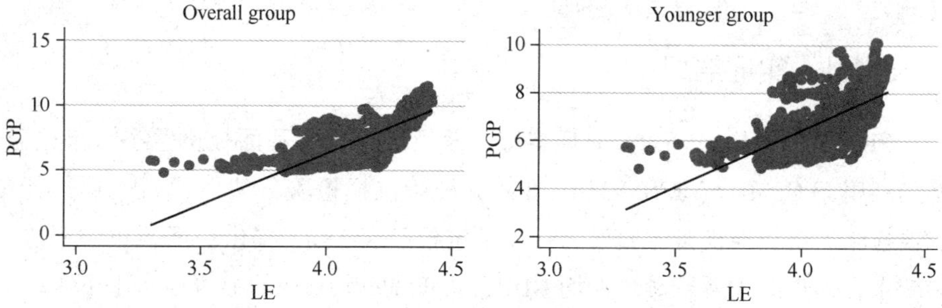

图 5-3　不同年龄结构下人均 GDP 与预期寿命

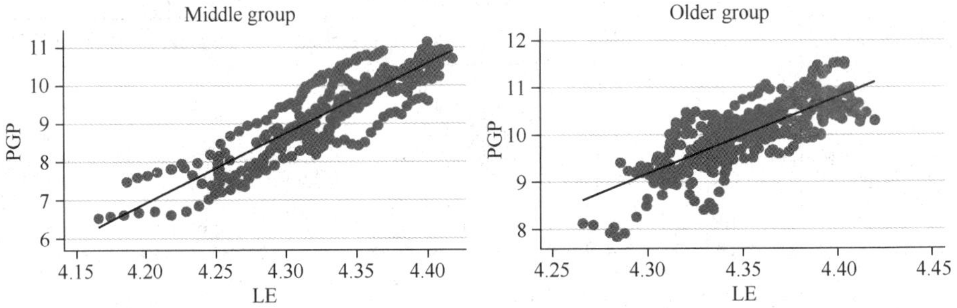

图 5-3 不同年龄结构下人均 GDP 与预期寿命（续）

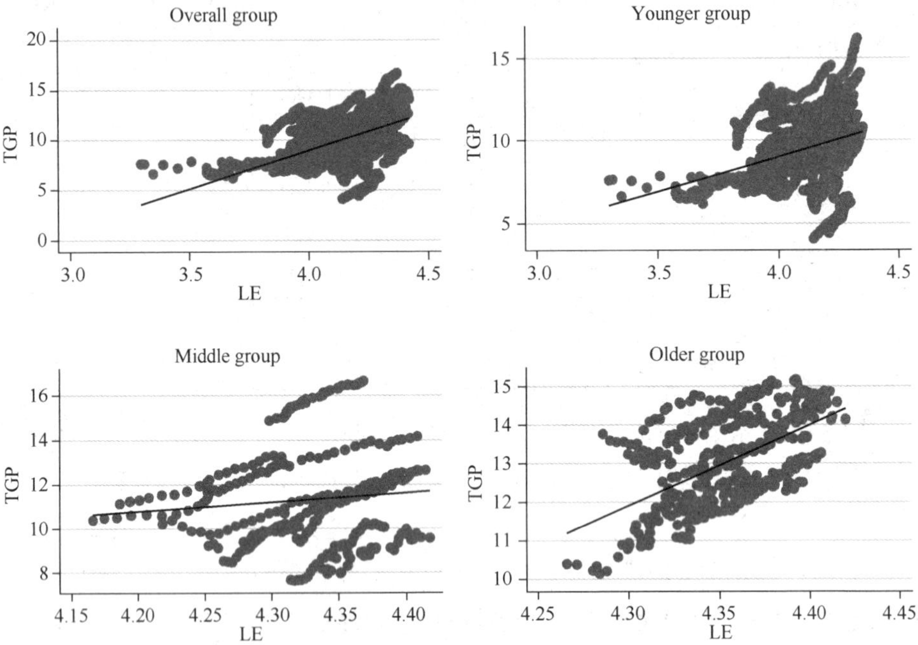

图 5-4 不同人口结构下 GDP 总量与预期寿命

5.4.4 实证结果

（1）单位根检验。为了对样本进行面板协整分析和面板格兰杰因果检验，首先利用 LLC、B-t、IPS、ADF、PP 五种单位根检验方法对面板数据进行单位根检验。单位根检验原假设为存在单位根。表 5-14 提供了面板单位根检验的结果，其表明预期寿命、人均 GDP、GDP 总量在 1%的显著性水平下为一阶单整。

表 5-14 面板单位根检验

	LLC	B-t	IPS	ADF	PP
原始数据					
LE	-1.2489	-0.2191	0.3173	0.0131	3.814
PGP	-0.2618	0.828	10.0355	47.422	56.694
TGP	-0.0615	8.022	12.3030	53.654	68.458
一阶差分					
LE	-4.2405***	-2.851***	-13.775***	625.67***	875.35***
PGP	-27.791***	-3.877***	-27.105***	425.51***	1255.5***
TGP	-27.111***	-8.497***	-26.663***	415.72***	1203.3***

注：①根据 SIC 准则选取滞后期数；②＊＊＊表示在1%水平下显著。

（2）面板协整检验和估计。为了检验预期寿命与经济增长的长期关系，面板协整检验采用 Pedroni（2004）和 Kao（1999）提到的残差方法。表 5-15 和表 5-16 提供了对应的协整检验结果。一方面，预期寿命与人均 GDP 的协整关系被检验。从表 5-15 第 2 列和第 3 列可以看出，不存在协整关系的原假设被 Pedroni 残差协整检验（运用 rho-统计量、pp-统计量、ADF-统计量等）在1%的显著水平下拒绝。同时，表 5-16 列出了利用 Kao 的残差进行的协整检验结果。两种协整检验结果表明预期寿命与人均 GDP 存在显著的协整关系。另一方面，我们检验了预期寿命与 GDP 总量直接的协整关系。从表 5-15 中可以看出，除了 Pedroni 残差协整检验的面板 rho—统计量和群组 PP—统计量，其余五种统计量结果均在 1%的显著性水平下拒绝原假设，即预期寿命与 GDP 总量间存在协整关系。该结论同样被 Kao 的残差检验结果所支持。协整检验结果表明预期寿命与经济增长之间存在长期关系。

表 5-15 Pedroni 残差协整检验

方法	PGP & LE		TGP & LE	
	加权统计量	p 值	加权统计量	p 值
备选假设:共同 AR 系数(组内)				
Panel v-statistic	2.629***	0.000	4.665***	0.000
Panel rho-statistic	0.406	0.657	0.557	0.711
Panel PP-statistic	-1.962**	0.025	-1.383*	0.083
Panel ADF-statistic	-3.085***	0.001	-2.317**	0.010

续表

方法	PGP & LE		TGP & LE	
	加权统计量	p 值	加权统计量	p 值
备选假设:个体 AR 系数(组间)				
Group rho-statistic	3.251***	0.994	3.188***	0.999
Group PP-statistic	0.133	0.553	0.457	0.676
Group ADF-statistic	−2.445***	0.007	−2.133**	0.017

注：①协整方程包含个体趋势项和截距项；②原假设为不存在协整关系；③最优滞后期根据 SIC 选择；④＊＊、＊＊＊分别表示在 5%和 1%水平下显著。

表 5-16　Kao 残差协整检验

方法	PGP & LE		TGP & LE	
	t 统计量	p 值	t 统计量	p 值
Kao 检验	−3.586***	0.000	−4.336***	0.000

注：①协整方程仅包含个体截距项；②原假设为不存在协整关系；③最优滞后期根据 SIC 选择；④＊＊＊表示在 1%水平下显著。

表 5-17 中估计了不同年龄结构国家预期寿命与经济增长之间的协整关系。对于年轻型、中等型、年老型国家，预期寿命与人均 GDP 的协整系数分为 4.887、18.666、15.994，并且在 1%水平下显著。这表明不同年龄结构对预期寿命与人均 GDP 的协整关系存在明显影响。年老型国家的预期寿命对 GDP 的正向影响明显大于年轻型国家，这进一步表明人口老龄化水平越高，预期寿命对经济增长的影响越大。该结论可以被 Kinugasa 和 Mason（2007）的观点所解释。该文献结论表明老年人的生存概率改善对总储蓄的影响大于年轻人的生存概率的影响。这意味着老龄化水平越高，预期寿命对总储蓄的影响越大，进而解释了不同年龄结构下预期寿命对经济增长影响的差异化。另外，对于年轻型、中等型、年老型国家，预期寿命与 GDP 总量的协整系数分别为 4.315、3.811 和 21.404，并且均在 1%水平下显著。年老型国家的预期寿命对 GDP 总量的影响大于其他年龄结构情形。该结果进一步支持了老龄化水平越高的国家预期寿命对经济增长的正向影响越高这一结论。

表 5-17　协整关系的 DOLS 估计

样本	LE(被解释变量为 PGP)		LE(被解释变量为 TGP)	
	系数	t 统计量	系数	t 统计量
年轻型国家	4.887***	10.69	4.315***	7.64
中等型国家	18.666***	13.11	3.811***	2.19

续表

样本	LE(被解释变量为 PGP)		LE(被解释变量为 TGP)	
	系数	t 统计量	系数	t 统计量
年老型国家	15.994***	11.78	21.404***	15.02
全样本	8.137***	18.24	7.832***	14.77

注：***表示在 1%水平下显著。

（3）面板因果检验的结果。在协整分析的基础上，我们将进一步利用面板向量误差修正模型（PVECM）对预期寿命与经济增长之间的长期和短期因果关系进行检验。参照 Mandal 和 Madheswaran（2010），方程（5-21）至方程（5-24）的最优滞后阶数选择 $q=3$。方程采用动态 GMM 方法估计。时间虚拟变量作为控制变量。预期寿命与经济增长之间的短期和长期因果关系检验结果如表 5-18 和表 5-19 所示。

表 5-18　预期寿命与人均 GDP 的面板因果检验结果

被解释变量	解释变量			
	短期因果		长期因果	
	ΔPGP	ΔLE	ECT，ΔPGP	ECT，ΔLE
面板 A：全样本				
ΔPGP	—	7.155***	—	37.335***
ΔLE	0.901	—	11.247***	—
面板 B：年轻型				
ΔPGP	—	3.222**	—	5.882***
ΔLE	1.512	—	17.562***	—
面板 C：中等型				
ΔPGP	—	0.275	—	7.002***
ΔLE	1.834	—	0.519	—
面板 D：年老型				
ΔPGP	—	1.233	—	4.432**
ΔLE	4.957**	—	6.679***	—

注：①表中数值均为 F 统计量值；②ECT 为协整方程的误差项；③**、***分别表示在 5%和 1%水平下显著。

表 5-18 给出了预期寿命与人均 GDP 短期和长期关系的面板因果检验对应的 F 统计量值。对于全样本，显著存在预期寿命对人均 GDP 的单向因果关系。根据 ECT、ΔPGP、ΔLE 系数的联合检验结果，预期寿命与人均 GDP 存在显著的双向因果检验。对于年轻型国家，预期寿命与人均 GDP 之间存在类似的单向因果关系。这表明对于年轻型国家预期寿命对人均 GDP 存在显著的短期影

响，但是人均 GDP 对预期寿命不存在短期影响。两者的长期因果关系在年轻型国家仍然显著。对中等型国家，仅存在预期寿命对人均 GDP 的单向长期因果关系，不存在短期关系。对于年老型国家，存在人均 GDP 对预期寿命的单向因果关系，而两者存在双向的长期因果关系。这些结果表明不同年龄结构对预期寿命与人均 GDP 之间的关系存在影响。对于人口结构年轻的国家，预期寿命的改善对人均 GDP 存在短期影响，但是人均 GDP 对预期寿命不存在短期影响。与之相反，对于老龄化水平较高的国家，人均 GDP 通过更多的健康投入对预期寿命存在显著的短期影响，但是预期寿命延长对人均 GDP 不存在短期影响。另外，从长期来看，对于年轻型国家和年老型国家预期寿命与人均 GDP 之间存在显著的相互影响。表 5-19 提供了预期寿命与 GDP 总量之间的短期和长期关系的面板因果检验对应的 F 统计量值。对于全样本和年轻型国家，预期寿命对 GDP 总量存在显著的单向因果关系，但是对于中等型国家和年老型国家不存在该短期单向关系。对于长期关系，年轻型和年老型国家预期寿命与 GDP 总量均存在长期相互关系。综合以上结果，我们可以发现预期寿命与经济增长之间的短期和长期关系会受人口结构差异的影响。

表 5-19 预期寿命与 GDP 总量之间的因果检验结果

被解释变量	解释变量			
	短期因果		长期因果	
	ΔTGP	ΔLE	ECT,ΔTGP	ECT,ΔLE
面板 A:全样本				
ΔTGP	—	6.413***	—	29.683***
ΔLE	1.461	—	13.882***	—
面板 B:年轻型				
ΔTGP	—	4.090***	—	23.926***
ΔLE	1.147	—	10.853***	—
面板 C:中等型				
ΔTGP	—	1.852	—	12.414***
ΔLE	0.571	—	1.419	—
面板 D:年老型				
ΔTGP	—	1.114	—	2.972**
ΔLE	5.725***	—	8.593***	—

注：①表中数值均为 F 统计量值；②ECT 为协整方程的误差项；③***表示在 1%水平下显著。

5.5　本章小结

为了研究长寿风险对经济发展的影响，本章分别对长寿与家庭消费总规模、死亡率与人力资本投资、长寿对经济增长影响的门限效应以及长寿与经济增长的动态关系进行了研究。首先，构建了人口老龄化下长寿对家庭消费的理论模型，并利用跨国面板数据对理论分析结论进行检验。其次，利用死亡率数据，实证检验我国长寿对人力资本投资的影响，得到了符合我国实际的结论。再次，考虑长寿对经济增长存在非线性关系，利用动态面板门限模型对预期寿命的非线性效应进行检验。最后，考虑老龄化水平差异化影响，分别对不同年龄结构下预期寿命与经济增长的短期和长期动态关系进行实证检验。

第 6 章　长寿风险管理的国际实践

长寿风险对养老金、商业保险以及家庭养老的影响，已被国内外学者广泛认识，但是当前我国长寿风险管理工具非常有限。与我国相比，长寿风险管理国际实践较多，在风险评估、对冲策略以及金融产品创新等方面有着丰富的经验。本书通过对长寿风险管理的国际案例进行介绍和分析，提炼出对我国长寿风险管理的启示。从国际经验来看，长寿风险有效管理取决于完备的死亡率数据库、精准的死亡率预测技术以及多层次的死亡率衍生金融产品创新。

6.1　引言

国家统计局数据显示，截至 2019 年初，我国 60 周岁及以上人口为 24949 万人，占总人口的 17.9%，其中 65 周岁及以上人口数为 16658 万人，占总人口的 11.9%。从人口基数上来看，我国老年人口数量庞大，占世界老年人口的比重为 20%；从人口比重上来看，我国 60 周岁以上人口所占比重远超过国际规定的 10% 老龄化标准。除此之外，国家统计局公布的数据显示，我国人口平均预期寿命由 2000 年的 71.4 岁至 2015 年提高了 4.94 岁，其中男性平均提高 4.01 岁，女性提高了 6.1 岁，我国人口预期寿命改善明显。以上两个局面说明了我国的养老保险及寿险中蕴含的长寿风险日趋显现，长寿风险已成为政府、保险公司以及家庭所必须面对的日益严重的社会问题和系统性风险。

由于长寿风险的存在，个人储蓄存在不够用的潜在危险。这是因为老年人口的收入来源较为固定或者说无收入来源，仅靠自身储蓄来支撑自身的生活，在储蓄有限的条件下人口预期寿命的增加会导致老年生活保障不足。除此之外，长寿风险对于企业和保险公司而言也可能是致命的，其原因在于无论人们的寿命有多长，养老金计划发起企业都必须提供参保人群的退休收入保障，从而面临着从股息和投资计划中转移资源以填补养老计划赤字的风险。同样，出售终身年金的寿险公司也面临着年金储备不足的风险。寿险公司存在两类长寿风险：一类是低估预期寿命的风险，即年金产品一开始设定时的预期寿命低于实际人口寿命，是一种事前风险；另一类是人口预期寿命改善带来的风险，即随着医疗以及经济的发展，人口预期寿命有所改善而导致的长寿风险，是一种事后风险。另外，政府所面临的长寿风险主要来自于未来社会保障方面的巨额支出，对实行 DB 退休金计划的国家而言更加严重。

长寿风险作为养老金和寿险面临的三大风险之一，尚未有标准的定义，但国内外大多数学者将其定义为个人或群体的实际寿命超过预期寿命所给他们带来的一系列财务风险。长寿风险由系统性长寿风险（趋势风险）以及特定长寿风险（包括特质风险和建模风险）构成。此外，有学者提出，长寿风险还包括基表风险和市场风险。所谓基表风险，是指选取的死亡率指标不精准所带来的预测风险。特定长寿风险指的是来自同一利益群体的不同个体的实际生存年龄之间有所差异，即个体的实际寿命超过了预期寿命所带来的财务或生存风险，该风险可以通过购买相关产品进行分散。系统性长寿风险是某个群体的实际平均寿命超过了平均预期寿命而导致的风险，该风险无法根据大数法则进行分散，具有趋势风险即系统性风险特征。从 20 世纪 90 年代开始，精算师们注意到，他们一直在系统性地低估人们的寿命。相反，他们开始意识到长寿风险是一种趋势风险。但系统性长寿风险作为一种发展缓慢的趋势风险，难以完全消除，根据 IMF 的数据显示，全球人口的平均寿命每增加一年将会增加 3%~4%的全球养老金负债的赤字，因此，系统性长寿风险越来越被市场所关注。2007~2017 年，共有 3660 亿美元的长寿风险转移业务发生，长寿风险转移市场迅速发展起来，其原因就在于广大的需求以及全球大部分养老金计划所面临的现状：以美国和英国为例，75%的固定收益养老金计划因资金亏损而面临被关闭或冻结的局面。对全球大部分养老金计划而言，剥离计划中固有的养老金风险或者说是长寿风险不再是“如果”的问题，而是“何时”和“怎样”的问题。

特定长寿风险可以通过风险共担、商业保险与社会保险相结合以及利用住房反向抵押贷款、购买长期护理保险等措施进行管理。对于系统性长寿风险的管理工具，国际实践主要包含以下几种：养老金买入、养老金全额买断、长寿债券、长寿互换、q 远期。本书将通过国际案例来说明以上五种工具的优劣，以期寻找最适合我国系统性长寿风险管理的工具。除此之外，本书还介绍了几种系统性长寿风险管理工具和个体长寿风险管理工具创新的情况。

6.2 长寿风险管理的国际经验

6.2.1 养老金买入（Buy-In）

养老金买入类似于保险，指的是养老金计划发起机构通过大量购买年金来对冲该计划的部分负债的相关风险，这些债务通常与退休成员相关，年金成为该养老金发起企业的一项资产，涵盖了计划成员在年龄、性别和养老金等方面的特定内容。养老金买入的基本原理是让再保险公司承保长寿风险，为一群退休人员提供有保障的退休收入。再保险公司与养老金计划的成员没有关系，养老金的支付仍旧由养老金计划公司支付。其运行机制如图 6-1 所示。

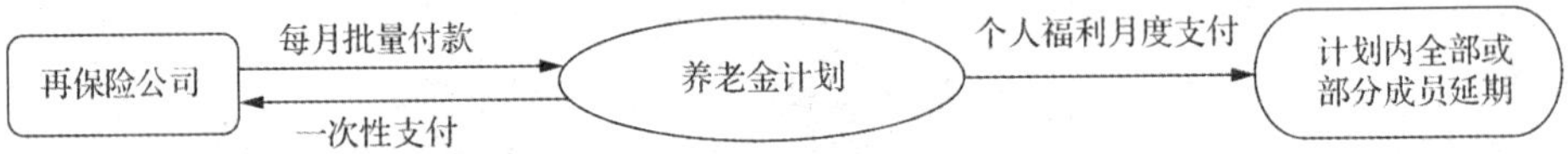

图 6-1 养老金买入运行机制

资料来源：Rorheasy life 官网。

养老金买入的定价一般是以金边债券的价格为基准，受供需关系的影响围绕着金边债券的价格上下波动，养老金买入的价格与养老金全额买断的价格是一致的，2012~2018 年养老金买入价格的走势如图 6-2 所示。

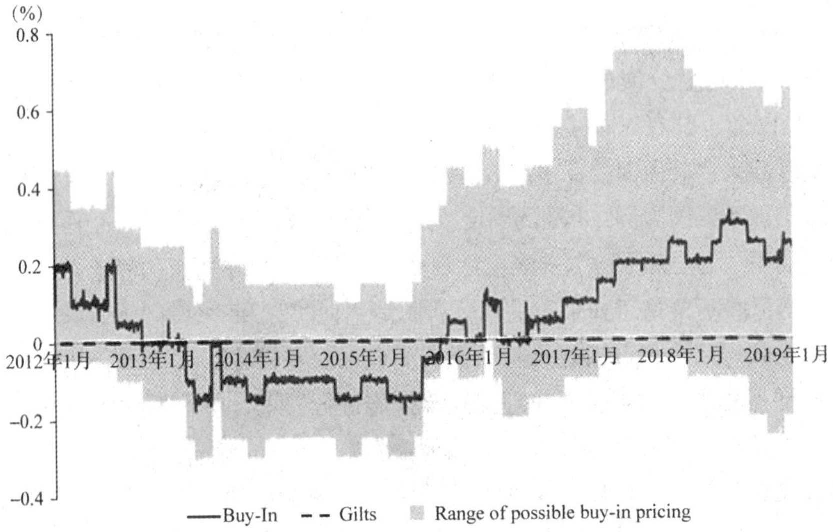

图 6-2 2012~2018 年养老金买入的价格走势

资料来源：Wills Towers Watson，2019 年 1 月。

2010 年 6 月，英国航空公司与 Goldman Sachs 和 Rothesay Life 保险公司进行了价值约 30 亿英镑的养老金买入计划，该计划覆盖了英国航空公司约 24% 的养老金负债，囊括了英国航空公司约 25000 名退休人员和延期退休人员的长寿风险及投资风险。基于养老金买入的特点，养老金计划的资产与负债仍停留在养老金计划发起企业中，并未从资产负债表中剔除，该项计划与英国航空的另一项养老金计划的赤字高达 37 亿英镑，于是，该计划于 2017 年 8 月关闭，英国航空随即选择了长寿互换和再保险的方式来转移自身养老金赤字，其运行机制如图 6-3 所示。

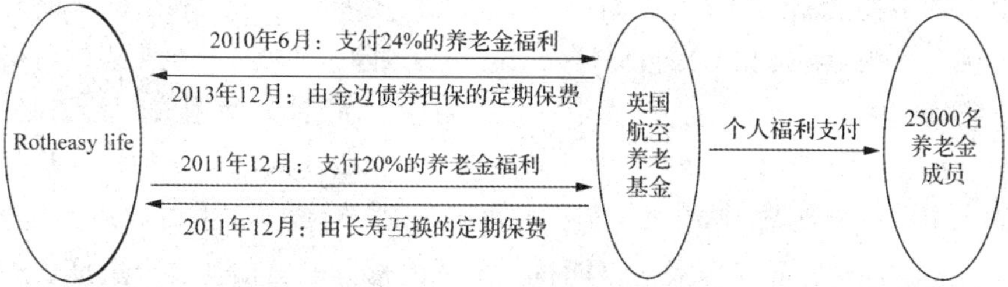

图 6-3　英国航空养老金计划 2010~2013 年的养老金买入与长寿互换运行机制

资料来源：Rotheasy life 官网。

自 2007 年以来，大部分固定给付型养老金计划发起企业均选择养老金买入对冲长寿风险以及投资风险。其优势在于：第一，养老金买入是养老金计划的主动积极的管理工具。对于大型蓝筹股公司而言，养老金买入和全额买断是一种成熟的风险管理工具，养老金买入操作简单，技术性操作不难，交易所需要筹备的时间较短，时间成本低。第二，养老金买入减少了养老金风险的规模，而不是养老金计划的规模，一旦购买完成，长寿风险、通胀、人口和投资风险就会转移到再保险公司，再保险公司以换取该计划的一次性付款。第三，养老金买入能够与养老金计划中的负债精准匹配，即该工具支付的收入与所涉成员的利益相等，因此消除了养老计划发起企业资产不足以应付未来负债的风险。第四，对于单个的养老金计划而言，养老金买入属于定制化长寿风险管理工具，能够很好地规避基差风险。第五，养老金买入为资金不足的养老金计划提供了成本更为低廉的长寿风险及投资风险管理工具。在 2016 年以前，养老金买入的成本相对其他工具而言更低；同时，养老金买入失败的成本也是可以预估且相对低廉的，据调查显示，养老金买入失败的平均成本为 5 万英镑。第六，在国际会计准则下养老金买入不会对养老金计划发起企业造成重大的损益影响。

养老金买入的不足在于：第一，养老金负债仍停留在养老金计划的资产负债表上。由于发起企业购买的年金合同是养老金计划的资产，而不是计划成员的资产，因此养老金负债仍在发起人企业的资产负债表上。如果计划出现赤字，计划成员仍将面临发起企业无力偿债的风险，并且还间接面临再保险公司无力偿债的风险，除非买入交易已得到充分担保。第二，保险公司与养老金计划由于缺乏中介机构易引发信用风险，在任何养老金买入行为中，受托人都会承担再保险公司无法履行其合同义务的风险，再保险公司不为养老金计划的赤字兜底，易引发再保险公司的道德风险。第三，定价不合理，目前市场上的养老金买入与养老金全额买断的价格一致，但由于养老金买入和全额买断有区别，尤其是买断不需要考虑再保险公司的信用风险，因此养老金买入的价格稍低。第四，购买主体暂时只停留在 DB 计划中，DC 计划使用该工具的略少。第五，随着 2016 年 1 月偿付能力Ⅱ的生效，要求提供大额年金的再保险公司提高资本准备金要求，这自然会导致更高的风险转移成本，提高了大宗年金市场的定价，同时，养老金买入未能将长寿风险部分的负债从资产负债表中抹去，养老金买入的成本增加，其成本优势也越发不明显。根据某机构对 7 家再保险公司的养老金买入定价的调查显示，在偿付能力Ⅱ生效后的六个月，养老金买入平均上涨了 2%。

目前，英国市场在大宗年金市场采用的交易产品一般是养老金买入。由于养老金计划的去风险成本通常低于不采取任何行动的预期未来成本，所以大部分养老金基金会以养老金买入作为短期目标来管理长寿风险和投资风险；而他们的长期目标是将养老金买入计划转换为与同一家保险公司的养老金全额买断（很可能不需要额外成本）。于是，养老金买入普遍被认为是养老金计划发起企业为未来完全关闭计划的前期准备工具。

6.2.2 养老金全额买断（Buy-Out）

养老金全额买断是指养老金计划发起企业将其养老金计划的资产与负债作为整体打包出售转移给再保险公司，将最初作为养老金买入持有的批量年金分成一系列个人年金，由个人计划成员享有，计划成员都能与再保险公司签订年金合同。养老金全额买断通常是养老金发起企业计划终止的工具。发起企业向再保险公司支付保费，再保险公司根据买断交易条款，为受保障成员支付保单所列的福利，直至他们死亡，甚至提供任何死亡福利。养老金买入和全额买断交易构成了大宗年金市场（Bulk Annuity），其运行机制如图 6-4

和图 6-5 所示。

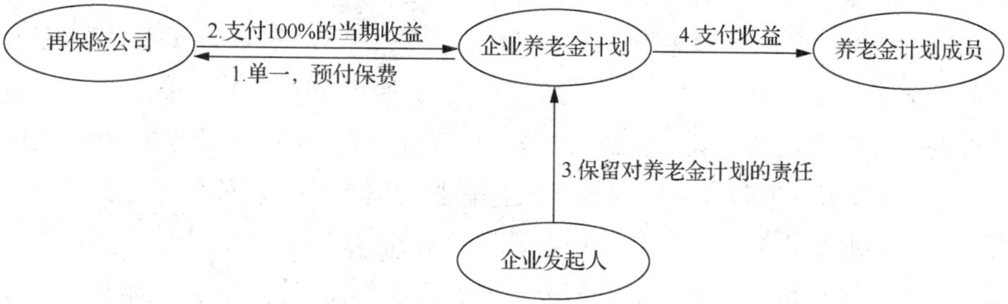

图 6-4　过渡时期养老金全额买断运行机制

资料来源：Rotheasy life 官网。

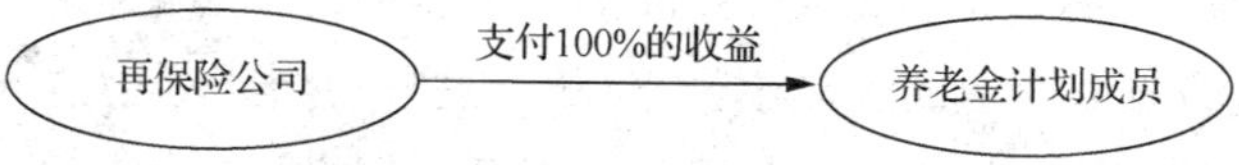

图 6-5　在将年金保险发放给成员后的养老金买断运行机制

资料来源：Rotheasy life 官网。

养老金全额买断有以下几种类型：①传统的全额买断，这需要将计划中的资产与负债转移给再保险公司，从而彻底解除了发起企业对养老金计划的责任，若要采取这个方案，该养老金计划价值需超过全额买断额，否则发起企业需向再保险公司承担的风险支付额外的费用。②结构性全额购买，发起企业就全额买断支付一系列保费，而非一次性付清所有保费，这将给发起企业更多时间来支付买断费用，同时从一开始就锁定成本并消除了企业内的长寿风险与投资风险。③部分全额买断，这在美国比较常见。对于某些发起企业而言，传统或结构性全额买断的成本相对较高或不符合他们的定制需求，他们可能更愿意使用再保险公司承担交易中的部分计划风险，而非所有风险，全额买断的是部分成员的保障义务。④利润分享型全额买断。这种方式与传统的分红保单相似，当计划出现利润余额时，发起企业可以收回其支付的部分保费。发起企业可以分享潜在获利，但无须支付额外保费。

2012 年 11 月，MNOPF 与 Rothesay life 达成价值为 6.8 亿英镑、覆盖超过 34000 名养老金计划成员的养老金计划整体风险转移的全额买断交易业务，成员包括延期支付和尚未领取养老金的成员。Rothesay life 于 2014 年 7 月向原计划中的所有成员发放保单并完成养老金全额买断交易，该项交易覆盖了 MNOPF 养老金计划 35%的养老金负债风险敞口，其剩余资金使所有投保人的养老金总收入提高了 2.2%。在此之前，MNOPF 养老金发起企业在 2009 年和 2010 年与 Lucida 再保险公司（现在为 L&G）进行了覆盖 MNOPF 养老金计划 65%的负债的养老金全额买断交易。2014 年 7 月，MNOPF 关闭了总计 13 亿英镑的养老金计划（包括旧计划在内）并将整体风险转移给了再保险公司。该项交易是一次成功的养老金全额买断的交易，MNOPF 养老金计划的主席指出："该项交易对于雇主和雇员来说是双赢，它既为雇员提供了固定安全的养老金福利，又为雇主提供了一个有效管理风险的工具。"

养老金买断是固定给付型养老金计划发起企业管理长寿风险最常用的一种风险转移的非证券化的工具，其优势在于：第一，完美地匹配对冲风险。养老金买入和买断构成的年金市场是唯一且能完美地对冲掉利率风险、长寿风险、投资风险的资产类别。养老金全额买断的类型多样，发起企业与再保险公司可以协调寻找适合发起企业的养老金全额买断类型；养老金全额买断将养老金计划的整体风险转移给再保险公司，保险公司向计划成员支付年金，企业发起者将不再承担养老金计划中的任何风险。第二，降低了发起企业的日常管理成本，消除了发起企业的行政、精算和投资管理费用，同时也能保证公司的保费支付。第三，从资产负债表中将养老金负债剔除，在发起企业没有现金资源支付全部养老金全额买断的情况下，养老金赤字（在买断的基础上）经常被贷款所取代，而贷款与波动的养老金债务不同，是投资分析师和股东很容易理解的负债。公司避免了因养老金计划而导致的损益账户波动，避免了对 PPF 的征税，避免了养老金计划的管理费以及养老金计划对企业价值的潜在拖累，在发起企业重组时发挥着杠杆作用。第四，提高了发起企业资本的安全性与确定性。企业有足够多的资金进行投资决策，有更大的自主权，这是一种能够有效避免发起企业未来陷入财务困境的解决方案，企业意识到，要想成功，它们需要把所有可用的财务资源集中在业务上。由于员工养老金继续占据着越来越大的支出项目，因此以一种不会直接促进业务目标的方式使用公司的财政资源，雇主不再认为它们是可行的选择。企业感到了收紧财务预算的压力，可能会进行养老金买断计划，以避免未来陷入财务困境。第五，相较于证券化的长寿风险转移工具而言，养老金全额买断的成本更小，而且仍在下降。第六，养老金全额买断将风险转移给再保险公司，再保险公司具有相关风险转移和规避的专业人士和丰富的经验。除此之外，大宗年金市场发展相对成熟，市场流动性相对较高，市场参与度较高，经验和技术相对成熟。第七，规避了不断变化的监管政策给企业带来的成本和经营的不确定性，尤其是 2016 年 1 月后在 Solvency Ⅱ

规定下，如果保险公司的债务得到适当对冲，其监管资本可能会减少，这使养老金全额买断更具有吸引力。第八，规避了养老金计划给企业造成的法律风险。美国立法改革提高了PBGC（养老金福利担保公司）保费（相当于PPF税），2010~2018年，预估每个成员每年的统一税率将翻一番。例如，对于一个月退休金为100美元的成员来说，PBGC溢价可能占资产负债表准备金的25%以上。这导致市场上出现了一个有趣的特征，那些负债较低的成员正被买断，即所谓的“底部分层”，这与英国的“顶部分层”趋势形成了有趣的对比。另外，根据爱尔兰的立法，爱尔兰的养老金计划要求以买断方式进行。第九，相比受制于再保险公司的信用风险的养老金买入工具而言，养老金全额买断能够使养老金计划得到全额担保。第十，与养老金买入一样，对于单个的养老金计划而言，养老金买入属于定制化长寿风险管理工具，能够很好地规避基差风险。

但养老金全额买断仍旧有其不足：第一，长寿风险并未单独剥离开来，养老金全额买断仍然受宏观经济波动的影响。与长寿相关的资产的主要吸引力之一是它们区别于金融资产，不随金融资产的变动而变动，这使长寿风险转移产品成为一种具有吸引力的资产，可以投资于多样化的投资中，但养老金全额买断并未将长寿风险从风险管理中剥离开来，这使管理长寿风险的效果大打折扣。第二，风险不能完全消除，养老金全额买断仍旧是将风险转移到另一个主体上，长寿风险的承担者仅仅是从发起企业转移到再保险公司。第三，缺乏灵活性，减少了再保险公司未来的投资机会，增加了再保险公司的投资成本。第四，相对于养老金买入而言，其交易更复杂，所需要的筹备和交易时间更长，成本相对来说较高。第五，养老金全额买断并不一定能提高发起企业的股东价值，事实上，养老金全额买断是将养老金负债转入一个更加严格、复杂和欠缺灵活的偿付制度中，降低了其经济价值。第六，养老金买断是一个不可逆的交易工具，一旦进行了养老金全额买断，如果情况发生变化，买断价格在未来会更低，通常就无法重新谈判。例如，长期利率的上升导致用于评估养老金债务的贴现率也在上升。此外，再保险公司本身也存在破产的潜在风险，在这种情况下，养老金领取者将无法求助于PPF。然而，由于再保险公司是作为具有偿付能力资本要求的保险公司成立的，在英国等国家，这种风险实际上应该非常低。

养老金买入和养老金买断的区别在于：第一，年金的所有权不同。若所有权仍为企业所有，那么便为养老金买入。若所有权转交给了计划参与者个人，则为养老金全额买断。第二，信用风险不同。养老金全额买断是将养老金债务从资产负债表上抹去的最直接方式。因此，拥有收购的养老金公司不受交易对手风险的影响。然而，养老金买入是以退休金托管人的名义登记的，而退休金公司的负债仍然存在。由于买入保险公司的负债通常没有完全担保，信用风险产生。第三，交易完成时间不同。相较于养老金买入，养老金全额买断交易完成的时间更长，养老金全额买断的交易更为复杂，技术要求相对更高。第四，成本不同。养老金买入的前端保费比养老金全额买断的保费要低，同时由于养老金买入存在信用风险，因此它们定价也应有所差别，但现在大部分国家使用美世全球养老金买断指数（Mecer Global Pension Buyout Index）将两者的定价一致化。

那么，对于要进行大宗年金交易的再保险公司与养老金发起企业而言，面对养老金买入和全额买断，应如何抉择呢？这里有几种参考依据：第一，按照计划成员年龄抉择。根据咨询公司 Punter Southall 的说法，对 70 岁以上的退休人员进行买断，将会比对 70 岁以上的人进行养老金买入更便宜。第二，按照监管制度划分。在 2016 年后，随着偿付能力Ⅱ的出台，更多养老金计划选择养老金买断来进行长寿风险的管理。第三，长短目标的抉择。对于大部分养老金计划而言，短期目标一般选择养老金买入，长期目标为关闭或冻结养老金计划则选择养老金全额买断。第四，近年来随着精算师协会（Society of Actuaries）连续更新预期寿命表，许多发起人采用了新的死亡率表来评估他们的养老金负债。然而，这些新的长寿假设已被保险公司采用，因此不会影响年金价格，这意味着买断成本相对于资产负债表债务而言，现在更具吸引力。表 6-1 是美国与英国大宗年金市场交易的区别。

表 6-1 美国与英国大宗年金市场交易的区别

	英国	美国
常见的交易类型	养老金买入：个人养老金领取者的医疗保险曾被用来提高定价	2/3 的市场活动集中在退休人员买断，而剩余的买入活动则集中在促进买断计划的终止上。有限使用养老金买入或其他专业合同
定价	与通胀挂钩的养老金计划 接近政府债券收益率的定价 提前设定定价机制	非通胀挂钩养老金计划 公司债券和政府债券之间的定价 定价方法根据交易的复杂程度而有所不同：从单日报价到预先定价不等

续表

	英国	美国
交易时间	通常对交易进行4周的准备期，例如，获得约定的合同并建立资产转移流程	取决于交易的复杂性，简单的交易通常在选择保险公司后的3~5个工作日内转移资产，复杂的交易可能需要2~3个月的选择和结束
过程	通常由受托人领导，并有发起企业的参与	保荐人与计划受托人共同承担责任；计划受托人最终负责选择再保险公司
保险人担保制度	偿付能力Ⅱ规定了保险公司必须储备的资本。审慎监管局（PRA）监管保险公司。金融服务赔偿计划（FSCS）为保险公司无力偿债提供100%的利益保障	保险公司必须遵守国家保险专员协会（NAIC）和国家保险委员会制定的标准/法规。国家担保协会为保险公司破产提供保险。保险金额从10万美元到50万美元不等，保险公司向投保成员提供的年金福利的现值

自2014年3月以来，养老金全额买断与养老金买入的价格参照美世全球养老金买断指数（Mecer Global Pension Buyout Index），该指数监测了美国、英国、加拿大、爱尔兰、荷兰和德国大宗养老金年金交易定价的总体趋势，2016年11月至2017年11月的全球指数与六个国家的走势如图6-6所示。其中，英国的养老金全额买断的定价即成本包含了通胀因素，由于与通胀挂钩，因此英国的总体定价比其他五个国家的定价都要高。

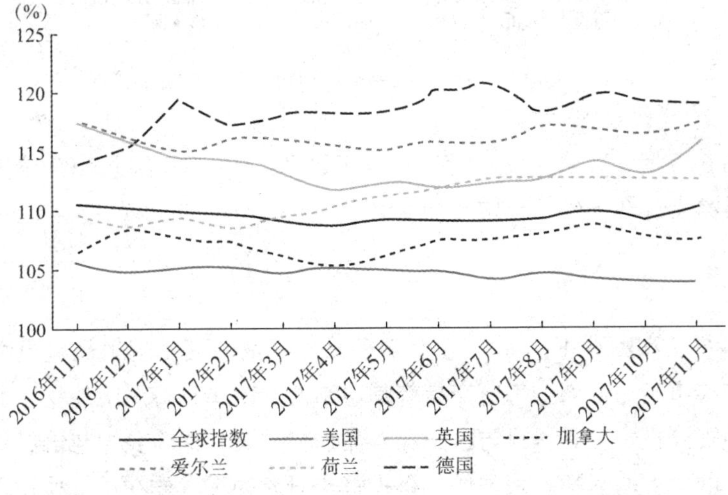

图6-6　2016年11月至2017年11月美世全球养老金买断指数走势

资料来源：Mecer官网。

自2006年以来至2018年上半年，大宗年金的定价处于现阶段最高水平。这是由以下六个因素驱动的：第一，大量证据表明全球寿命改善放缓。第二，保险公司和再保险公司支持其定价继续改进。第三，保险公司和再保险公司之间激烈的价格竞争。第四，收购融资活动成本提高，人们的负债成本有所提高。第五，最近的市场低迷、低利率环境、新的养老金会计标准导致了养老金赤字，不断增加的养老金赤字使公司风险更大，因此更难获得信贷。因此，公司可能不得不放弃其他有利可图的项目。第六，相对于已发生的交易活动而言，养老金负债的总体规模巨大，公司与市场面临着巨大的养老金赤字的风险敞口，图6-7显示了英国固定给付型养老金赤字的总体缺口与已发生的大宗年金以及长寿互换交易的比较。以上因素导致大宗年金市场的销售活跃与发展。

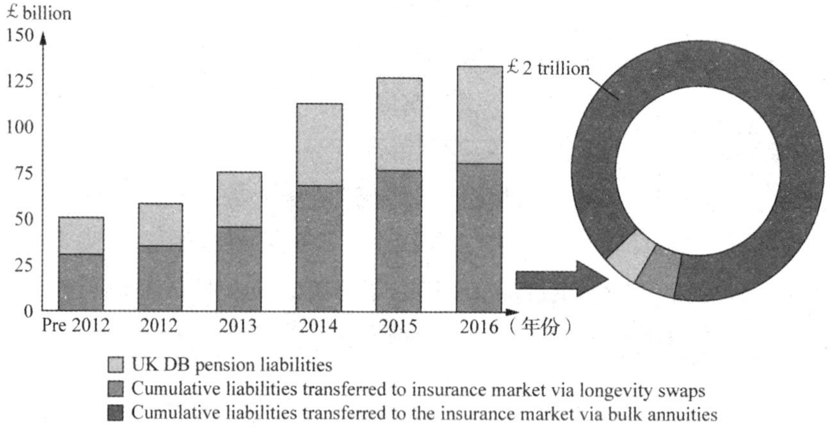

图6-7 2012~2016年养老金计划对冲长寿风险的进展

资料来源：Wills Towers Watson。

如图6-8所示，自2007年至2017年以来，大约有超过3600亿美元的长寿风险转移交易在美国、英国及加拿大发生。

6.2.3 长寿互换

如图6-7和图6-8所示，近十年来长寿互换的交易规模越来越大，在长寿风险转移市场的初期，每笔交易都是定制的。由于长寿风险独立于股票、债券等金融资产投资工具，只与时间和寿命趋势相关，保险公司与再保险公司对风险资产的投资的兴趣越来越低，将投资与研究的重点放在了单独长寿风险转移上，长寿互换随之发展起来。长寿互换也可以称为生存者互换，是长寿风险

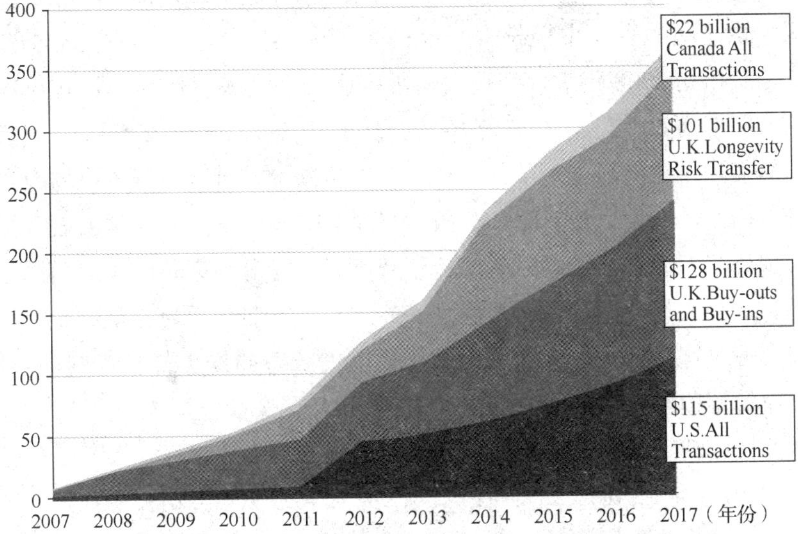

图 6-8　2007~2017 年以来三个国家长寿风险累积的交易量和交易工具

资料来源：LIMRA，Hymans Robertson，LCP and Prudential analysis，2017 年 12 月 31 日。

规避者（一般为养老金计划企业）与互换对手（保险再保险公司）之间定期进行的一系列现金流的金融衍生工具。一般而言，是将受长寿风险影响的浮动的养老金负债与固定的一系列现金流进行交换。

长寿互换一般分为两种类型：第一种，传统的长寿互换，从养老金买入和养老金全额买断改进而来的保险型长寿互换。第二种，资本市场型长寿互换，将资本市场投资者引入长寿风险转移市场，不是单纯地将长寿风险从一个公司转移到再保险公司，而是将长寿风险转移到资本市场的一种金融衍生工具。长寿互换与大宗年金交易工具的最大区别在于：长寿互换仅转移了长寿风险，没有资产被转移，养老金计划通常保留与资产组合相关的投资风险和通胀风险。

保险型长寿互换的结构看似简单：由再保险公司承担责任，付给特定养老金领取人实际利益或年金组合，以换取发起企业的固定的再保险保费。再保险保费遵循预期的养老金福利（或年金）模式，并反映了再保险公司对投资组合中未来存续权的看法以及承担风险的保证金，发起企业有对养老金计划的所有权与控制权，再保险公司仅需要承担养老金计划中的长寿风险。

资本型长寿互换往往是基于参考人群的人口死亡率统计数据，而不是养老计划或年金账簿上的个人进行互换，参与主体为投资银行、养老金计划发起公司（或者年金保险公司）、资本市场投资主体和养老金计划成员。在荷兰，保险公司主要使用“资本市场长寿互换”来管理长寿风险。第一次基于资本市场的长寿互换是2008年7月摩根大通集团和加拿大人寿保险公司在英国进行的，该合同期为40年，价值5亿英镑，标的物为12500多名年金领取者的年金业务的实际生存指数，而不是市场指数。这项交易首次将资本市场投资者引入长寿市场，其长寿风险转移和分散的路径为：长寿风险从加拿大人寿保险公司转移到摩根大通集团，然后直接转移到投资者身上。需要注意的是，摩根大通集团与加拿大长寿保险公司互换是一种定制化掉期，因为它与对冲者的实际死亡率有关。迄今为止，英国所有基于保险的长寿掉期也都是定制的。然而，这类互换的定价较难，而且可能比基于参考人群（如全国人口）死亡率经验的指数互换更缺乏流动性。在资本市场上出售的大多数长寿互换产品都是以指数为基础的。图6-9为摩根大通集团与加拿大人寿保险公司长寿互换的现金流交换图，其运作流程为：制定一套预先商定的固定支付，每笔支付都基于加权生存率（已实现的生存率），并收取其需要支付的实际养老金。资本市场型长寿互换的运作机制如图6-10所示。

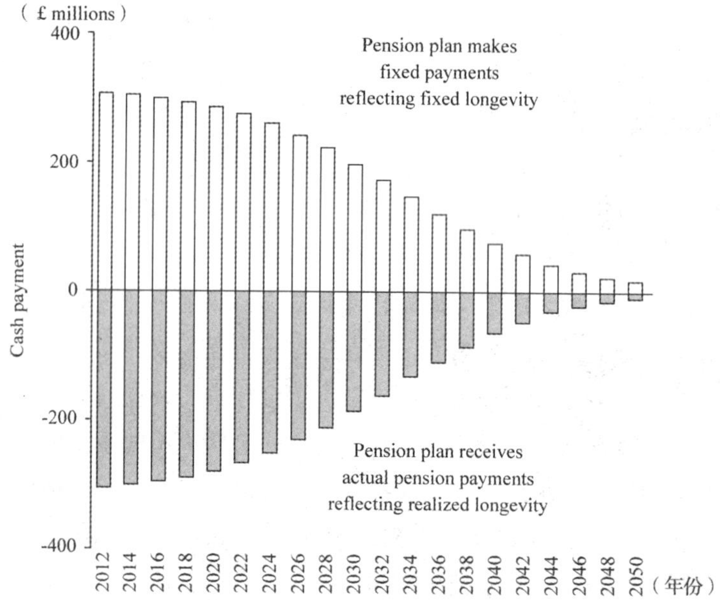

图6-9 摩根大通集团和加拿大人寿保险公司长寿互换的现金流

资料来源：David等（2013）。

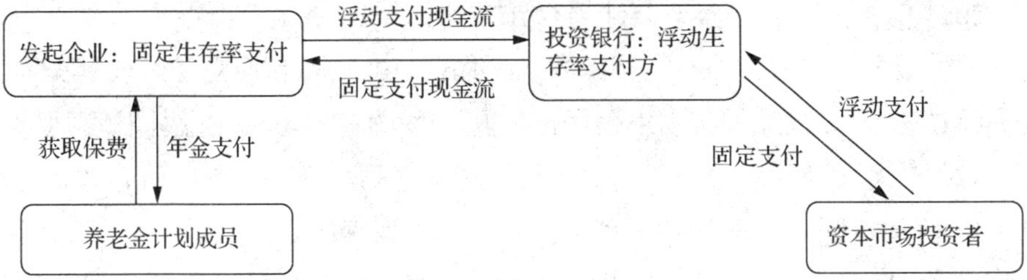

图6-10 长寿互换的运作机制

表6-2显示了传统型长寿互换与资本市场型长寿互换的区别，并结合两者的优势，避免单一方法的局限设计出一种“中间方式”的长寿互换。“中间方式”的长寿互换能够在消除基差风险障碍的同时保持资本市场长寿互换的优势，如它能够对风险进行分段转移，并将交易损失降至最低。

表6-2 两种长寿互换的区别以及“中间方式”长寿互换的特点

互换类型 特征	传统互换	中间方式	资本市场互换
人口覆盖率	基于养老金领取者的实际组合	基于养老金领取者的实际组合	基于标准化的人口死亡率
人口基差风险	没有	没有	有基差风险
风险覆盖	用现金覆盖	不能完全覆盖	不能完全覆盖
成熟合理的交易期限	长期(20~60年)	协商后的中期(5~20年)	协商后的中期(5~20年)
支付频率	定期“浮动”支付,月度或年度	最后一次浮动支付	最后一次浮动支付
支付的特点	无最大支付限度	最大支付封顶	最大支付封顶
交易对手	寿险公司	投资银行	投资银行
风险分散效力	风险分散比较有限(单一寿险公司管理风险)	有效分散长寿风险	投资者众多,有效分散风险
担保	在法律上属于保险合同,无须担保	无须担保	属于真正的金融衍生工具,需要资产担保
信用风险来源	资本市场上的众多投资者		单一的寿险公司
案例	Babcook:5亿英镑(2009年);Rolls Royce:30亿英镑(2011年);Astra Zeneca:25亿英镑(2013年);AXA:7.5亿欧元(2014年)等	暂时没有此项交易	Aegon:120亿欧元(2012年);Aegon:140亿欧元(2014年);Delta Lloyd:120亿欧元(2014年);Delta Lloyd:120亿欧元(2015年)

2014 年，英国电信养老金计划（BT Pension Scheme）进行了迄今为止市场上规模最大、价值为 160 亿英镑的、最具创新的长寿互换交易。该笔交易覆盖了超过 32 万名成员的实际生存率指数和 25% 的英国电信的总体长寿风险敞口，是预期寿命与实际寿命的互换。为了完成这笔交易，英国电信养老金计划（BT Pension Scheme）在根西岛建立了自己的专属保险公司，是第一个使用 Insurance Captive 的养老基金，无第三方中介，BTPSI 有限公司为长寿风险提供保险。随后，英国电信的根西岛子公司将风险重新分配给美国普天寿保险公司（Prudential Insurance Company of America），完成了一项完全担保的安排。图 6-11说明了该项交易的运作流程。英国电信 2015~2017 年的长寿互换后的养老金账户的损益如表 6-3 所示。

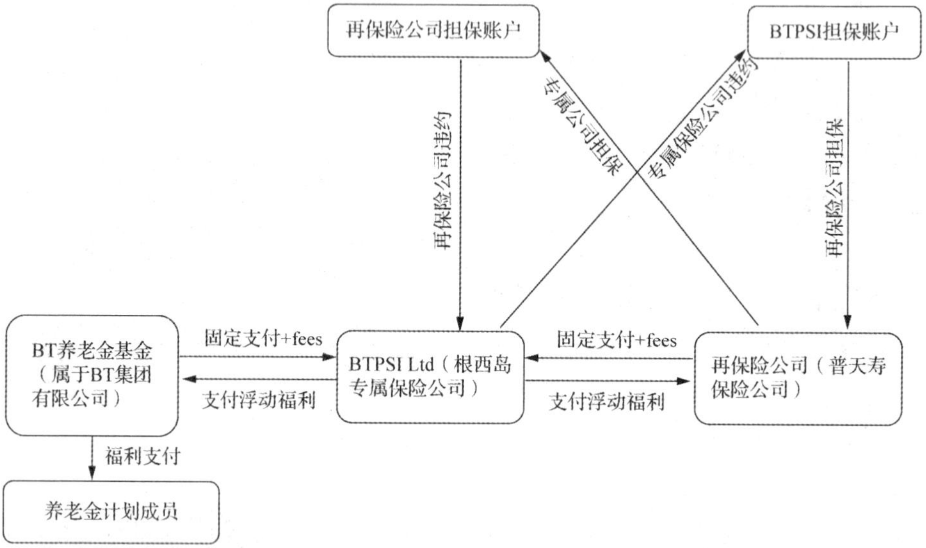

图 6-11 2014 年英国电信 160 亿英镑的长寿互换流程

资料来源：Prudential（2015）。

表 6-3 英国电信养老基金 2015~2017 年年报相关账户损益

相关账户	2017 年	2016 年	2015 年
养老金损益	-600 万英镑	-400 万英镑	-300 万英镑

此笔交易的特殊性在于：第一，是有史以来完成规模最大的长寿互换；第二，初次使用了养老基金拥有的专属保险公司；第三，允许 BTPS 覆盖 25% 的长寿风险，将固定且已知的未来负债与世界级资产管理计划相结合；第四，允许 BTPS 随着时间的推移为其降低风险付出代价，并消除无回报的风险；第

五，为全球最大的养老基金管理长寿风险提供一种经过验证的方法。长寿互换是英国电信公司的首选方式，因为该计划本身就是一个世界级的资产管理公司，而且它可以根据已知的固定负债继续管理资产。此外，根据固定负债现金流管理资产组合要比根据未知和不可知的负债管理资产容易得多。

长寿互换作为定制化的长寿风险转移工具之一，与养老金买入和全额买断相比，当养老基金和保险再保险公司需管理它们所面对长寿风险时，该如何做出抉择呢？Prudential 相关报告指出，若一家发起企业同时具备以下大部分特征，则可以选择定制化的长寿互换。第一，发起企业的养老金规模较大；第二，发起企业养老基金需支付高额的固定收益分配；第三，养老金支付在负债中占比较高；第四，企业更倾向于保留投资和利率风险；第五，更愿意随时间支付即分期支付。

除上述发起企业自身的原因外，长寿互换有其自身的优势与不足，因此有不同的养老金发起企业对其进行抉择。长寿互换的优势在于：第一，长寿互换作为定制化的长寿风险转移工具，能够完美地对冲长寿风险并且不存在基差风险。第二，长寿互换对冲的仅仅是长寿风险，将养老金计划中的长寿风险剥离开来，而长寿风险的趋势独立于投资风险、通胀以及利率风险的趋势，使长寿互换成为一种独立于股票和债券的具备吸引力的投资工具。第三，由于长寿互换属于金融衍生工具，受到的监管较养老金买入和买断而言更少，并且与买断相比，长寿互换前期不需要支付大量的保费。与大宗年金市场的交易工具相比，其监管成本与经济成本更具有吸引力。第四，操作相对简便，与长寿债券以及侧挂车等长寿证券化工具相比，长寿互换的运行结构相对简单，且中断交易也相对容易。第五，对于发起企业与计划成员而言，为他们提供了固定且安全的资金担保。第六，长寿互换的形式多样，发起企业可以根据自身情况进行定制化，除了普通的生存互换之外，还有浮动对浮动型长寿互换、跨货币长寿互换以及远期长寿互换等形式。第七，对于选择资本型长寿互换的发起企业和保险公司而言，资本型长寿互换将长寿风险转移到了资本市场，是一个有限分散长寿风险的工具。

但因长寿互换有其自身的不足，所以长寿互换并未完全挤占长寿风险转移市场的份额，其局限性在于：第一，长寿互换的流动性较差。由于长寿互换属于定制化工具，所以不可避免地面临着流动性的问题。第二，尽管将长寿风险从养老金计划中移除，但养老金计划的所有权与控制权仍归发起企业所有，养老金计划未从资产负债表中移除，容易受到监管政策的影响，增加了监管成本要求（偿付能力Ⅱ增加了资本准备要求）。第三，由于长寿互换属于场外交易，信用风险较高，尤其是从单一寿险公司的信用风险（传统型长寿风险转移工具：Buy-In、Buy Out以及保险型长寿互换）转移到了众多投资者的信用风险，不确定性大大增加。第四，长寿互换的定价一般是由互换双方协定而成，交易双方匹配困难，没有规范的市场定价准则与标准，不完全市场定价方法使长寿互换交易达成率较低。第五，长寿互换具备模型风险。长寿互换死亡率与生存率的建模相对困难，现阶段大部分长寿互换依赖于精算、死亡率预测等技术手段，目前长寿互换主要采用Wang转换定价方法，但此定价方法不适合对不同群体和死亡率期限结构长寿风险进行精准定价。

6.2.4 长寿债券

随着时间的推移，保险再保险公司和咨询公司积累了相当丰富的经验，长寿风险转移市场的新参与主体推动了该市场的竞争。更标准化的市场条件已经发展，长寿债券又一次受到广大投资公司以及保险公司的关注。长寿债券是标准化的长寿风险对冲产品，是一种金融机构能用来对冲整体长寿风险即系统性长寿风险的工具，但长寿债券不涉及偿还本金，它的票面利率与标的人群的存活率挂钩。长寿债券一般有以下两种类型：连续型长寿债券以及长寿价差债券（Longevity Spread Bond）。

连续型长寿债券是一种以某类特定人群的未来实际生存率为息票利率的债券，息票金额随生存率而发生的连续变动。连续型长寿债券的运行机制如图6-12所示。

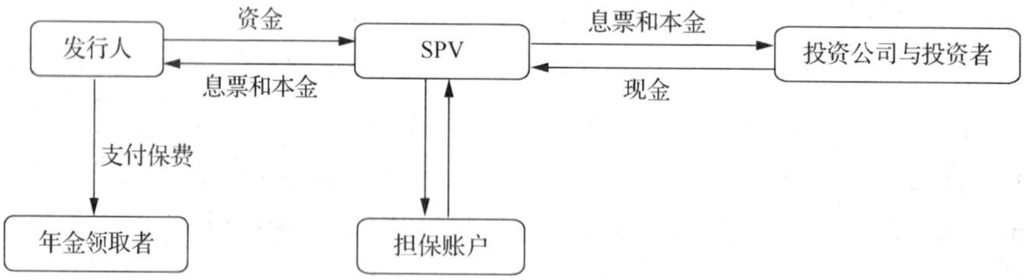

图6-12 连续型长寿债券运行机制

典型的连续型长寿债券为EIB长寿债券，是世界上发行的首支长寿债券，为英国养老金计划和有长寿风险敞口的英格兰与威尔士寿险公司提供保险。该债券于2004年11月提出，发行方为欧洲投资银行（European Investment Bank），并定期支付与生存率指数挂钩的浮动英镑息票，法国巴黎银行（BNP

Paribas）担任长寿债券的设计方与管理方并与欧洲投资银行进行了跨期利率互换交易，Partner Re 再保险公司管理与承担着该债券的长寿风险，为长寿风险提供专业的再保险。该债券的期限为 25 年，总发行额为 5.4 亿英镑，初始利息为 5000 万英镑券，本金不会返还，息票利率是基于英国国家统计局公布的 2003 年英格兰和威尔士 65 岁男性的死亡率数据。在这种结构下，法国巴黎银行将有效承担投资风险，而与法国巴黎银行达成协议的 Partner Re 再保险公司将承担长寿风险。该债券被评为 AAA 级，相当于欧洲投资银行（EIB）的评级，因此，承保范围的购买者将面临 AAA 级交易对手风险。该债券的运行机制和预计现金流分别如图 6-13 和图 6-14 所示，其中 S_t 表示的是实际生存率指数，S_t^e 表示的是预期生存率指数。

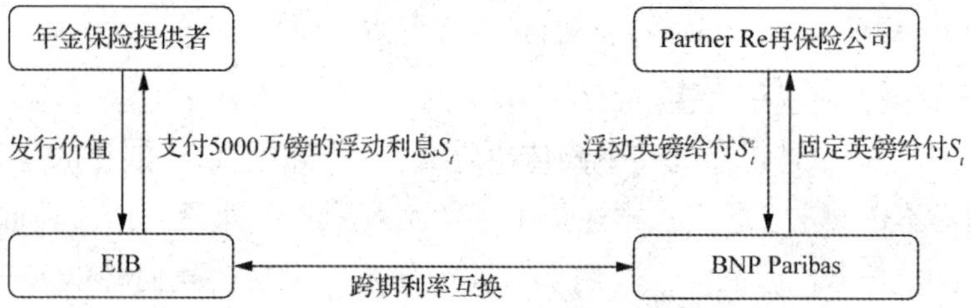

图 6-13　EIB 长寿债券运行机制

资料来源：EIB。

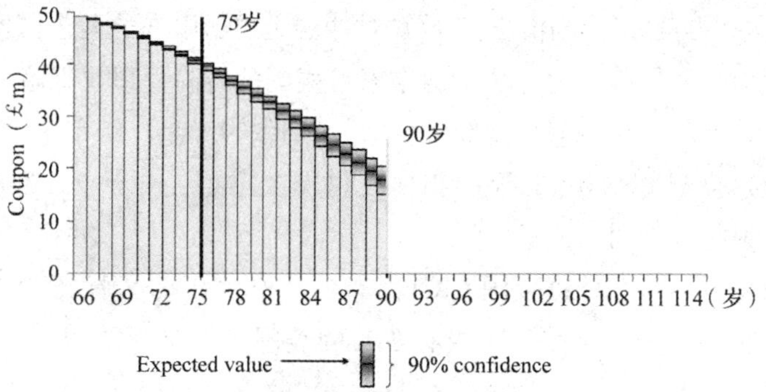

图 6-14　EIB 长寿债券预计的现金流

资料来源：Blake 等（2006）。

EIB 长寿债券由于未引起投资者足够的兴趣，于 2005 年底撤回发行，发行失败。其失败的主要原因在于：第一，长寿风险债券的价格太高。养老保险行业认为这是其发行失败的首因。第二，2004 年长寿死亡率模型的操作技术与死亡率精算发展尚未成熟，长寿债券定价不够成熟，不被大众认可。第三，标准化长寿债券有较大的基差风险，长寿风险转移市场的基差风险相较于其他资本市场而言影响更大。第四，EIB 长寿债券的长寿风险仅由 Partner Re 再保险公司承担，市场参与主体对 Partner Re 再保险公司单独管理长寿风险的能力产生了质疑。第五，它的期限只有 25 年，该期限远不能对冲养老基金的长寿风险。第六，它的死亡率与生存率样本人群仅考虑了英国和威尔士 65 岁的男性人群，未考虑不同年龄不同性别的长寿风险。第七，对于投资者而言，投资门槛相对较高。第八，养老保险行业委托机构的缺失。

随着连续型长寿债券 2005 年发行失败，长寿价差债券借鉴 2003 年 12 月发行的瑞士再保险死亡率巨灾债券的发行结构，于 2010 年正式发行 Kortis 债券，它被誉为全球第一支“长寿价差债券”。长寿趋势债券（Longevity Spread Bond）与以往的死亡率和寿命证券化不同的是，该债券与两国之间死亡改善率的差异有关，而不是直接与死亡率或标的人群中的存活率有关，其面值或者息票利率由生存率是否达到某个阈值决定，类似于向上敲出期权的运行机理。Kortis 债券不仅规定了触发点，还指出了“消耗点”（即最高值，类似于向上敲入期权）。长寿价差债券一般用来对冲尾部基差风险，我们将以 Kortis 债券的运行机制及其特点来详细阐述长寿趋势债券。

2010 年 12 月，瑞士再保险公司发行了一种名为 Kortis 的长寿价差债券，设立了总部位于开曼群岛的一家特殊目的公司——Kortis Capital，该公司的名义价值为 5000 万美元。Kortis 债券旨在对冲瑞士再保险在这两个国家的长寿风险敞口即相对长寿风险，这一风险通常来自美国的寿险保单再保险和英国的年金保险。该债券的发行规模为 5000 万美元，期限为 8 年。Kortis 债券以高于伦敦银行同业拆借利率 5.0%的浮动利率支付季度息票，并于 2017 年 1 月到期（可延期至 2019 年 7 月）。

该长寿债券的指数依据英国 GAD 发布的英格兰和威尔士 75~85 岁的男性年化死亡改善率与美国疾控预防中心发布的美国 55~65 岁的男性年化死亡改善率之间的差异，衡量的是两国标的人群死亡改善率的相对差异，即长寿价差指数（Longevity Divergence Index Value，LDIV）。这两种死亡改善率的选择时间从 2009 年 1 月 1 日到 2016 年 12 月 31 日，持续了 8 年。该债券出售所得款项存入评级为 AAA 的国际复兴开发银行（即世界银行）的一个担保账户，债券的标准普尔评级为 BB+，设计模型选取了 RMS 模型——基于“Vitagion 类别”的死亡率模型来预测英格兰、威尔士和美国等地区的人口死亡率。该债券的运行机制如图 6-15 所示。

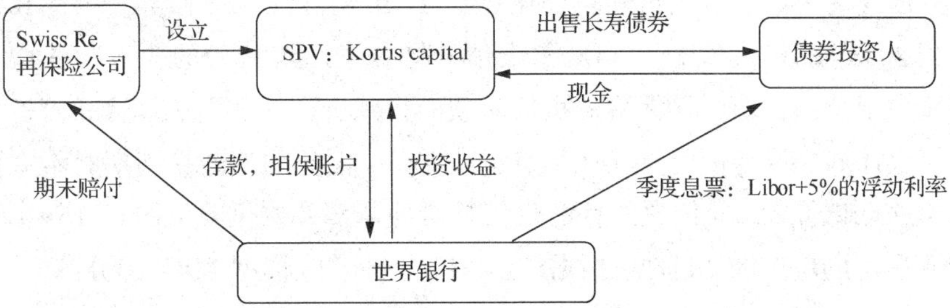

图 6-15　Kortis 债券的运行机制

资料来源：Blake 等（2015）。

Kortis 债券涉及两个指数的计算，即长寿差价指数（LDIV）和本金减免因子（PRF），LDIV 指标的建立步骤如下：

首先，将观察到的不同年龄段的男性在每个人群中的死亡改善率定义为：

$$Improvment_{n}^{(p)}(x,t)=1-\left[\frac{m_{x,t}^{(p)}}{m_{x,t-n}^{(p)}}\right] \tag{6-1}$$

其中，$m_{x,t}^{(p)}$ 为在 t 年 x 岁人群 p 的男性死亡率，p 为债券的平均周期，式（6-1）采用了平均 8 年的周期来计算观察到的死亡率改善情况，以便 Kortis 债券建立［2009，2016］的改善率指数。

其次，计算出各个国家各年度的改善率指数，其计算公式为：

$$\text{Index}(t,p)=1/(1+x_2-x_1)\sum_{x=x_1}^{x_2}\text{improvement}_{8}^{(p)}(x,t) \tag{6-2}$$

其中，$Index$（t，p）代表观察到的 x_1 岁和 x_2 岁之间的人群 p 在年度 t 至第 8 年的平均改善率，这里的 p 代表的是不同国家的人群。为了对冲不同国家相关人群平均年龄差异的基差风险，用 $\text{Index}(t,EW)$ 来计算威尔士和英格兰的男性人口年龄在 75~85 岁的指标（$x_1=75$，$x_2=85$），用 $\text{Index}(t,US)$ 来计算美国男性人口年龄在 55~65 岁的指标（$x_1=55$，$x_2=65$）。

最后，t 年的 LDIV 的计算公式为：

$$\text{LDIV}(t)=\text{Index}(t,EW)-\text{Index}(t,US) \tag{6-3}$$

PRF 的计算公式如下：

$$PRF=\max\left(\min\left(\frac{LDIV(2016)-3.4\%}{3.9\%-3.4\%}\right)\right) \tag{6-4}$$

Kortis 债券的本金会被“本金减免系数”（PRF）降低，其中 3.4%被称为“依附点”，而 3.9%被称为“消耗点”。在到期时，如果这个长寿差异指数

（LDIV）值大于 3.4%，债券本金将线性减少，超过 3.9%，则本金完全耗尽。在这方面，它类似于瑞士再保险公司在 2004 年发行的 Vita 债券。因此我们看到，若 2008~2016 年英格兰和威尔士债券结构中已观察到的改善率的增长速度明显高于美国，瑞士再保险的负债对债券将减少，抵消不良风险和储备金较高的年金计划。设定依附点和耗尽点，使 Kortis 债券的本金在到期时不太可能减少，这意味着 Kortis 债券的目的仅仅是对冲尾部基差风险。图 6-16 和表 6-4 分别说明了历史上的 LDIV 曲线的走势和基于 RMS 模型 LDIV 的分布。

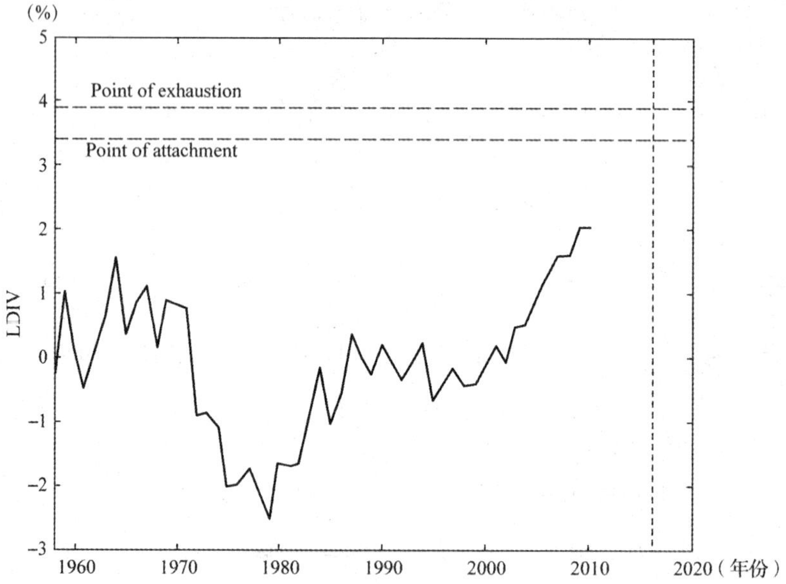

图 6-16 历史上的 LDIV 曲线

资料来源：Blake 等（2015）。

表 6-4 基于 RMS 模型的 LDIV 的分布 单位：%

LDIV≥	PRF≥	概率
3.4	0	5.31
3.5	20	4.32
3.6	40	3.48
3.7	60	2.82
3.8	80	2.28
3.9	100	1.81

资料来源：2010 年标准普尔。

图6-16显示了LDIV的值，该值是根据英格兰和威尔士以及美国的人类死亡率数据库（人类死亡率数据库（2014））的数据在1958~2010年计算出来的。可以看出，在过去的50年里，历史上的LDIV没有达到依附点的程度，这支持了设计Kortis债券来对冲尾部基差风险的猜想。

表6-4显示了依据2010年的标准普尔指数做出的LDIV的分布，其概率是基于RMS模型预测得出。表6-5给出了Blake等（2006）使用“General Procedure”模型的概率与其之间的比较。

表6-5 两种不同模型对PRF分布的概率的比较 单位：%

PRF≥	“General Procedure”的预计概率	RMS的预期概率
0	4.34	5.31
20	3.58	4.32
40	3.04	3.48
60	2.48	2.82
80	2.10	2.28
100	1.76	1.81
期望损失	2.82	3.27
有条件的预期损失	65	62

相对于连续型长寿债券，以Kortis债券为代表的长寿趋势债券的发行更为成功，其优势在于：第一，长寿趋势债券预示着一种全新的风险转移方式，即将长寿风险从保险公司和再保险公司转移到投资者手中，将长寿风险分散。第二，发行人是寻求对冲风险的一方，这意味着债券可以进行有效的风险转移，设定高于LIBOR的浮动息差，以满足风险寻求投资者的需求。第三，它的结构与现有的巨灾债券相似，特别是与瑞士再保险公司（Swiss Re Vita Bond）开创的死亡率巨灾债券（Vita债券）相似。这意味着投资者将熟悉这种结构，这增加了债券的吸引力，从而提高了债券的市场性。第四，LDIV指的是长寿差价指数，这是讨论长寿风险的一种自然方式，在实践中经常被精算师使用。第五，它是一种相对短期的票据，这使它更适合于与保险相关的证券投资者、对冲基金和其他具有相对短期投资视野的投资者。第六，浮动利率息票比伦敦银行同业拆借利率（LIBOR）高出很多，这在目前低收益的投资环境下可能非常有吸引力。第七，相对较小的发行规模降低了投资门槛，也减轻了投资者投资初始资金的压力。第八，长寿趋势债券能够获得市场评级为其在二级市场交

易提供了基础和流动性。第九，长寿趋势债券比连续型长寿债券更能有效地分散长寿风险，有利于吸引投资者积极参与市场。

但以 Kortis 债券为代表的长寿趋势债券有如下缺点：第一，Kortis 债券的 SPV 公司的名义价值只有 5000 万美元，规模非常小，这显然意味着它的设计是为了试点一种新型资本市场工具；第二，Kortis 债券作为标准化产品，最大的缺点便是其基差风险，不同于金融产品的基差风险，长寿风险的基差风险影响更大；第三，模型选取风险，Kortis 债券选取了 RMS 模型对 LDIV 和 PRF 进行计算，但表 6-5 通过对比体现出了不同模型选取下的本金减少系数（PRF）的概率差异；第四，基表风险较大，长寿趋势债券选取了不同国家特定人群的已观察到的死亡改善率，该死亡改善率存有白噪声，会导致模型计算产生误差，一旦数据和模型有误，该产品的设计并不能完全对冲尾部基差风险；第五，尽管长寿趋势债券比连续型长寿债券更能有效分散长寿风险，但长寿趋势债券受制于设计机制、死亡率预测、定价方法和市场参与者，导致长寿债券市场的发展受局限。

总而言之，长寿债券能有效解决以下两个问题：第一，年金的大幅增长可能导致不健康的风险集中在少数保险公司，如果死亡率改善速度快于预期，就会导致保险公司和年金公司破产。第二，不可对冲的风险如长寿风险会增加成本，减少年金收入。2016 年 1 月颁布的偿付能力 Ⅱ 要求为不可对冲风险的债务增加资本金，额外资本的成本将不得不转嫁给客户，这导致年金可提供的收入大约减少 10%。预期寿命意外增长与其他金融工具收益率之间的低相关性通常被认为是长寿债券具有吸引力的主要原因，长寿债券将有助于降低投资者总投资组合的风险，这意味着投资者在投资该工具时只需要有限的风险溢价。

6.2.5 q 远期

q 远期全称为死亡率远期合约，也被称为“q-forward”。它是分散长寿风险或死亡率风险最简单的工具。具体来说，q 远期是交易双方之间的一项合同，双方同意在未来以与特定人群（或样本人群）的实际死亡率成比例的金额来换取与固定死亡率成比例的金额的支付，其定价方法主要是风险中性定价方法，使用最大似然估计对参数进行风险中性调整，进而计算出固定死亡率指数，该产品的运行机制如图 6-17 所示。

q 远期合约中规定了固定死亡率，锁定了样本人群的“远期死亡率”。若 q 远期的定价合理，交易开始时买方不会易手，但到期时，双方中的一方将支

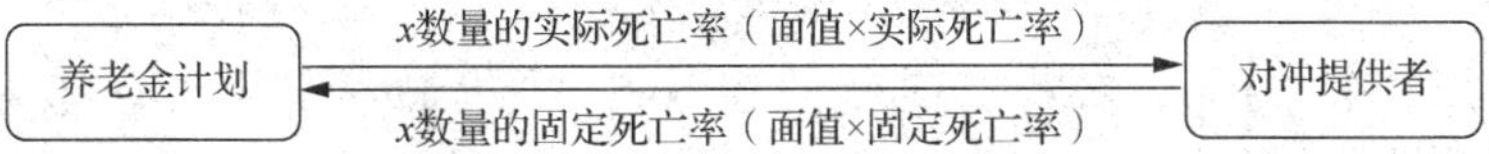

图 6-17　q 远期合约的运行机制

付净额（除非固定死亡率和实际死亡率恰好相同）。到期日发生的结算以应付净额为基础，并与固定死亡率与实际参考比率之间的差额成正比。一方面，如果参考年度的基准利率低于固定利率（意味着实际死亡率低于预期），则结算为正，养老金计划收到结算付款以抵消其负债价值的增加。另一方面，如果参考利率高于固定利率（意味着实际死亡率高于预期），则结算为负，养老金计划向对冲提供者支付结算款项，而对冲提供者的负债价值的下降将抵消这一点。通过这种方式，不管死亡率发生什么变化，净负债价值都会被对冲。该计划不受死亡率意外变化的影响。

q-forward 合约的首次交易发生在 2008 年 1 月，期限为 10 年，面值为 1 亿英镑，其长寿风险的规避者为 Lucida 和 PLC 再保险公司，对冲提供者为 J. P. Morgan。该合约是基于英格兰和威尔士不同年龄段男性死亡率指数的远期合约，其参考死亡率来自于 LifeMetrics 指数（其数据一般滞后 10 个月）。表 6-6为该案例的单一 q 远期合约的说明性条款表，假设 J. P. Morgan 和某养老基金签署了一笔 q 远期合约。

表 6-6　单一 q 远期合约说明性条款表

名义本金	5000 万英镑
交易日期	2008 年 12 月 31 日
合约生效日	2008 年 12 月 31 日
到期日	2018 年 12 月 31 日
参考年度	2017 年
固定死亡率	1.2%
固定死亡率支付方	J. P. Morgan
固定金额	名义本金×固定死亡率
参考比率	LifeMetrics 统计了英格兰和威尔士国家人口参考年 65 岁男性的初始死亡率 彭博资讯:LMQMEW65 指数
浮动死亡率支付方	某养老基金支付者(Lucida 和 PLC 再保险公司)
浮动金额	名义本金×参考利率
结算	结算净额=固定金额-浮动金额

表 6-7 显示了 4 个已实现的参考死亡率和名义合同金额为 5000 万英镑的结算净额的支付情况。如果 2017 年的参考利率低于固定利率（意味着比合同开始时预期的死亡率要低），结算金额为正值，某养老基金从摩根大通集团（J. P. Morgan）获得一笔款项，用来抵消其养老金负债的增加。如果参考利率超过固定利率（意味着比合同开始时预期的死亡率高），结算金额为负数，某养老基金向摩根大通集团支付一笔款项，这笔款项将被其养老金债务的下降所抵消。

表 6-7 在不同参考死亡率情况下的 q 远期合约的结算净额的支付情况

参考利率(实际利率即实际死亡率)(%)	固定利率(固定死亡率)(%)	本金(英镑)	结算净额(英镑)	支付方
1.0000	1.2000	50000000	10000000	J. P. Morgan
1.1000	1.2000	50000000	5000000	J. P. Morgan
1.2000	1.2000	50000000	0	无须支付
1.3000	1.2000	50000000	-5000000	养老基金公司

q 远期合约的风险对冲属于“定向对冲”，只要养老基金的实际死亡率和死亡率相关指数同向变化，它就会帮助养老基金对冲其长寿风险。这里描述的对冲结构是“价值对冲”，而不是“现金流对冲”。价值对冲的目的是在远期到期日对冲对冲者的债务价值。尽管该合约期限只有 10 年，但它还是对冲了对冲者现金流中超过 10 年的那部分长寿风险，这些风险反映在 10 年的死亡率上。这是通过在到期时交换一次付款来实现的。相对而言，现金流对冲基金的长寿风险，在每一个对冲基金的现金流和净额支付是逐期进行的。摩根大通集团—加拿大人寿保险公司长寿互换是现金流对冲的一个例子，而摩根大通集团和 lucida 公司的 q 远期则是价值对冲的一个例子。2011 年 1 月，世界上第二笔 q 远期合约的交易发生，摩根大通集团与 Pall（英国）养老基金签订了 10 年期的面值为 7000 万英镑的 q 远期合约。

q 远期合约的重要性在于：第一，构造了更复杂、与寿命相关的基本衍生品。如果设计得当，q-forward 的投资组合可用于复制和对冲年金或养老金负债的长寿风险敞口，或对冲寿险计划的死亡风险敞口。第二，q 远期合约新颖，不仅是因为它涉及长寿指数和一种新产品，还因为它被设计为价值对冲，而非现金流对冲。换句话说，它对冲了年金负债的价值，而不是实际的个人年金支付。第三，资本市场更熟悉价值对冲，而现金流对冲在保险领域更为常见。第四，价值对冲特别适合于对冲养老金计划中较年轻成员的寿命风险，因为要准确估计他们最终退休后的养老金支付额要难得多。第五，q远期合约相对于其他长寿风险管理工具而言，成本相对低廉。第六，q远期合约灵活程度更高，能够构建不同期限、不同性别、不同年龄组的一系列远期合约对冲特定的长寿风险，其对冲长寿风险的效率与更为复杂的长寿互换和长寿债券相比无二。第七，降低信用风险和信息不对称。q远期合约的参考死亡率指标源于市场，较为透明和客观，lifemetrics死亡率指数具有可交易性、透明性、稳健性、客观性、延续性及普适性，避免了某些公司的操纵和定价不合理，降低了道德风险。

但q远期合约由于其自身的局限性导致其市场发展还比较薄弱，截至目前，公开市场上成功发行的远期合约仅仅两笔，其局限性在于：第一，q远期作为标准化产品，其参考死亡率指标不一定与对冲养老计划中的人群的死亡率一致，无法完全对冲养老金计划的长寿风险，其基差风险较大。第二，数据选取不具代表性，q远期合约的固定死亡率的定价模糊，死亡率预测不精准，选取的参考死亡率指数也仅仅选取了某些地区的男性的死亡率指标，不具代表性，死亡率预测模型的选取也会导致合约失效。第三，q远期合约的期限难以与养老金计划的期限相匹配，存在期限错配的现象，除非q远期市场发达，能够使养老金计划连续滚动地选择合约（如合约到期后养老金计划马上购买下一相同条款的q远期合约）。第四，q远期合约的参考死亡率具有滞后性，往往滞后了10个月，q远期合约也具有滞后性。

与q远期类似，存在一种名为s远期即生存率远期合约的长寿风险管理工具，其运行机制与q远期合约相似，不同的是两个指标的选取由生存率取代死亡率。另外，s远期的长寿风险规避者为固定生存率支付方，对冲者为浮动生存率支付方，与q远期合约的交易对手所处位置相反。目前，s远期合约还暂未有相应的交易。

除上述经典的长寿风险管理工具外，有学者（Blake等，2006）提出了基于以上长寿风险管理工具的变形工具，整体上分为三大类：第一，长寿债券类型，如零息长寿债券、延迟长寿债券等；第二，死亡、长寿风险以及年金相关的期货衍生产品；第三，死亡期权、长寿买权或者长寿卖权。但这三类产品均因其局限性和市场环境退出了市场的舞台。

近年来，长寿风险创新型产品层出不穷，其中长寿风险相关证券化和再保险侧挂车（Sidercar）被学术界广泛讨论，这两类工具被认为是能潜在成功的创新性长寿风险管理工具。这两大管理工具之所以比十年前更能够成功，主要原因在于保险业的制约障碍相较于十年前有所减少——它以往没有足够的资金或经验丰富的人员来承担无限的长寿风险。对这种能力约束的唯一长期解决方案是从资本市场引入新的投资者（将风险转移到资本市场）。这些投资者包括ILS投资者、对冲基金、私人股本投资者、主权财富基金、捐赠基金、家族理财基金和其他寻求与现有金融资产相关性较低的资产类别的投资者。然而，发展这两种创新型的长寿风险管理工具仍有两个问题需要解决：第一，能确保有效对冲长寿风险。对冲基金需要保证，出售给这些投资者的长寿风险解决方案能够提供有效的对冲。第二，信息对称化。选择以上两种工具的投资者需要得到保证，他们不会被当作“柠檬”出售。过去10年里，人们曾多次尝试解决以上两个问题，但都没有取得任何真正的成功。但近年来，情况可能会有所转变。2018年初，侧挂车结构有成功的早期迹象，即RGA Re和RenaissanceRe宣布成立一家名为Langhorne Re的新公司，目标是有效对冲寿险和年金业务中的风险。这家新公司已从RGA、文艺复兴集团和养老基金及其他寿险公司等第三方侧挂车投资者那里获得7.8亿美元的股权资本。该两大工具暂时未成功发行，本书仅仅介绍这两者的相关运行机制和理论概念。

6.2.6 长寿相关证券化（Longevity-Linked Securities）

前面探讨的EIB长寿债券的最大局限性在于其基差风险过大，参考死亡率指数与养老金计划自身的死亡率相关程度不高，而长寿风险相关证券化（LLS）能一定程度上解决这个问题。这个创新产品的概念来源于抵押贷款证券化，长寿风险相关证券是围绕SPV构建的，合同一方的个人套期保值者（如养老金计划或年金提供者）利用自己的死亡率数据或指标与SPV经理协商价格，对冲者与SPV进行长寿互换。交换后的现金流被汇总后传递到资本市场中。如果死亡率高于预期，债券持有人将获益。总现金流本身可能缺乏透明度，在这种情况下，SPV可能会将现金流与公认的参考指数联系起来。参考指数与汇总掉期现金流之间的差额是SPV经理应承担的基差风险。该产品的运行机制如图6-18所示。

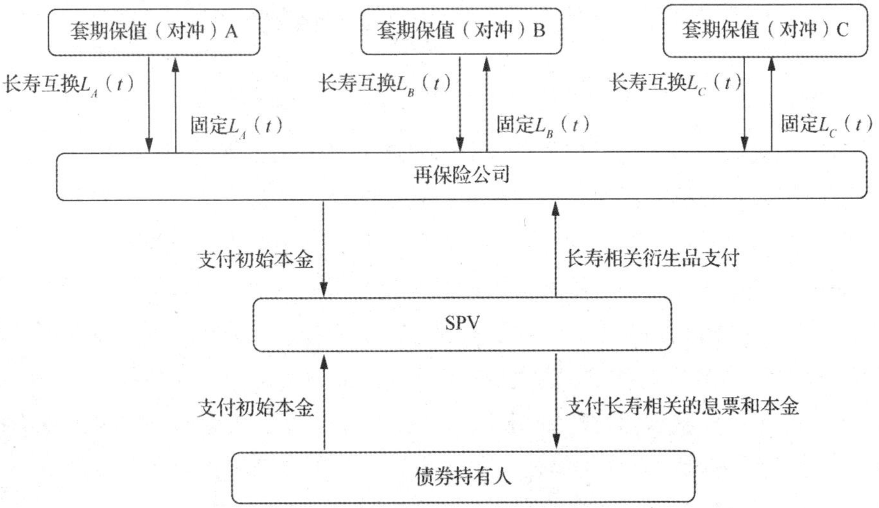

图 6-18　LLS 的运行机制

资料来源：Blake 等（2018）。

图 6-18 中的中介机构为再保险公司，它与一组对冲者进行定制的长寿互换交易。在这个运作图中，有三个对冲基金 A、B 和 C（可能还有更多），对冲基金 A 希望用一系列预先确定的现金流来交换与长寿相关的高风险现金流 $L_A(t)$。对冲者与再保险公司的经理签订的协议为：交换浮动 $L_A(t)$ 为固定 $L_A(t)$，其中 $t=1, 2, \cdots, T$，将固定的现金流设为一个级别，该级别导致互换开始在时间 0 时的现金流值为零。类似地，对冲者 B 交换了浮动的 $L_B(t)$ 为固定 $L_B(t)$，对冲者 C 交换了浮动的 $L_C(t)$ 为固定 $L_C(t)$。SPV 本身投资于期限适当的 AAA 级固定利率证券，或使用浮动利率票据和利率互换。LLS 的债券持有人支付初始溢价，用于购买固定利率证券，并向 SPV 经理支付初始佣金，作为回报，债券持有人会收到息票，任何差异应由 SPV 经理承担或支付。此外，LLS 还可能采取巨灾债券的形式（类似于 Kortis 债券）。在这种情况下，本金的偿还将由基于指数的标的资产价值决定，设置适当的“附着点”和“消耗点”。

在 2017 年英国出台了全面的 LLS 法规之后，根据咨询公司 Hymans Robertson 的说法，若 LLS 采用投资者熟悉的巨灾债券结构的话，LLS 的市场营销有很大的潜力。这是因为人们对长寿风险的理解越来越深入，其波动性及其与其他资产类别的相关性也很低。Hymans Robertson 认为，“大宗年金保险公司可以利用（LLS）提供额外资本，为大型交易提供融资（尤其是在再保险价格昂贵或难以获得的情况下），或者通过重新平衡资产负债表上的风险来优化资本头寸”。随着 LLS 的投资者基础不断扩大，以及从其他成熟投资者来源流入市场的资金不断增加，对寿命或年金相关风险而言，其资金池越大，可能越具有吸引力。

6.2.7 再保险侧挂车（Sidecar）

另一个被讨论较多的长寿风险管理创新工具为再保险侧挂车（Sidecar），当新投资者担心被分拆的再保险公司具有信息优势时，这种方法可以与新投资者分担风险。再保险侧挂车被称为有限期间责任公司，指由资本市场投资者注资成立的，通过部分担保的比例再保险合同为原发起公司提供额外承包能力的特殊目的的再保险公司，因其相较于原发起公司只是以一个独立的公司形式出现，因此被形象地称为“侧挂车”。形式上，侧挂车是一种金融结构，允许外部投资者承担风险并从特定的保险或再保险业务资产负债表的返还中获益。它通常由现有的（再）保险公司建立，这些保险公司要么与另一个资金来源合作，要么建立一个实体，使它们能够接受第三方投资者的资金。其运行机制如图 6-19 所示。

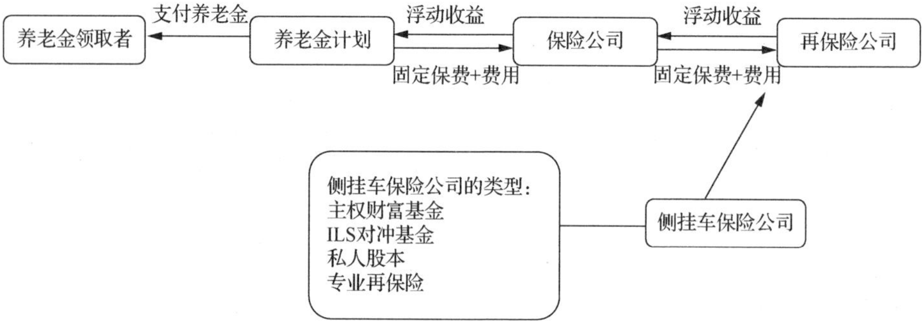

图 6-19　侧挂车公司运行机制

资料来源：PFI。

再保险侧挂车的原理是：由资本市场投资者注资设立一个 SPV，期限大约为 2~3 年。它由专业保险基金出资，尽管有时是以债务管理工具的形式出资。它是特殊目的再保险公司，以部分担保的比例再保险合同为原发起公司提供额外承保能力。其负债仅限于 SPV 的资产，且该 SPV 未被评级。

再保险侧挂车对保险公司的好处在于，侧挂车公司可以提供对长寿风险峰值风险敞口的保护，通过提供不需要永久资本的额外能力来帮助进行资本管理，避免了股东股权的稀释。另外，侧挂车业务属于表外业务，无须动用发起公司的资本金就可以扩充其承包能力，利用发起公司的资源和技术可以获得较高的服务费，增加了额外的偿付能力。投资者的好处首先在于他们可以享受与特定短期风险目标无关的回报，并拥有已规定好的退出程序。其次，机构投资者无须担心自身评级和技术能力，从而轻松进入再保险市场，扩大了再保险市场的发展。最后，侧挂车为投资者提供了高预期回报。相较于 LLS 而言，侧挂车无须中介，更灵活快捷；期限较短，适合短期投资者；设立成本小，资本可以立即被投入运行，为投资者进入再保险市场获得收益提供捷径。

但侧挂车面临着诸多挑战：其一，长寿风险的长期性质与投资者对短期投资期限的偏好之间存在矛盾；其二，监管当局对再保险分出人提出了一系列监管要求，影响了他们产生回报的能力；其三，侧挂车的尾部风险较大；其四，侧挂车的资金可能会在不恰当的时机被撤出。

以上各类工具便是系统性长寿风险传统的与创新型的管理工具，对于特定的系统性长寿风险，即个体群体的长寿风险我们能利用住房反向抵押贷款、长期护理保险、附保证的变额年金等工具进行管理。

6.2.8　附保证的变额年金（Variable Annuitiy with Guarantee）

固定年金保证了被保险人在有生之年享受定期定额支付，是降低被保险人因长寿风险而导致的老无所养的传统产品。附保证的变额年金作为长寿风险管理的创新产品，在美国和日本越来越受欢迎，并被引进了其他亚洲国家。附保证的变额年金指的是投资者购买了一份保险，让投保人既可享受市场行情上涨时所带来的丰厚收益，又可以在市场行情下跌时止损保本。定额年金的给付金额在一开始就已经设定，而附保证的变额年金的给付额与投资组合的表现相关，其本质为一个投资连结保险产品。它最初提供最低死亡保险给付保证，若投保人死亡，那么该产品将会提供一个预先确定的死亡给付额或是当时基金净值，二者取其较高一项。

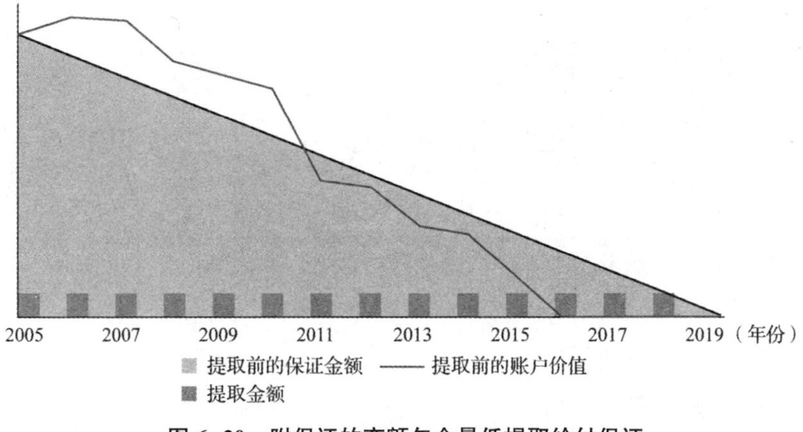

图 6-20　附保证的变额年金最低提取给付保证

资料来源：瑞士再保险。

图 6-20 对最低提取给付保证进行了说明，在 2005 年初的提取期，投保人从初始本金中提取出一定比例，如 7%（或者说，若本金为 100000 元，那么他提取了 7000 元），即使账户价值至零，投保人仍可以提取同样的金额，直至保证金被全部付清。不过，若基金表现良好且账户价值上升（若上升至 200000 元），那么投保人可以在更高的账户价值进行锁定，并每年提取 7%（即 14000 元），直至合同在第 14 年到期。另外，终生提取给付保证若一直给付至投保人死亡，本金将依据投保人的年龄，按比较低的比例来提取（如 4%而不是 7%）。

附保证的变额年金十分受欢迎。Milliman 的数据显示，当附保证的变额年金退出后，美国年金购买者选择这一产品的比例在 2004 年达到了 56%，在 2007 年上半年达到了 74%（见图 6-21）。迄今为止，美国仍是最大、最发达的变额年金市场，截至 2014 年底，资产接近 1400 亿美元（见图 6-22）。

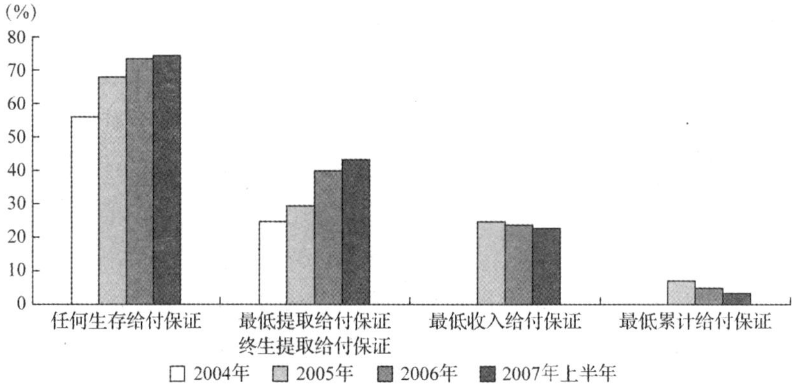

图 6-21 美国变额年金购买者选择生存给付保证的比例

资料来源：LIMRA。

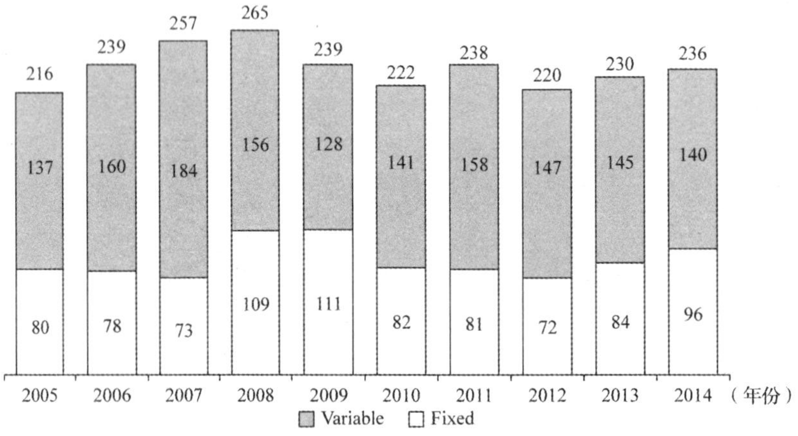

图 6-22 2005~2014 年美国变额年金以及定额年市场销售规模（单位：亿美元）

资料来源：LIMRA Secure Retirement Insititute，U. S. individual Annuities survey。

如图6-21所示，按照保证内容不同，附保证变额年金可分为以下四种类型：①最低收入给付保证，提供确定的最低收益额直至年金受益人死亡；②最低提取给付保证，允许年金受益人从总投资中提取预先确定的最大比例金额；③终生提取给付保证，能为年金受益人提供终生给付，也是美国年金市场上最受欢迎的产品；④最低累计给付保证，在一个确定时期后，无论投资市场表现如何，都保证一个趸付金额，通常是保证本金偿还。

附保证的变额年金在美欧日市场上的逐渐发展，潜在说明了附保证的变额年金产品是一个有效且有吸引力的产品，其优势在于：第一，附保证的变额年金更适合消费者的偏好。在变额年金市场上，保险公司存在产品创新和分销的竞争甚于价格竞争，附保证的变额年金能更有效地满足退休人员的需求。第二，能将成本转嫁给投保人，保险公司可以利用变额年金产品的复杂性将市场风险上升所带来的成本转移给投保人。第三，能够增加保险公司的额外收入，包括资产管理费和保证费在内的多种收入来源。第四，附保证的变额年金为投保人提供了一份安全便捷的财产。附保证的变额年金指的是投资者购买了一份保险，由于变额年金与股市的表现高度相关，附保证的变额年金让投保人既可享受市场行情上涨时所带来的丰厚收益，又可以在市场行情下跌时止损保本。

但附保证的变额年金的市场规模仍旧比较小，其规模发展受阻在于：第一，变额年金承保人必须达到一定规模才能实现盈利；第二，市场风险较大，股市的波动性导致承保人面临的市场风险增加，并大大提高了对冲风险，从而削弱了保险公司的盈利能力；第三，缺乏保单持续性依旧是变额年金承保人和其他累计产品提供商所面临的主要挑战；第四，风险管理复杂，由于年金合同期限较长，加上保险公司所提供的各种担保，往往使资产负债匹配等风险管理变得复杂。

6.3　经验总结

上文我们介绍了数十种系统性与个体长寿风险的管理工具，可以将这些工具划分为两类：标准化指数对冲工具以及定制化对冲工具，它们的区别如表6-8所示。标准化指数对冲工具不同于金融市场中期货等标准化合约的衍生产品。标准化指数对冲产品是指以某个特定群体的死亡率指标或生存率指标作为参考依据的对冲产品，这会导致选定的死亡率指标的样本人群不一定与对冲者的样本人群的死亡率一致。

表 6-8 标准化指数对冲 VS 定制化对冲工具

	优势	不足	代表性产品
标准化指数对冲（Standardized index hedge）	比定制化对冲更便宜 设置/运营成本低 期限较短，因此交易对手的信贷敞口较低 流动性强 对投资者吸引力强 结构简单 是目前对冲与递延养老金和递延年金相关的长寿风险最实用的解决方案（Coughlan，2009）适合规模较大的养老金计划	基差风险 联动风险 基于生命表估计风险	长寿债券 q 远期 s 远期
定制化对冲（Customized hedge）	精准对冲，无剩余的基差风险 监管成本少	比标准化对冲更昂贵，高设置和运营成本流动性不佳，信用风险：期限越长，交易对手的信用风险就越大对投资者的吸引力较低	长寿互换 养老金买入 养老金全额买断

上文多次提到了基差风险，说明在长寿风险管理中，基差风险不同于以往其他金融产品的基差风险，长寿基差风险在长寿风险管理工具中有着举足轻重的地位。长寿基差风险指“暴露人群”（如养老金计划成员或年金投资组合受益人）与对冲人群（即决定对冲收益的总体）的寿命不匹配而产生的风险。因此，存在长寿基差风险的产品的对冲将是不完善的，这种寿命不匹配可能是因为两个种群完全不同，或者因为一个种群是另一个种群的子种群，或者仅仅是因为少数个体不同。

长寿基差风险主要包括：人口基准风险、基于生命表风险、结构风险、重估风险、特质风险及其他基差风险。人口基准风险是长寿基差风险的主要形式，这种情况最常见的是套期保值工具与基于国家死亡率的指数挂钩，而套期保值者是与全国平均寿命水平不同的特征亚种群。因此，潜在的死亡率可能与国家死亡率处于不同水平，而且短期和长期的死亡改善率可能并不完全相关。基于生命表风险涉及的是套期保值者和长寿风险对冲者能够准确评估套期保值者自身人口和全国人口的死亡率基数表。基于生命表风险是否会导致套期保值者的剩余风险，这取决于长寿套期保值的性质。从套期保值者的角度来看，定制的长寿对冲使套期保值没有基于生命表风险。结构风险与套期工具的设计有关，即使没有人口基准风险或基于生命表风险，也可能出现，如模型选取以及期限有限等，但结构风险相对来说容易调整与修改。重估风险关注的是，官方对全国人口或死亡人数的估计可能会向上或向下修正，从而对基于指数的对冲收益产生潜在影响。特质风险（也就是说，个体寿命的随机性和与一小群个体相关的金融集中程度）主要与抽样变异及其在对冲基金群体中的财务影响有关。其他基差风险主要指的是成员的选择（如一次提取养老金、分次提取、提前/晚退休、管理层以牺牲成员的福利为代价增加合伙人的福利等）以及工资风险等。

长寿基差风险的重要性正如 Cairns（2014）所言，基差风险的准确评估是选择最佳长寿风险对冲的过程中的一部分。那么，我们应当如何评估基差风险呢？第一，需要识别不同的对冲选择。第二，需要正确评估对冲基金的风险偏好。第三，需要准确评估每种产品的基差风险。第四，需要为每种产品对冲设定价格。第五，对长寿产品的价格、基差风险和风险偏好进行组合，然后在所有可供对冲的产品组合中选出最优。不幸的是，到目前为止，学者或从业人员很少发表关于长寿基差风险及其对长寿对冲有效性影响的研究。与长寿风险相关的对冲有效性也没有得到养老和保险行业从业人员和顾问的充分理解。尽管基差风险很重要，但与系统性长寿风险相比，它是一种二级风险，也可以通过适当设计的对冲工具进行对冲。

尽管上文所提及的长寿风险管理工具发展历史不长，但国际上已经进行了卓有成效的尝试，积累了丰富的应对长寿风险的经验。目前，我国保险业仍处于初级发展阶段，应当借鉴国际上的成功经验，在更高的起点上实现跨越式的发展。本书系统分析了近年来国际上保险市场及资本市场的创新性长寿风险解决方案，以期能对我国寿险公司开拓极具潜力的长寿保险市场有所启发，同时也希望对缓解我国日益紧迫的民生问题有所帮助。

第7章　长寿风险管理下不同主体投资策略优化

7.1　长寿风险管理与退休个体消费投资策略

对于家庭或者个体，其所面临的长寿风险为生存概率不确定所导致的家庭破产风险。因为生存概率改善的不确定性，所以使个体或者家庭不能合理平滑消费，容易导致个体生存期间家庭财富被耗尽。因而需要建立家庭或者个体长寿风险管理动机下经济决策的理论框架，为应对个体面临的长寿风险提供决策思路和结论借鉴。

7.1.1　模型背景

（1）状态变量。记多维金融状态变量 $Z_f(t)$ 和死亡力为 $\lambda(t)$。令 $Z(t)=(Z_f(t),\lambda(t))$。为了降低模型复杂性，不考虑死亡率的队列效应。假设金融状态变量和死亡率服从如下扩散过程，则：

$$\underbrace{\begin{bmatrix} dZ_f(t) \\ d\lambda(t) \end{bmatrix}}_{dz(t)}=\underbrace{\begin{bmatrix} \mu_{zf}(t,z) \\ \mu_{\lambda}(t,z) \end{bmatrix}}_{\mu_z(t,z)}dt+\underbrace{\begin{bmatrix} \Omega_f(t,z)' & 0 \\ \sigma_{f\lambda}(t,z)' & \sigma_{\lambda}(t,z) \end{bmatrix}}_{\Omega(t,z)'}\times\underbrace{\begin{bmatrix} dW_f(t) \\ dW_{\lambda}(t) \end{bmatrix}}_{dW(t)} \tag{7-1}$$

其中，$\sigma_{f\lambda}(t,z)$ 刻画了金融状态变量 $Z_f(t)$ 与死亡力 $\lambda(t)$ 的相关性。

（2）金融市场。金融市场存在 n 种风险资产，其价格为 $S(t)\in R_+^n$，服从下列随机微分方程：

$$\underset{n\times1}{I_S^{-1}}\underset{n\times1}{dS(t)}=\underset{n\times1}{\mu(t,z)}dt+\underset{n\times n}{\Sigma(t,z)'}\underset{n\times1}{dW(t)} \tag{7-2}$$

其中，I_S 以 $S(t)$ 元素为对角线元素构成的对角矩阵，初始价格为 $S(t_0)$。存在无风险资产，记为 $G(t)\in R_+$，服从常微分方程：

$$G(t)^{-1}dG(t)=r(t,z)dt \tag{7-3}$$

其中 $r(t,z)\in R_+$ 为无风险利率。假设 $G(t_0)=1$，假设金融市场是无套利且完备的，即存在唯一的市价过程 $\xi(t,z)\in R^n$ 使 $\Sigma(t,z)'\xi(t,z)=\mu(t,z)-r(t,z)1$，1 为元素全为 1 的向量（即 $\exists\Sigma(t,z)^{-1}$）。根据 Girsanov 定理构建风险中性概率测度 Q：$dW^Q(t)=\xi(t,z)dt+dW(t)$。对应的 Novikov 条件要求为：

$$E_t\left[e^{\int_t^T\xi(u,z)'\xi(u,z)du}\right]<\infty \tag{7-4}$$

任意现金流价值 $\Xi(t)$ 满足：

$$\begin{aligned}\Xi(t_0)&=E_{t_0}^Q\left[\Xi(t)\frac{G(t_0)}{G(t)}\right]\\&=E_{t_0}^Q\left[\Xi(t)e^{-\int_{t_0}^t r(u,z)du}\right]\\&=E_{t_0}\left[\Xi(t)m(t_0,t)e^{-\int_{t_0}^t r(u,z)du}\right]\end{aligned} \tag{7-5}$$

其中，$E_{t_0}[\bullet]$ 和 $E_{t_0}^Q[\bullet]$ 分别是原始概率测度（P）和风险中性概率测度（Q）下条件期望。$m(t_0,t)$ 为鞅过程，满足 $m(t_0,t_0)=1$ 和 $m(t_0,t)^{-1}dm(t_0,t)=-\varepsilon(t,z)dW(t)$。

考虑存在长寿相关资产市场，如长寿债券。个体或者家庭可以通过购买长寿相关资产获得相关收益。假设资产未来现金流为 $\Xi(t)$，则资产价格 $\Lambda(t)$ 可以表示为：

$$\Lambda(t)=E_{t_0}^Q\left[\Xi(t)e^{-\int_{t_0}^t r(u,z)+\lambda(u,z)du}\right] \tag{7-6}$$

则所有资产价格组合为：

$$\underbrace{\begin{bmatrix}I_{S_f}^{-1} & 0\\ 0' & \Lambda^{-1}\end{bmatrix}}_{I_S^{-1}}\underbrace{\begin{bmatrix}dS_f(t)\\ d\Lambda(t)\end{bmatrix}}_{dS(t)}=\underbrace{\begin{bmatrix}\mu_f(t,z)\\ \mu_\Lambda(t,z)\end{bmatrix}}_{\mu(t,z)}dt+\underbrace{\begin{bmatrix}\Sigma_f(t,z)' & 0\\ \sigma_{\Lambda f}(t,z)' & \sigma_{\Lambda\lambda}(t,z)\end{bmatrix}}_{\Sigma(t,z)'}\underbrace{\begin{bmatrix}dW_f(t)\\ dW_\lambda(t)\end{bmatrix}}_{dW(t)} \tag{7-7}$$

7.1.2 优化问题及其最优策略

个体持有风险资产数量 $\theta_S(t)\in R^n$ 和无风险资产 $\theta_G(t)\in R$。个人财富 $R(t)$ 满足静态约束条件：

$$R(t)=\theta_S(t)'S(t)+\theta_G(t)G(t) \tag{7-8}$$

对其求微分得到财富过程的动态约束为：

$$dR(t)=\theta_S(t)'S(t)+\theta_G(t)G(t)+\underbrace{d\theta_S(t)'(S(t)+dS(t))+d\theta_G(t)G(t)}_{dR_a(t)} \quad (7-9)$$

令 $C(t)$ 为消费支出，参照 Menoncin 和 Regis（2017），财富过程微分形式可以表示为：

$$\begin{aligned} dR(t)= & (R(t)(r(t,z)+\lambda(t,z))+\theta_S(t)'I_S(\mu(t,z)-r(t,z)1)- \\ & c(t))d(t)+(\theta_S(t)'I_S\Sigma(t,z)'+\sigma_L(t,z)')dW(t) \end{aligned} \quad (7-10)$$

退休个体从跨期消费和遗产获得效用，对应的效应函数分别为 $U_c(c(t))=(c(t)-c_m)^{1-\delta}/(1-\delta)$ 和 $U_R(R(T))=(R(T)-R_m)^{1-\delta}/(1-\delta)$，其中 $\delta>0$，c_m 和 R_m 分别理解为个体计划消费水平和最低遗产。

退休个体选择策略（$(c(t),\theta_S(t))$）最大化其生命周期效用，对应优化问题为：

$$\begin{aligned} \max_{C(t),\theta_S(t)} = E_{t_0}\Bigg[\int_{t_0}^{T}\frac{c(t)-c(m)^{1-\delta}}{1-\delta}e^{-\int_{t_0}^{t}\rho(u,z)+\lambda(u,z)du}dt + \\ \pi\frac{(R(T)-R_m)^{1-\delta}}{1-\delta}e^{-\int_{t_0}^{T}\rho(u,z)+\lambda(u,z)du}\Bigg] \end{aligned} \quad (7-11)$$

其中，$\rho(t,z)$ 为主观贴现因子，π 刻画遗产动机。

财富约束条件为：

$$R(t_0)=E_{t_0}^{Q}\left[\int_{t_0}^{T}c(s)e^{-\int_{t_0}^{s}r(u,z)+\lambda(u,z)du}ds+R(T)e^{-\int_{t_0}^{T}r(u,z)+\lambda(u,z)du}\right] \quad (7-12)$$

利用鞅方法可以得到最优问题下最优消费和资产选择策略：

$$c^*(t)=c_m+\frac{R(t)-H(t,z)}{F(t,z)} \quad (7-13)$$

$$\begin{aligned} I_S\theta_S^*(t)= & -\Sigma(t,z)^{-1}\sigma_L(t,z)+\frac{R(t)-H(t,z)}{\delta}\Sigma^{-1}(t,z)\xi(t,z)+ \\ & \frac{R(t)-H(t,z)}{F(t,z)}\Sigma(t,z)^{-1}\Omega(t,z)\frac{\partial F(t,z)}{\partial z}+ \\ & \Sigma(t,z)^{-1}\Omega(t,z)\frac{\partial H(t,z)}{\partial z} \end{aligned} \quad (7-14)$$

其中，

$$H(t,z)=E_t^{Q}\left[\int_t^{T}c_m e^{-\int_t^{s}r(u,z)+\lambda(u,z)du}ds+R_m e^{-\int_t^{T}r(u,z)+\lambda(u,z)du}\right]$$

$$F(t,z)=E^{Q_\delta}\begin{bmatrix}\displaystyle\int_t^{T}e^{-\int_t^{s}\left(\frac{\delta-1}{\delta}r(u,z)+\frac{1}{\delta}\rho(u,z)+\lambda(u,z)+\frac{1}{2}\frac{1}{\delta}\frac{\delta-1}{\delta}\xi(u,z)'\xi(u,z)\right)du}ds + \\ \pi^{\frac{1}{\delta}}e^{-\int_t^{T}\left(\frac{\delta-1}{\delta}r(u,z)+\frac{1}{\delta}\rho(u,z)+\lambda(u,z)+\frac{1}{2}\frac{1}{\delta}\frac{\delta-1}{\delta}\xi(u,z)'\xi(u,z)\right)du}\end{bmatrix}$$

$$dW(t)^{Q_\delta}=\frac{\delta-1}{\delta}\xi(t,z)\,dt+dW(t)$$

最优策略求解过程见 Menoncin 和 Regis（2017）。在上述最优策略中使用了一个新概率测度 Q_δ。该测度有两个特征：①对于对数效应函数，即 $\delta=1$，概率测度 Q_δc 等于原始概率测度。②当个体是无限风险规避的，即 $\delta\to+\infty$，Q_δ 等于风险中性概率测度 Q。事实上，Q_δ 下维纳过程为风险中性概率测度下维纳过程和原始概率测度下维纳过程的加权平均：

$$dW(t)^{Q_\delta}=\left(1-\frac{1}{\delta}\right)dW(t)^{Q}+\frac{1}{\delta}dW(t) \tag{7-15}$$

最优策略中函数 $H(t,z)$ 为风险中性概率测度 Q 下最低消费和最低遗产的期望值。函数 $F(t,z)$ 为风险偏好修正概率测度 Q_δ 下关于未来消费和遗产的贴现因子的数学期望。将最优策略分解，我们可以得到最优长寿资产投资策略和风险资产投资策略：

$$\Lambda\theta_\Lambda^*=-\frac{\sigma_{L\lambda}}{\sigma_{\Lambda\lambda}}+\frac{R-H}{\delta}\frac{1}{\sigma_{\Lambda\lambda}}\left(\xi_\lambda+\frac{\delta}{F}\sigma_{f\lambda}'\frac{\partial F}{\partial z_f}+\sigma_\lambda\frac{\delta}{F}\frac{\partial F}{\partial\lambda}\right)-\frac{1}{\sigma_{\Lambda\lambda}}\left(\sigma_{f\lambda}'\frac{\partial H}{\partial z_f}+\sigma_\lambda\frac{\partial H}{\partial\lambda}\right) \tag{7-16}$$

$$\begin{aligned}I_{S_f}\theta_{S_f}^*=&-\sum\nolimits_f^{-1}\sigma_{Lf}+\frac{R-H}{\delta}\sum\nolimits_f^{-1}\left(\xi_f+\frac{\delta}{F}\Omega_f'\frac{\partial F}{\partial z_f}\right)-\\&\sum\nolimits_f^{-1}\Omega_f'\frac{\partial F}{\partial z_f}-\sum\nolimits_f^{-1}\sigma_{\Lambda f}\Lambda\theta_\Lambda^*\end{aligned} \tag{7-17}$$

从最优长寿资产投资策略可以得到影响其需求的几个方面：①资产市价过程 ξ_λ；②总贴现因子 $F(t,z)$；③最低消费和最低遗产的期望值对应的函数 $H(t,z)$。

7.2　随机死亡力和利率下寿险公司长寿风险管理模型

本节将介绍 Dahl（2006）提出的经典寿险公司长寿风险管理模型框架。该模型考虑在死亡力和利率均服从扩散过程的情况下，寿险公司如何选择金融资产组合使未来支付过程较为稳定。

7.2.1　模型背景

（1）随机死亡力。令 $\mu(x,t)$ 为初始时刻年龄为 x 的个体在时刻 t 的瞬间死亡力，$\mu^{O}(x)$ 为同时期各年龄的静态死亡力，$\zeta(x,t)$ 为时刻 t 年龄为 $x+t$ 的个体的死亡率变化，则 $\mu(x,t)=\mu^{O}(x+t)\zeta(x,t)$。进而生存概率可以表示为：

$$S(x,t,T)=E_P[e^{-\int_t^T\mu(x,\tau)d\tau}\mid\Im(t)] \tag{7-18}$$

同时，记：

$$S^M(x,t,T)=E_P[e^{-\int_0^T\mu(x,\tau)d\tau}\mid\Im(t)]$$

假设死亡力变化服从以下时间非齐次的 CIR 过程：

$$d\xi(x,t)=(\gamma(x,t)-\delta(x,t)\zeta(x,t))dt+\sigma(x,t)\sqrt{\zeta(x,t)}dW^{\mu}(t) \tag{7-19}$$

为了确保 $\zeta(x,t)$ 为正，假定 $2\gamma(x,t)\geqslant(\sigma(x,t))^2$。利用伊藤定理，则死亡力服从以下过程：

$$d\mu(x,t)=(\gamma^{\mu}(x,t)-\delta^{\mu}(x,t)\mu(x,t))dt+\sigma^{\mu}(x,t)\sqrt{\mu(x,t)}dW^{\mu}(t) \tag{7-20}$$

其中，$\gamma^{\mu}(x,t)=\gamma(x,t)\mu^{O}(x+t)$，$\delta^{\mu}(x,t)=\delta(x,t)-\frac{d\mu^{O}(x+t)}{\mu^{O}(x+t)}$，$\sigma^{\mu}(x,t)=\sigma(x,t)\sqrt{\mu^{O}(x+t)}$。

（2）随机利率。假设利率服从如下扩散过程：

$$dr(t)=(\gamma^{r,\alpha}-\delta^{r,\alpha}r(t))dt+\sqrt{\gamma^{r,\sigma}+\delta^{r,\sigma}r(t)}\,dW^{r}(t),r(0)=r_0 \tag{7-21}$$

则零息债券的价格为：

$$P(t,T)=E_{Q^r}[e^{-\int_t^T r(u)du}\mid\Im(t)] \tag{7-22}$$

其中，Q^r 为风险中性概率测度 $d\hat{\Lambda}(t)=\hat{\Lambda}(t)h^r(t)dW^r(t)$，$\hat{\Lambda}(0)=1$，$h^r(t)=-\left(\frac{\tilde{c}}{\sqrt{\gamma^{r,\alpha}+\delta^{r,\sigma}r(t)}}+c\sqrt{\gamma^{r,\alpha}+\delta^{r,\sigma}r(t)}\right)$。

为了确保 Q^r 为定价鞅测度，假定 $\tilde{c}\leqslant\gamma^{r,\alpha}+\frac{\delta^{r,\alpha}\gamma^{r,\sigma}}{\delta^{r,\alpha}}-\frac{\delta^{r,\sigma}}{2}$（Dahl，2006）。在概率测度 Q^r 下，利率过程为：

$$dr(t)=(\gamma^{r,\alpha,Q}-\delta^{r,\alpha,Q}r(t))dt+\sqrt{\gamma^{r,\sigma}+\delta^{r,\sigma}r(t)}\,dW^{r,Q}(t) \tag{7-23}$$

其中，$\gamma^{r,\alpha,Q}=\gamma^{r,\alpha}-c\gamma^{r,\sigma}-\tilde{c}$，$\delta^{r,\alpha,Q}=\delta^{r,\alpha}+c\delta^{r,\sigma}$。进而我们可以得到零息债券的价格：

$$P(t,T)=e^{A^r(t,T)-B^r(t,T)r(t)} \tag{7-24}$$

其中，$\frac{dB^r(t,T)}{dt}=\delta^{r,\alpha,Q}B^r(t,T)+\frac{1}{2}\delta^{r,\sigma}(B^r(t,T))^2-1$，$\frac{dA^r(t,T)}{dt}=\gamma^{r,\alpha,Q}B^r$

$(t,T)-\frac{1}{2}\gamma^{r,\sigma}(B^r(t,T))^2, B^r(T,T)=A^r(T,T)=0$。

（3）保单组合。考虑 n 个年龄同为 x 投保人。假设 0 时刻投保人剩余寿命分别为 T_1，…，T_n，且独立。定义计数过程 $N(x)=(N(x,t))_{0\leqslant t\leqslant T}$。则：

$$N(x,t)=\sum_{i=1}^{n}1_{(T_i\leqslant t)} \tag{7-25}$$

测度 P 下 $N(x)$ 随机概率强度过程 $\lambda(x)=(\lambda(x,t))_{0\leqslant t\leqslant T}$，则：

$$\lambda(x,t)dt=E_P[dN(x)\mid \mathrm{H}(t-)\vee \mathrm{Z}(t)]=(n-N(x,t-))\mu(x,t)dt \tag{7-26}$$

进而可以得到鞅过程 $M(x)=(M(x,t))_{0\leqslant t\leqslant T}$：

$$dM(x,t)=dN(x,t)-\lambda(x,t)dt, 0\leqslant t\leqslant T \tag{7-27}$$

（4）支付过程。寿险公司需要支付金额记为 $A(t)$。因此，$dA(t)$ 为时间区间上 $[t,t+dt)$ 的总支付变化 dA(t) 可以表示为：

$$dA(t)=-n\pi(0)dI_{\{t\geqslant 0\}}+(n-N(x,\bar{T}))\Delta A_0(\bar{T})dI_{\{t\geqslant \bar{T}\}}+ \alpha_0(t)(n-N(x,t))dt+\alpha_1(t)dN(x,t) \tag{7-28}$$

第一部分 $n\pi(0)$ 为投保人 0 时刻所支付的保费。第二部分为退休年龄投保人获得的定额支付 $\Delta A_0(\bar{T})$。第三部分为 $\alpha_0(t)=-\pi^c(t)I_{\{0\leqslant t\leqslant \bar{T}\}}+\alpha^p(t)I_{\{\bar{T}\leqslant t\leqslant T\}}$。

其中，$\pi^c(t)$ 为获得的保费，$\alpha^p(t)$ 为需要支付个体的保单收益。最后一项为死亡后寿险公司需要支付的一笔金额。

为了同时考虑金融市场和寿险市场，重新定义一个等价鞅测度 Q：$\frac{dQ}{dP}=\Lambda(T)$，则：

$$d\Lambda(t)=\Lambda(t-)(h^r(t)dW^r(t)+h^\mu(t)dW^\mu(t)+g(t)dM(x,t)) \tag{7-29}$$

其中，$\Lambda(0)=1, E_P[\Lambda(T)]=1, h^\mu(t,\zeta(x,t))=-\frac{\beta(x,t)\sqrt{\zeta(x,t)}}{\sigma(x,t)}+\frac{\beta^*(x,t)}{\sigma(x,t)\sqrt{\zeta(x,t)}}$。$\beta(x,t), \beta^*(x,t)$ 为确定函数，且满足 $\beta^*(x,t)\geqslant(\sigma(x,t))^2/2-\gamma(x,t)$。$g(t)>-1$ 为连续函数。在该测度下，死亡率过程可以写成：

$$d\mu^Q(x,t)=(\gamma^{\mu,Q,g}(x,t)-\delta^{\mu,Q,g}(x,t)\mu^Q(x,t))dt+\sigma^{\mu,Q,g}(x,t)\sqrt{\mu^Q(x,t)}dW^{\mu,Q}(t) \tag{7-30}$$

其中，$\gamma^{\mu,Q,g}(x,t)=(1+g(t))\gamma^{\mu,Q}(x,t), \delta^{\mu,Q,g}(x,t)$

$$= \delta^{\mu,Q}(x,t) - \frac{dg(t)}{g(t)}, \sigma^{\mu,Q,g}(x,t) = \sigma^{\mu}(x,t)\sqrt{1+g(t)}。$$

类似可以在 Q 测度下定义生存概率和对应的鞅：

$$S^Q(x,t,T) = E_Q[e^{-\int_t^T \mu^Q(x,\tau)d\tau} \mid \Im(t)] \quad (7-31)$$

$$S^{Q,M}(x,t,T) = E_Q[e^{-\int_0^T \mu^Q(x,\tau)d\tau} \mid \Im(t)] \quad (7-32)$$

进而可以得到 Q 测度下远期死亡力为：

$$f^{\mu,Q}(x,t,T) = -\frac{\partial}{\partial T}\log S^Q(x,t,T) \quad (7-33)$$

7.2.2 优化模型及其最优策略

利用支付过程和利率过程，引入折现支付过程 A^*：$dA^*(t) = e^{-\int_0^t r(u)du} dA(t)$。

参照 Moller（2001，2001），考虑一个简单的金融市场，该市场由零息债券和储蓄组成。令 $X(t)=P^*(t,T)$ 为零息债券价格贴现过程。策略过程为 $\varphi=(\xi,\eta)$，其中 ξ 为持有零息债券的数量，η 为储蓄资产配置数量。则价值过程为 $V(\varphi)$：$V(t,\varphi)=\xi(t)X(t)+\eta(t)$。成本过程 $C(\varphi)$ 定义为：

$$C(t,\varphi) = V(t,\varphi) - \int_0^t \xi(u)dX(u) + A^*(t) \quad (7-34)$$

累积成本过程 $C(t,\varphi)$ 为资产组合贴现价值过程 $V(t,\varphi)$ 减去债券价格变动收益，再加上需向投保人支付的净支出。寿险公司选择最优策略使风险最小，即选择最优策略 φ。最小化风险过程如下：

$$R(t,\varphi) = E_Q[(C(T,\varphi)-C(T,\varphi))^2 \mid \Im(t)] \quad (7-35)$$

且 $V(T,\varphi)=0$。

参考 Dahl（2006），可以得到最优资产配置策略：

$$(\xi^*(t),\eta^*(t)) = (\xi^Q(t),(n-N(x,t))B(t)^{-1}V^Q(t,r(t),\mu(x,t))-\xi^Q(t)P^*(t,T)) \quad (7-36)$$

其中，

$$\xi^Q(t) = (n-N(x,t-))\left(\frac{B^r(t,\bar{T})P^*(t,\bar{T})}{B^r(t,T)P^*(t,T)}\right)S^Q(x,t,\bar{T})\Delta A_0(\bar{T})I_{\{t<\bar{T}\}} + \int_t^T \frac{B^r(t,\tau)P^*(t,\tau)}{B^r(t,T)P^*(t,T)}S^Q(x,t,\tau)(a_0(\tau)+a_1(\tau)f^{u,Q}(x,t,\tau))d\tau$$

$$V^Q(t,r(t),\mu(x,t)) = \int_t^T P(t,\tau)S^Q(x,t,\tau)(a_0(\tau) + a_1(\tau)f^{\mu,Q}(x,t,\tau))d\tau +$$

$$\mathrm{P}(\mathrm{t},\bar{\mathrm{T}})S^Q(x,t,\bar{T})\Delta A_0(\bar{\mathrm{T}})I\{\mathrm{t} < \bar{T}\}。$$

该模型的最优策略依赖于等价鞅测度的选择，虽然金融市场较为简单，但对死亡力过程的刻画较为细致，对更为完善的金融市场背景下寿险公司管理长寿风险的策略选择提供了模型基础和思路借鉴。后续模型拓展可以考虑多种风险资产，考虑衍生金融产品市场下寿险公司策略选择问题。

7.3　养老金长寿风险管理模型

本部分将介绍 Lin（2015）提出的养老金长寿风险管理模型框架。该模型框架以养老金成本最小化为目标对风险对冲和年金买入两种策略管理长寿风险提供了模型基础，为我国养老基金管理长寿风险提供模型借鉴。

7.3.1　基本框架

考虑 0 时刻年龄为 x_0 的养老金参与者，${}_s\bar{p}_{x,t}$ 为时刻 t 年龄 x 的个体存活到年 $x+s$ 的概率。若每个时期将获得 1 个单位收益，则生命年金的条件期望定义为：

$$\alpha(x(t)) = E[\alpha_{\overline{\mathrm{K}(x)}} \mid \tilde{p}_{x,t}, {}_2\tilde{p}_{x,t}, \cdots]$$

$$= \sum_{s=1}^{\infty} v_s^S {}_s\hat{p}_{x,t} \tag{7-37}$$

其中，$v=1/(1+r)$ 为折算因子 r，${}_s\hat{p}_{x,t}$为生存 s 年的生存概率的期望值：

$${}_s\hat{p}_{x,t} = E[{}_s\tilde{p}_{x,t} \mid \tilde{p}_{x,t}, \tilde{p}_{x+1,t+1}, \cdots, \tilde{p}_{x+s-1,t+s-1}] \tag{7-38}$$

令 PL_0、PA_0、UL_0 分别为无风险对冲策略下养老金负债、资产和缺口。给定 PA_0、$PL_0=E[Ba(x_0(0))]$，$UL_0=PL_0-PA_0$。常数 B 为养老金承诺的年收益。无风险管理策略下 PL_t 为：

$$PL_t = Ba(x(t)), t=1,2,\cdots \tag{7-39}$$

养老基金通过 $t-1$ 投资资产获得财富累积为 PA_t，$t=1,2,\cdots$

$$PA_t = \sum_{i=1}^{n} A_{i,t-1}(1 + r_{i,t}), i = 1,2,\cdots,n; t = 1,2,\cdots \tag{7-40}$$

其中，$A_{i,t-1}$为资产 i 在 $t-1$ 时刻的数量，$r_{i,t}$为对应资产收益率。在初始时刻，$PA_0 = \sum_{i=1}^{n} A_{i,0}$。养老基金赤字为：

$$UL_t = PL_t - PA_t + B \cdot {}_t\hat{P}_{x_0,0} \tag{7-41}$$

对于每个时刻，满足以下财务平衡方程：

$$\sum_{i=1}^{n} A_{i,t} = PA_t + k \cdot UL_t - B \cdot {}_t\hat{p}_{x_0,0}, t = 1,2,\cdots \tag{7-42}$$

其中，UL_t 为养老金赤字。假设监管部门允许基金在 $m>1$ 时期上以周期折算率 r 分摊其基金赤字。相应地，分摊系数 k 为：

$$k = \left(\sum_{i=0}^{m-1} \frac{1}{(1+r)^i}\right)^{-1} \tag{7-43}$$

基于式（7-41）和式（7-42），$\sum_{i=1}^{n} A_{i,\ t}$ 可以表示为：

$$\begin{aligned}\sum_{i=1}^{n} A_{i,t} = & \sum_{i=1}^{n} A_{i,t-1}(1+r_{i,t}) + \\ & k\left[PL_t - \sum_{i=1}^{n} A_{i,t-1}(1+r_{i,t}) + B \cdot {}_t\hat{p}_{x_0,0}\right] - B \cdot {}_t\hat{p}_{x_0,0} \\ = & (1-k)\sum_{i=1}^{n} A_{i,t-1}(1+r_{i,t}) - (1-k)B \cdot {}_t\hat{p}_{x_0,0} + k \cdot PL_t \end{aligned} \tag{7-44}$$

进一步假设基金发起人投资资产累积和未来贡献一定比例 w_i 购买资产 i，则 $A_{i.t}$为：

$$A_{i,t} = (1-k)A_{i,t-1}(1+r_{i,t}) - (1-k)B \cdot {}_t\hat{p}_{x_0,0} \cdot w_i + k \cdot PL_t \cdot w_i, t=1,2,\cdots,n \tag{7-45}$$

其中，$A_{i,0} = w_i PA_0$，$i=1,2,\cdots,n$。

考虑三种风险管理策略长寿对冲（LH）、养老金买入（BI）、养老金买断（BO）。参照 Cox 等（2013），定义 $j(j=LH,\ BI,\ BO)$ 风险管理策略下养老基金总成本 TPC^j，该成本等于对冲成本 HC^j 加上养老金计划所有贡献 C_t^j 和提取额 W_t^j 的贴现：

$$TPC^j = HC^j + \sum_{t=1}^{\infty} \frac{C_t^j(1+\psi_1) - W_t^j(1-\psi_2)}{(1+r)^t} \tag{7-46}$$

其中，$C_t^j = \max\{k \cdot UL_t^j, 0\}$，$W_t^j = \max\{-k \cdot UL_t^j, 0\}$。常数 ψ_1、ψ_2 为惩罚因子。

7.3.2 对冲策略及其优化模型

（1）长寿对冲策略。长寿对冲策略为养老基金通过向寿险公司购买寿险产品实现风险对冲，类似于再保险策略，当生存概率超过特定门限阈值，寿险公司分担一定比例 h^{LH} 长寿风险损失。该阈值假定为养老基金在初始时期关于退休年龄为 x_0 的预期生存概率 ${}_t\bar{p}_{x_0,0}=E[{}_t\hat{p}_{x_0,0}]$，长寿风险损失为 $B_t\,\bar{p}_{x_0,0}$，$t=1,2,\cdots$。令：

$$X_t^{LH}=\begin{cases}0, & p^{LH}\\ 1, & 1-p^{LH}\end{cases} \tag{7-47}$$

其中，p^{LH} 为每一时期寿险公司违约的概率。进而到 t 时期寿险公司违约可以表示为 $\mathrm{I}_t^{LH}=X_t^{LH}\cdot \mathrm{I}_{t-1}^{LH}$，$t=1,2,\cdots$，其中 $\mathrm{I}_0^{HL}=1$。当寿险公司违约时，养老基金将无法获得任何补偿。养老基金需要支付的寿险产品价格为：

$$HP^{LH}=h^{LH}(1+\delta^{LH})BE\left[\sum_{t=1}^{\infty}v^t\max[{}_t\hat{p}_{x_0,0}-{}_t\bar{p}_{x_0,0},0]\mathrm{I}_t^{LH}\right] \tag{7-48}$$

其中，δ^{LH} 为对冲成本。养老负债为：

$$PL_t^{LH}=Ba(x(t))-Bh^{LH}\sum_{s=t+1}^{\infty}v^{s-t}\max[{}_s\hat{p}_{x_0,0}-{}_s\bar{p}_{x_0,0},0]\mathrm{I}_s^{LH},t=1,2,\cdots \tag{7-49}$$

养老基金初始资金投资资本市场的资金规模为 PA_0^{LH}，则：

$$PA_0^{LH}=PA_0-HP^{LH} \tag{7-50}$$

长寿对冲策略满足以下财务平衡：

$$\sum_{i=1}^{n}A_{i,t}^{LH}=PA_t^{LH}+k\cdot UL_t^{LH}-B\cdot{}_t\hat{p}_{x_0,0}+Bh^{LH}\max[{}_t\hat{p}_{x_0,0}-{}_t\bar{p}_{x_0,0}]\cdot\mathrm{I}_t^{LH} \tag{7-51}$$

其中，养老基金资产累积 $PA_t^{LH}=\sum_{i=1}^{n}A_{i,t-1}^{LH}(1+r_{i,t})$，养老金赤字 UL_t^{LH} 为：

$$UL_t^{LH}=PL_t^{LH}-PA_t^{LH}+B\cdot{}_t\hat{p}_{x_0,0}-Bh^{LH}\max[{}_t\hat{p}_{x_0,0}-{}_t\bar{p}_{x_0,t},0]\cdot\mathrm{I}_t^{LH} \tag{7-52}$$

总资产 $\sum_{i=1}^{n}A_{i,t}^{LH}$ 可以写成：

$$\begin{aligned}\sum_{i=1}^{n}A_{i,t}^{LH}=&(1-k)Bh^{LH}\max[{}_t\hat{p}_{x_0,0}-{}_t\bar{p}_{x_0,0},0]\cdot\mathrm{I}_t^{LH}+\\&(1-k)\sum_{i=1}^{n}A_{i,t}^{LH}(1+r_{i,t})-(1-k)B\cdot{}_t\hat{p}_{x_0,0}+k\cdot PL_t^{LH}\end{aligned} \tag{7-53}$$

资产 i 的总投资价值为：

$$A_{i,t}^{LH}=(1-k)A_{i,t-1}^{LH}(1+r_{i,t})-(1-k)B\cdot{}_t\hat{p}_{x_0,t}\cdot\omega_i^{LH}+(1-k)Bh^{LH}\max[{}_t\hat{p}_{x_0,0}-{}_t\bar{p}_{x_0,0},0]\cdot\mathrm{I}_t^{LH}\cdot\omega_i^{LH}+k\cdot PL_t^{LH}\cdot\omega_i^{LH} \tag{7-54}$$

其中，ω_i^{LH} 为资产配置权重。对冲策略总成本为 TPC^{LH}：

$$TPC^{LH}=HC^{LH}+\sum_{t=1}^{\infty}\frac{C_t^{LH}(1+\psi_1)-W_t^{LH}(1-\psi_2)}{(1+r)^t} \tag{7-55}$$

其中，$HC^{LH}=h^{LH}\delta^{LH}BE\left[\sum_{t=1}^{\infty}v^t\max[{}_t\hat{p}_{x_0,0}-{}_t\bar{p}_{x_0,0},0]\cdot\mathrm{I}_t^{LH}\right]$。

（2）养老金买入策略。买入策略为养老基金通过购买大额年金的方式实现长寿风险对冲。假设养老基金在初始时刻购买其负债 $Ba(x_0(0))$ 的 $h^{BI}(0\leqslant h^{BI}\leqslant 1)$ 比例大额年金。大额年金向养老基金支付退休金的 Bh^{BI}，其价格为 $HP^{BI}=h^{BI}(1+\delta^{BI})BE\left[\sum_{t=1}^{\infty}v^t{}_t\hat{p}_{x_0,0}\mathrm{I}_t^{BI}\right]$，$\delta^{BI}$为对冲成本。类似的 I_t^{LH}，定义养老金买入策略的违约过程：$\mathrm{I}_t^{BI}=\mathrm{X}_t^{BI}\cdot\mathrm{I}_{t-1}^{BI}$，$t=1,2,\cdots$。$\mathrm{I}_0^{BI}=1$，对于 $t=1,2,\cdots$ 则有：

$$\mathrm{X}_t^{BI}=\begin{cases}0, & p^{BI}\\ 1, & 1-p^{BI}\end{cases} \tag{7-56}$$

其中，p^{BI}为每期养老金买入策略被违约的概率。没有对冲的负债为：

$$PL_t^{BI}=(1-h^{BI})Ba(x(t))+Bh^{BI}\sum_{s=t+1}^{\infty}v_s^{s-t}\hat{p}_{x_{0,0}}(1-\mathrm{I}_s^{BI}),t=1,2,\cdots \tag{7-57}$$

其中，第二部分 $h^{BI}\sum_{s=t+1}^{\infty}v_s^{s-t}\hat{p}_{x_0,0}(1-\mathrm{I}_s^{BI})$ 为第三方违约风险导致的损失。养老基金初始投资额为 $PA_0^{BI}=PA_0-HP^{BI}$，在养老金买入策略下财务平衡方程为：

$$\sum_{i=1}^{n}A_{i,t}^{BI}=PA_t^{BI}+k\cdot UL_t^{BI}-(1-h^{BI})B\cdot{}_t\hat{p}_{x_0,0}+Bh_t^{BI}\hat{p}_{x_0,0}(1-\mathrm{I}_t^{BI}) \tag{7-58}$$

其中，养老金资产为 $PA_t^{BI}=\sum_{i=1}^{n}A_{i,t-1}^{BI}(1+r_{i,t})$。未提足储备金负债为：

$$UL_t^{BI}=PL_t^{BI}-PA_t^{BI}+(1-h^{BI})B\cdot{}_t\hat{p}_{x_0,0}+h^{BI}B\cdot{}_t\hat{p}_{x_0,0}(1-I_t^{BI}) \tag{7-59}$$

联立式（7-58）和式（7-59），可将总资产表示为：

$$\sum_{i=1}^{n} A_{i,t}^{BI} = (1-k)\sum_{i=1}^{n} A_{i,t}^{BI}(1+r_{i,t}) - (1-k)(1-h^{BI})B \cdot {}_t\hat{p}_{x_0,0} + (1-k)h^{BI}B \cdot {}_t\hat{p}_{x_0,0}(1-\mathrm{I}_t^{BI}) + k \cdot PL_t^{BI} \tag{7-60}$$

资产 i 的总投资价值为：

$$A_{i,t}^{BI} = (1-k)A_{i,t-1}^{BI}(1+r_{i,t}) - (1-k)(1-h^{BI})B \cdot {}_t\hat{p}_{x_0,t} \cdot \omega_i^{BI} + (1-k)Bh^{LH}\hat{p}_{x_0,0}(1-\mathrm{I}_t^{LH}) \cdot \omega_i^{BI} + k \cdot PL_t^{BI} \cdot \omega_i^{BI} \tag{7-61}$$

其中，ω_i^{LH} 为资产配置权重，$A_{i,0}^{BI} = \omega_i PA_0^{BI}$。对冲策略总成本为：

$$TPC^{BI} = HC^{BI} + \sum_{t=1}^{\infty} \frac{C_t^{BI}(1+\psi_1) - W_t^{BI}(1-\psi_2)}{(1+r)^t} \tag{7-62}$$

其中，$HC^{BI} = h^{BI}\delta^{BI}BE\left[\sum_{t=1}^{\infty} v^t {}_t\hat{p}_{x_0,\,0} \cdot \mathrm{I}_t^{BI}\right]$。

（3）优化模型。在上述模型背景下，养老基金在下行风险约束条件下选择对冲策略和金融资产组合最小化养老基金成本，则对于对冲策略（$j=LH$，BI）对应的优化模型为：

$$\begin{aligned}
&\underset{w^j,h^j}{\mathrm{Min}} \quad E[TPC^j] \\
&st \\
&E(TUL^j) = 0, \\
&CVaR_\alpha\left(\sum_{t=1}^{\infty} \frac{UL^j}{(1+r)^t}\right) \leqslant \tau, \\
&\frac{HP^j}{1+\delta^j} \leqslant PL_0, \\
&HP^j \leqslant PA_0, \\
&0 \leqslant h^j \leqslant 1, \\
&0 \leqslant w_i^j \leqslant 1, i = 1,2,\cdots,n, \\
&\sum_{i=1}^{n} \omega_i^j = 1.
\end{aligned} \tag{7-63}$$

7.4 本章小结

本章重点介绍了家庭、寿险公司、养老基金管理长寿风险的经典模型。首先，对于家庭，寿命延长超出预期所导致的破产风险可以通过配置长寿债券资产进行风险对冲。本章在随机死亡力和随机利率背景下，考虑存在长寿债券的金融市场，给出了家庭资产消费选择的优化模型。其次，对于寿险公司，其生命年金产品组合不可避免地面临着长寿风险，本章介绍了风险最小化目标下寿险公司利用金融资产对冲长寿风险的理论模型。最后，以养老基金为主体，给出了再保险和养老金买入两种策略对冲养老基金长寿风险的理论模型。不同主体的长寿风险管理决策存在不同思路，因而长寿风险管理应多元化发展。

参考文献

[1] Arellano M., Bond S. Some Tests of Specification for Panel Data: Monte Carlo Evidence and an Application to Employment Equations [J]. The Review of Economic Studies, 1991, 58 (2): 277-297.

[2] Allan K., et al. A Toolkit for Measuring and Managing Longevity and Mortality Risks [R]. JP Morgan Pension Advisory Group, 2007.

[3] Acemoglu D., Johnson S. Disease and Development: The Effect of Life Expectancy on Economic Growth [J]. Journal of Political Economic, 2007, 115 (6): 925-985.

[4] Andrew J. G. Cairns, David Blake, Kevin Dowd. Modelling and Management of Mortality Risk: A Review [J]. Scandinavian Actuarial Journal, 2008 (3): 79-113.

[5] Andrew J. G. Cairns, David Blake, Kevin Dowd, Guy D. Coughlan, David Epstein, Marwa Khalaf-Allah. Mortality Density Forecasts: An Analysis of Six Stochastic Mortality Models [J]. Insurance Mathematics and Economics, 2010, 48 (3) .

[6] Andreas Richter, Frederik Weber. Mortality-Indexed Annuities Managing Longevity Risk Via Product Design [J]. North American Actuarial Journal, 2011, 15 (2): 212-236.

[7] Andrew J. G. Cairns, David Blake, Kevin Dowd, Guy D. Coughlan, David Epstein, Alen Ong, Igor Balevich. A Quantitative Comparison of Stochastic Mortality Models Using Data From England and Wales and the United States [J]. North American Actuarial Journal, 2014, 18 (1): 281-290.

[8] Abrigo R. M. Estimation of Panel Vector Autoregression in Stata [J]. The Stata Journal, 2016, 16 (3): 778-804.

[9] Black F. Should You Use Stocks to Hedge Your Pension Liability? [J]. Financial Analysis Journal, 1989, 45 (1): 10-12.

[10] Bodie Z. Shortfall Risk and Pension Fund Asset Management. [J] . Financial Analysis Journal 1991, 47 (3): 57-61.

[11] Barro R. J., Sala-I-Martin X. I. Economic Growth [M] . New York: McGraw-Hill, 1995.

[12] Burrows B. W. Survivor Bonds: Helping to Hedge Mortality Risk [J]. The Journal of Risk and Insurance, 2001, 68 (2): 339-348.

[13] Bogentoft E., Edwin Romeijn H., Uryasev S. Asset/Liability Management for Pension Funds Using CVaR Constraints [J]. The Journal of Risk Finance, 2001, 3 (1): 57-71.

[14] Boucekkine R., Croix D. D. L., Licandro O. Vintage Human Capital, Demographic Trends and Endogenous Growth [J]. Journal of Economic Theory, 2002, 104 (2): 340-375.

[15] Blake D., Cairns A. J. G., Dowd K. Living with Mortality: Longevity Bonds and Other Mortality-Linked Securities [J]. British Actuarial Journal, 2006, 12 (1): 153-197.

[16] Bardhan A., Karapandza A. R., Urosevic B. Valuing Mortgage Insurance Contracts in Emerging Market Economies [J]. The Journal of Real Estate Finance and Economics, 2006, 32 (1): 9-20.

[17] Blake D. P., Dowd K., Cairns A. J. G., et al. Longevity Bonds: Financial Engineering, Valuation and Hedging [J]. Journal of Risk & Insurance, 2006, 73 (4): 647-672.

[18] Bloom D. E, Canning D. Commentary: The Preston Curve 30 Years on: Still Sparking Fires [J]. International Journal of Epidemiology, 2007, 36 (3): 498-499.

[19] Blake D., Boardman T., Cairins A. The Case for Longevity Bonds [J]. Retirement Research at Boston Collage, 2010 (10).

[20] Blake, David, Boardman, et al. Sharing Longevity Risk: Why Governments should Issue Longevity Bonds [J]. Mpra Paper, 2010, 18 (1): 258-277.

[21] Blackburn C., Sherris M. Consistent Dynamic Affine Mortality Models for Longevity Risk Applications [J]. Insurance: Mathematics and Economics, 2013, 53 (1): 64-73.

[22] Belles-Sampera J., Guillén, Montserrat, Santolino M. GlueVaR Risk Measures in Capital Allocation Applications [J]. Insurance: Mathematics and Economics, 2014 (58).

[23] Blake D. Independent Review of Retirement Income Report: We Need a National Narrative: Building a Consensus around Retirement Income [M]. UK: Independent Review of Retirement Income, 2016.

[24] BT Pension Scheme. The Annual Report of BT Pension Scheme [R]. BT Pension Scheme, 2017.

[25] BT Pension Scheme. The Annual Report of BT Pension Scheme [R]. BT Pension Scheme, 2018.

[26] Blake, David P., Cairns, Andrew J. G., Dowd, Kevin, et al. Still Living With Mortality: The Longevity Risk Transfer Market After One Decade [J]. Social Science Electronic Publishing, 2018, 24: 489-500.

[27] Chang S. C., Tzeng L. Y., Miao J. C. Pension Funding Incorporating Downside Risks [J]. Insurance Mathematics & Economics, 2003, 32 (2): 217-228.

[28] Colombo L., Haberman S. Optimal Contributions in a Defined Benefit Pension Scheme with Stochastic New Entrants [J]. Insurance, 2005, 37 (2): 335-354.

[29] Cutler D., Deaton A., Lleras-Muney A. The Determinants of Mortality [J]. Journal of Economic Perspections, 2006, 20 (3): 97-120.

[30] Cairns A. J. G., Blake D., Dowd K. A Two-Factor Model for Stochastic Mortality with Parameter Uncertainty: Theory and Calibration [J]. Journal of Risk & Insurance, 2006, 73 (4) .

[31] Currie I. D. Smoothing and Forecasting Mortality Rates with P-splines [R]. Talk at the Institute of Actuaries, 2006.

[32] Cox S. H., Lin Y., Wang S. Multivariate Exponential Tilting and Pricing Implications for Mortality Securitization [J]. Journal of Risk and Insurance, 2006, 73 (4) .

[33] Cox S. H., Lin Y. Natural Hedging of Life and Annuity Mortality Risks [J]. The North Americal Actuarial Journal, 2007, 11 (3): 1-15.

[34] Cox S. H., Lin Y., Petersen H. Mortality Risk Modeling: Applications to Insurance Securitization [J]. Insurance Mathematics and Economics, 2009, 46 (1) .

[35] Cervellati M., Sunde U. Life Expectancy and Economic Growth: The Role of the Demographic Transition [J]. Journal of Economic Growth, 2011 (16): 99-133.

[36] Cairns A. J. G. Modelling and Management of Longevity Risk: Approximations to Survivor Functions and Dynamics [J]. Insurance: Mathematics and Economics, 2011, 49 (3): 438-453.

[37] Coughlan G. D., Khalaf-Allah M., Ye Y., et al. Longevity Hedging 101 [J]. North American Actuarial Journal, 2011, 15 (2): 150-176.

[38] Cocco J. F., Gomes F. J. Longevity Risk, Retirement Savings and Financial Innovation [J]. Journal of Financial Economics, 2012, 103 (3): 507-529.

[39] Cox S. H., Lin Y., Tian R., et al. Managing Capital Market and Longevity Risks in a Defined Benefit Pension Plan [J]. The Journal of Risk and Insurance, 2013, 80 (3): 585-619.

[40] Cox S. H., Lin Y., Tian R., Zuluaga L. F. Zuluaga. Mortality Portfolio Risk Management [J]. Journal of Risk and Insurance, 2013, 80 (4) .

[41] Cheng Y., Han X. Does Large Volatility Help? —Stochastic Population Forecasting Technology in Explaining Real Estate Price Process [J]. Journal of Population Economics, 2013, 26 (1): 323-356.

[42] Cairns A. J. G., Blake D., Dowd K., et al. Phantoms Never Die: Living with Unreliable Population Data [J]. Journal of the Royal Statistical Society: Series A (Statistics in So-

ciety), 2016, 179 (4): 975-1005.

[43] Cairns A., Boukfaoui G. Basis Risk in Index Based Longevity Hedges: A Guide for Longevity Hedgers [J]. North American Actuarial Journal, 2018 (3): 1-22.

[44] Dowd K., Cairns A. J., Blake D. Mortality-Dependent Financial Risk Measures [J]. Insurance Mathematics and Economics, 2005, 38 (3) .

[45] Delong Ł., Gerrard R., Haberman S. Mean-Variance Optimization Problems for an Accumulation Phase in a Defined Benefit Plan [J]. Insurance Mathematics and Economics, 2007, 42 (1) .

[46] Dawson P., Dowd K., Cairns A. J. G., et al. Survivor Derivatives: A Consistent Pricing Framework [J]. Journal of Risk & Insurance, 2010, 77 (3): 579-596.

[47] Deutsche Bank. Pension-derisking: Longevity Hedging and Buying Out [EB/OL] http: //cbs. db. com. Published by ClearPath Analysis, 2011.

[48] Desbordes R. The Non-Linear Effects of Life Expectancy on Economic Growth [J]. Economics Letters, 2011, 112 (1): 1-118.

[49] David E., Akash R., Harry H. Bulk Annuities Key Product Features [R]. Mercer, 2013.

[50] David B., Andrew C., Guy C., et al. The New Life Market [J]. Journal of Risk & Insurance, 2013, 80 (3): 501-558.

[51] Dalgaard C., Strulik H. Optimal Aging and Death: Understanding the Preston Curve [J]. Journal of the European Economic Association, 2014 (3): 3.

[52] David Blake, Richard MacMinn, Johnny Siu-Hang Li, Mary Hardy. Longevity Risk and Capital Markets: The 2012-2013 Update [J]. North American Actuarial Journal, 2014, 18 (1): 1-13.

[53] David B., El Karoui N., Macminn R. D., et al. Longevity Risk and Capital Markets: The 2015-2016 Update [J]. Social Science Electronic Publishing, 2018 (4) .

[54] David B., Maroles M. Longevity Risk and Capital Markets: The 2014-2015 Update: Lonevity Risk and Capital [J]. Journal of Risk & Insurance, 2017, 84 (1): 279-297.

[55] David B. Longevity: A New Asset Class [J]. Journal of Asset Management, 2018 (4) .

[56] Engle R. F., Granger C. W. J. Co-Integration and Error Correction: Representation, Estimation and Testing [J]. Econometrica, 1987, 55 (2): 251-276.

[57] Ehrlich I., Lui F. T. Intergenerational Trade, Longevity and Economic Growth [J]. Journal of Political Economy, 1991, 99 (5): 1029-1059.

[58] Echevarría C. A. Life Expectancy, Schooling Time, Retirement and Growth [J]. Eco-

nomic Inquiry, 2004, 42 (4): 602-617.

[59] Echevarría C. A., Iza A. Life Expectancy, Human Capital, Social Security and Growth [J]. Journal of Public Economics, 2006, 90 (12): 2323-2349.

[60] Emilio Bisetti, Carlo A. Favero. Measuring the Impact of Longevity Risk on Pension Systems: The Case of Italy [J]. North American Actuarial Journal, 2014, 18 (1): 87-103.

[61] Enrico Biffis, David Blake. Keeping Some Skin in the Game: How to Start a Capital Market in Longevity Risk Transfers [J]. North American Actuarial Journal, 2014, 18 (1): 14-21.

[62] Freiman M. P. A Look at Hybrid Insurance Products with Long-Term Insurance [R]. AARP Public Policy Institute, 2007.

[63] Goughlan G., David E., Amit S., Paul H. Q-Forwards: Derivatives for Transferring Longevity and Mortality Risk [R]. JP Morgan Technical Report, 2007.

[64] Holtz-Eakin D., Newey W., Rosen H. S. Estimating Vector Autoregressions with Panel Data [J]. Econometrica, 1988 (56): 1371-1395.

[65] Haberman S., Butt Z., Megaloudi C. Contribution and Solvency Risk in a Defined Benefit Pension Scheme [J]. Insurance Mathematics & Economics, 2000, 27 (2): 237-259.

[66] Hazan M., Zoabi H. Does Longevity Cause Growth? [J]. A Theoretical Critique, 2006, 11 (4): 363-376.

[67] Haberman S., Renshaw A. On Age-Period-Cohort Parametric Mortality Rate Projections [J]. Insurance Mathematics & Economics, 2009, 45 (2).

[68] Hickson K. J. The Contribution of Increased Life Expectancy to Economic Development in Twentieth Century Japan [J]. Journal of Asian Economics, 2009, 20 (4): 489-504.

[69] Huang H., Milevsky M. A., Salisbury T. S. Optimal Retirement Consumption with a Stochastic Force of Mortality [J]. Insurance: Mathematics and Economics, 2012, 51 (2): 282-291.

[70] Hunt A., Blake D. Modelling Longevity Bonds: Analysing the Swiss Re Kortis Bond [J]. Insurance: Mathematics and Economics, 2015 (63): 12-29.

[71] Hansen C. W., LØnstrup L. The Rise in Life Expectancy and Economic Growth in the 20th Century [J]. Economic Journal, 2015 (125): 838-852.

[72] Josa-Fombellida R., Rincon-Zapatero J. P. Optimal Risk Management in Defined Benefit Stochastic Pension Funds [J]. Insurance, 2004, 34 (3): 489-503.

[73] Jennifer L. Wang, H. C. Huang, Sharon S. Yang, Jeffrey T. Tsai. An Optimal Product Mix for Hedging Longevity Risk in Life Insurance Companies: The Immunization Theory Approach [J]. The Journal of Risk and Insurance, 2010, 77 (2): 473-497.

[74] Johnny Siu-Hang Li, Wai-Sum Chan, Siu-Hung Cheung. Structural Changes in the Lee-Carter Mortality Indexes [J]. North American Actuarial Journal, 2011, 15 (1): 281-297.

[75] Jack C. Yue. Mortality Compression and Longevity Risk [J]. North American Actuarial Journal, 2012, 16 (4): 434-448.

[76] Kao C., Chiang M. H. On the Estimation and Inference of a Cointegrated Regression in Panel Data [J]. Advance Economics, 1997 (15): 109-141.

[77] Kim S., Shepherd N., Chib S. Stochastic Volatility: Likelihood Inference and Comparison with ARCH Models [J]. Review of Economic Studies, 1998, 65 (3) .

[78] Kao C. Spurious Regression and Residual Based Tests for Cointegration in Panel Data [J]. Journal of Econometrics, 1999 (90): 1-44.

[79] Kalemli-Ozcan S., Ryder H. E., Weil D. N. Mortality Decline, Human Capital Investment and Economic Growth [J]. Social Science Electronic Publishing, 2000, 62 (1): 1-23.

[80] Kouwenberg R. Scenario Generation and Stochastic Programming Models for Asset Liability Management [J]. European Journal of Operational Research, 2001, 134 (2): 279-292.

[81] Kinugasa T., Mason A. Why Countries Become Wealthy: The Effects of Adult Longevity on Saving [J]. World Development, 2007, 35 (1): 1-23.

[82] Kinsella K., He W. An Aging World: 2008 [R]. U. S. Census Bureau, 2009.

[83] Kevin Dowd, Andrew J. G. Cairns, David Blake, Guy D. Coughlan, David Epstein, Marwa Khalaf-Allah. Evaluating the Goodness of Fit of Stochastic Mortality Models [J]. Insurance Mathematics and Economics, 2010, 47 (3) .

[84] Kevin Dowd, Andrew J. G. Cairns, David Blake, Guy D. Coughlan, David Epstein, Marwa Khalaf Allah. Backtesting Stochastic Mortality Models [J]. North American Actuarial Journal, 2010, 14 (3): 281-292.

[85] Kevin Dowd, David Blake, Andrew J. G. Cairns. A Computationally Efficient Algorithm for Estimating the Distribution of Future Annuity Values Under Interest-Rate and Longevity Risks [J]. North American Actuarial Journal, 2011, 15 (2): 237-247.

[86] Katja Hanewald, John Piggottb, Michael Sherrisa. Individual Post-Retirement Longevity Risk Management under Systematic Mortality Risk [J]. Insurance: Mathematics and Economics, 2013, 52 (1): 87-97.

[87] Kaufhol K. How to Price Longevity Swaps [J]. Reinsurance Section News, 2013 (77): 18-21.

[88] Kunze, Lars. Life Expectancy and Economic Growth [J]. Journal of Macroeconomics, 2014 (39): 54-65.

[89] Kessler A., William M. C., Arnaud B. The Pension Risk Transfer Market at $260 Bil-

lion [R]. Prudential, 2015.

[90] Kessler A., Bensoussan A. $270 Billion and Growing: The Rapidly Expanding Pension and Longevity Risk Transfer Market [R]. Society of Actuaries, 2016.

[91] Lee R. D., Carter L. R. Modeling and Forecasting U. S. Mortality [J]. Journal of the American Statistical Association, 1992, 87 (419): 659-671.

[92] Lin Y., Cox S. H. Securitization of Mortality Risks in Life Annuities [J]. Journal of Risk & Insurance, 2005, 72 (2): 227-252.

[93] Li H., Zhang J., Zhang J. Effects of Longevity and Dependency Rates on Saving and Growth: Evidence from a Panel of Cross Countries [J]. Journal of Development Economics, 2007, 84 (1): 1-154.

[94] Lin Y., Cox, S. H., Cox. Securitization of Catastrophe Mortality Risks [J]. Insurance Mathematics and Economics, 2007, 42 (2): 628-637.

[95] Liang Wang, Emiliano A. Valde, John Piggott. Securitization of Longevity Risk in Reverse Mortgages [J]. North American Actuarial Journal, 2008, 12 (4): 345-371.

[96] Lucas D. J., Zeldes S. P. How Should Public Pension Plans Invest? [J] . The American Economic Review, 2009, 99 (2): 527-532.

[97] Leung M. C. M., Wang Y. Endogenous Health Care, Life Expectancy and Economic Growth [J]. Pacific Economic Review, 2010, 15 (1): 11-31.

[98] Lin Y., Liu S., Yu J. Pricing Mortality Securities with Correlated Mortality Indexes [J]. Journal of Risk & Insurance, 2011, 80 (4): 921-948.

[99] Li S. H., Hardy M. R. Measuring Basis Risk in Longevity Hedges [J]. North American Actuarial Journal, 2011, 15 (2): 177-200.

[100] Levantesi S., Menzietti M. Managing Longevity and Disability Risks in Life Annuities with Long Term Care [J]. Insurance: Mathematics and Economics, 2012, 50 (3): 391-401.

[101] Lin T., Tsai C. C. On the Mortality/Longevity Risk Hedging with Mortality Immunization [J]. Insurance: Mathematics and Economics, 2013, 53 (2): 580-596.

[102] Li N., Lee R., Gerland P. Extending the Lee-Carter Method to Model the Rotation of Age Patterns of Mortality Decline for Long-Term Projections [J]. Demography, 2013, 50 (6) .

[103] Lee C., Lee C., Chiu Y. The Link between Life Insurance Activities and Economic Growth: Some New Evidence [J]. Journal of International Money & Finance, 2013, 32 (2): 405-427.

[104] Lin Y., Tan K. S. Downside Risk Management of a Defined Benefit Plan Considering Longevity Basis Risk [J]. North American Actuarial Journal, 2014, 18 (1): 68-86.

[105] Lin T., Wang C. W., Tsai C. L. Age-Specific Copula-AR-GARCH Mortality Models

[J]. Insurance: Mathematics and Economics, 2015 (61).

[106] LCP. LCP Pensions De-risking 2016 [R]. LCP, 2016.

[107] Lally N. R., Hartman B. M. Predictive Modeling in Long-Term Care Insurance [J]. North American Actuarial Journal, 2016, 20 (2): 160-183.

[108] Lin Y., Shi T., Arik A. Pricing Buy-Ins and Buy-Outs [J]. Journal of Risk and Insurance, 2017, 84 (S1): 367-392.

[109] Marco Cagetti. Wealth Accumulation Over the Life Cycle and Precautionary Savings [J]. Journal of Business & Economic Statistics, 2003, 21 (3): 339-353.

[110] MacMinn R., Brockett P., Blake D. Longevity Risk and Capital Markets [J]. The Journal of Risk and Insurance, 2006, 73 (4): 551-557.

[111] Maurer R., Mitchell O. S., Rogalla R. Managing Contribution and Capital Market Risk in a Funded Public Defined Benefit Plan: Impact of CVaR Cost Constraints [J]. Insurance Mathematics & Economics, 2009, 45 (1): 25-34.

[112] Mandal S. K., Madheswaran S. Causality between Energy Consumption and Output Growth in the Indian Cement Industry: An Application of the Panel Vector Error Correction Model (VECM) [J]. Energy Policy, 2010 (38): 6560-6565.

[113] Milidonis Andreas, Yijia Lin, Samuel H. Cox. Mortality Regimes and Pricing [J]. North American Actuarial Journal, 2011, 15 (2): 266-289.

[114] Martin Boyer, Lars Stentoft. If We Can Simulate It, We Can Insure It: An Application to Longevity Risk Management [J]. Insurance: Mathematics and Economics, 2013, 52 (1): 35-45.

[115] Mitchell D., Brockett P., Mendoza-Arriaga R., et al. Modeling and Forecasting Mortality Rates [J]. Insurance: Mathematics and Economics, 2013, 52 (2).

[116] Meyricke R., Sherris M. Longevity Risk, Cost of Capital and Hedging for Life Insurers under Solvency Ⅱ [J]. Insurance: Mathematics and Economics, 2014 (55): 147-155.

[117] Mullins J., Richard J., Pearce I., Evans R. et al. The Anual Report of Risk Transfer [R]. Hymans Robertson, 2017.

[118] Millossovich P., Villegas A. M., Kaishev V. K. StMoMo: An R Package for Stochastic Mortality Modelling [J]. Journal of Statistical Software, 2018, 84 (3).

[119] Ngai A., Sherris M. Longevity Risk Management for Life and Variable Annuities: The effectiveness of Static Hedging Using Longevity Bonds and Derivatives [J]. Insurance: Mathematics and Economics, 2011, 49 (1): 100-114.

[120] Nan Zhu, Daniel Baue. A Cautionary Note on Natural Hedging of Longevity Risk [J]. North American Actuarial Journal, 2014, 18 (1): 104-115.

[121] Olsen K. Pension Buyouts Might Increase Risk for Plan [R]. Published by Pensions & Investments, 2013.

[122] Preston, Samuel H. The Changing Relation between Mortality and Level of Economic Development [J]. Population Studies, 1975, 29 (2): 231-248.

[123] Pedroni P. Panel Cointegration: Asymptotic and Finite Sample Properties of Pooled Time Series Tests with an Application to the PPP Hypothesis [J]. Department of Economics Working Papers, 2004, 20 (3): 597-625.

[124] Plat R. On Stochastic Mortality Modeling [J]. Insurance Mathematics & Economics, 2009, 45 (3).

[125] Preston S. H. The Changing Relation between Mortality and Level of Economic Development [J]. International Journal of Epidemiology, 2007, 36 (3): 484-490.

[126] Post T., Hanewald K. Longevity Risk, Subjective Survival Expectations, and Individual Saving Behavior [J]. Journal of Economic Behavior & Organization, 2013 (86): 200-220.

[127] Paul P., Ian C., Stuart O., Sebastian R. Buy-Ins, Buy-Outs and Longevity Transactions [R]. Sacker, 2018.

[128] Ronald D. Lee, Lawrence R. Carter. Modeling and Fore casting US Mortality [J]. Journal of the American Statistical Association, 1992 (87).

[129] Renshaw A. E., Haberman S. A Cohort-Based Extension to the Lee-Carter Model for Mortality Reduction Factors [J]. Insurance Mathematics & Economics, 2006, 38 (3).

[130] Richard M., Wang J., Blake D. Longevity Risk and Capital Markets: The 2007-2008 Update [J]. The Journal of Risk and Insurance, 2008 (1): 1-5.

[131] Szymanoski E. J. Risk and the Home Equity Conversion Mortgage [J]. Real Estate Economics, 1994, 22 (2): 347-366.

[132] Swiss Re. Innovative Ways of Financing Retirement [R]. Sigma, 2008 (4).

[133] Swiss Re. The Role of Indices in Transferring Insurance Risks to Capital Markets [R]. Sigma, 2009 (4).

[134] Scarborough Capital Management. What to Do when Your Company Offers a Pension Buyout [R]. Scarborough Capital Management, 2018.

[135] Thomsen G. J., Andersen J. Longevity Bonds: A Financial Market Instrument to Manage Longevity Risk [J]. Danmarks Nationalbank Monetary Review, 2007 (4).

[136] Tian R., Cox S. H., Lin Y., et al. Portfolio Risk Management with CVaR-Like Constraints [J]. North American Actuarial Journal, 2010, 14 (1): 86-106.

[137] Tat Wing Wong, Mei Choi Chiu, Hoi Ying Wong. Time-Consistent Mean-Variance

Hedging of Longevity Risk: Effect of Cointegration [J]. Insurance: Mathematics and Economics, 2014 (56): 56-67.

[138] Tettey I. Hedging Longevity Risk Using Longevity Swaps: A Case Study of the Social Security and National Insurance Trust [D]. Kwame Nkrumah University and Technology, 2016.

[139] Vogelsang E. M. Local-Area Age Structure and Population Composition: Implications for Elderly Health in Japan [J]. Journal of Aging & Health, 2014 (26): 155-177.

[140] Valeria D'Amato, Lorenzo E. D., Haberman S., et. al. De-Risking Strategy: Longevity Spread Buy-In [J]. Insurance Mathematics & Economics, 2018 (79): 124-136.

[141] Wills S., Sherris M. Securitization, Structuring and Pricing of Longevity Risk [J]. Insurance Mathematics & Economics, 2010, 46 (1) .

[142] Wooldridge J. M. Introductory Econometrics (Sixth Editor) [M]. Boston: Cengage Learning, 2015.

[143] Willis Towers Watson. Key Themes in the Longevity Hedging and Bulk Annuity Market: De-risking Report 2017 [R]. Willis Towers Watson, 2017.

[144] Yakita A. Life Expectancy, Money and Growth [J]. Journal of Population Economics, 2006, 19 (3): 579-592.

[145] Yang, Chang Y. P., Yeh Y. A residual Bootstrapped Analysis of Lee-Carter Model in Mortality Forecasting [R]. 12th APRIA Annual Conference, 2008.

[146] Yoonkyung Yuh, Jaehwan Yang. Optimal Annuity Planning and Longevity Risk: Evidence from Korea [J]. Applied Economics, 2011, 43 (11): 1423-1433.

[147] Yung-Tsung Lee, Chou-Wen Wang, Hong-Chih Huang. On the Valuation of Reverse Mortgages with Regular Tenure Payments [J]. Insurance Mathematics and Economics, 2012, 51 (2) .

[148] Yang S., Wang C. Pricing and Securitization of Multi-Country Longevity Risk with Mortality Dependence [J]. Insurance: Mathematics and Economics, 2013, 52 (3): 157-169.

[149] Zhang J., Zhang J., Lee R. Mortality Decline and Long-Run Economic Growth [J]. Journal of Public Economics, 2001 (80): 485-507.

[150] Zhang J., Zhang J. The Effect of Life Expectancy on Fertility, Saving, Schooling and Economic Growth: Theory and Evidence [J]. Scandinavian Journal of Economic, 2005, 107 (1): 45-66.

[151] 安平. 基于长寿风险的中国人口死亡率扩展方法 [J]. 统计与决策, 2010 (24): 17-19.

[152] 班晓娜, 李东阳. 美国住房反向抵押贷款养老模式及其启示 [J]. 北京航空航天大学学报 (社会科学版), 2015, 28 (1): 17-23.

[153] 北京师范大学中国公益研究院. 中国长期护理保险制度试点与探索 [J]. 社会

福利，2016（3）：21-23.

［154］陈秉正．长寿风险管理研究综述［A]//改革开放三十年：保险、金融与经济发展的经验和挑战——北大赛瑟（CCISSR）论坛文集［C］．北京大学中国保险与社会保障研究中心，2008.

［155］陈冬，赵萌，焦岩，秦楠．我国开展住房反向抵押连结长期护理保险产品研究［J］. 上海保险，2011（2）：52-55.

［156］陈秉正，秦鹏，邓颖璐．具有赎回选择权的住房反抵押贷款定价［J］. 投资研究，2014，33（5）：97-109.

［157］陈秉正，秦鹏，邓颖璐．具有长期护理保障功能的住房反抵押产品研究［J］. 保险研究，2014（5）：49-59.

［158］陈秉正，高名，刘晓菲．住房反向抵押养老保险需求分析［J］. 保险研究，2015（5）：121-128.

［159］陈友华，施旖旎．最后一根救命稻草：以房养老的美国经验与在中国的实践［J］. 国际经济评论，2016（6）：8，146-157.

［160］程煜，沈亦骏．中国试点地区长期护理保险制度的比较与思考——基于五个试点地区的政策文本分析［J］. 公共治理评论，2017（1）：15-24.

［161］崔晓东．中国老年人口长期护理需求预测——基于多状态分段常数 Markov 分析［J］. 中国人口科学，2017（6）：82-93，128.

［162］陈翠霞，王绪瑾，周明．我国长寿风险的评估模型与管理策略综述——基于人口发展新常态视角［J］. 保险研究，2017（1）：46-55.

［163］蔡振贵，何靖雯．德、日、美和新加坡的长期护理保险筹资模式研究［J］. 中国市场，2018（29）：52-53.

［164］陈多，李芬，王贺男，金春林．日本应对老龄化的经验及对中国的启示［J］. 中国卫生资源，2018，21（6）：540-546.

［165］陈耀锋．中国长期护理保险制度建构的研究——基于湖北荆门长期护理保险试点工作［J］. 当代经济，2018（14）：34-36.

［166］戴卫东．解析德国、日本长期护理保险制度的差异［J］. 东北亚论坛，2007（1）：39-44.

［167］冯鹏程，荆涛．新加坡乐龄健保计划概述［J］. 中国医疗保险，2014（2）：62-65.

［168］樊毅，张宁．基于全人口死亡率数据的随机死亡率模型拟合效果比较［J］. 统计与决策，2018，34（23）：33-37.

［169］郭金龙，周小燕．长寿风险及管理研究综述［J］. 金融评论，2013，5（2）：111-122，126.

[170] 甘犁.2017 中国城镇住房空置分析 [R]. 中国家庭金融调查与研究中心，2018.

[171] 侯长荣，余松林，陈心广. 一种新的预测人群死亡率方法的应用 [J]. 中国卫生统计，2000（5）：48-50.

[172] 韩猛，王晓军.Lee-Carter 模型在中国城市人口死亡率预测中的应用与改进 [J]. 保险研究，2010（10）：3-9.

[173] 胡仕强，许谨良. 长寿风险、养老金体制、资本积累 [J]. 财经研究，2011，37（8）：125-134.

[174] 洪蕾. 基于随机分析的中国老年人失能状态转移规律研究 [D]. 浙江大学硕士学位论文，2013.

[175] 黄民安，陈秉正. 生命周期框架下我国发展住房反抵押市场的福利分析 [J]. 投资研究，2013，32（10）：31-41.

[176] 韩猛，王晓军. 长寿风险对未来年金净保费的影响 [J]. 数理统计与管理，2014，33（6）：965-972.

[177] 黄匡时.Lee-Carter 模型在模型生命表拓展中的应用——以中国区域模型生命表为例 [J]. 人口研究，2015，39（5）：37-48.

[178] 胡晓宁，陈秉正，祝伟. 基于家庭微观数据的长期护理保险定价 [J]. 保险研究，2016（4）：57-67.

[179] 胡仕强，陈荣达. 基于双因子 Lee-Carter 模型的死亡率预测及年金产品风险评估 [J]. 系统工程理论与实践，2018，38（9）.

[180] 荆涛. 建立适合中国国情的长期护理保险制度模式 [J]. 保险研究，2010（4）：77-82.

[181] 金博轶. 动态死亡率建模与年金产品长寿风险的度量——基于有限数据条件下的贝叶斯方法 [J]. 数量经济技术经济研究，2012（12）：124-135.

[182] 金博轶. 我国人口死亡率建模与养老金个人账户的长寿风险分析 [J]. 统计与决策，2013（23）.

[183] 荆涛，杨舒，谢桃方. 政策性长期护理保险定价研究——以北京市为例 [J]. 保险研究，2016（9）：74-88.

[184] 姜增明，单戈. 长寿风险对基本养老保险影响的测度 [J]. 经济与管理研究，2016，37（11）.

[185] 卢仿先，尹莎.Lee-Carter 方法在预测中国人口死亡率中的应用 [J]. 保险职业学院学报，2005（6）：9-11.

[186] 李志生. 退休计划中养老年金购买决策的建模与分析 [J]. 数量经济技术经济研究，2007（12）：72-82.

[187] 刘湘云. 基于 CIR 和 Vasicek 模型的利率风险计量及实证——以我国国债市场

为例［J］. 统计与决策，2008（1）：12-15.

［188］李志生，刘恒甲. Lee-Carter 死亡率模型的估计与应用——基于中国人口数据的分析［J］. 中国人口科学，2010（3）：46-56，111.

［189］李奇，张兆钺. 中国长期护理保险产品定价研究［N］. 中国保险报，2011-05-10.

［190］孙佳美，段白鸽. Bootstrap 方法在死亡模型中的应用［J］. 统计研究，2010，27（6）：100-105.

［191］Sigma. 我们将如何提供护理？——为老龄化社会寻找可持续的长期护理解决方案［R］. 瑞士再保险公司，2014（5）.

［192］田梦，邓颖璐. 我国随机死亡率的长寿风险建模和衍生品定价［J］. 保险研究，2013（1）.

［193］王晓军，蔡正高. 死亡率预测模型的新进展［J］. 统计研究，2008，25（9）：80-84.

［194］王晓军，黄顺林. 中国人口死亡率随机预测模型的比较与选择［J］. 人口与经济，2011（1）：82-86.

［195］王晓军，任文东. 有限数据下 Lee-Carter 模型在人口死亡率预测中的应用［J］. 统计研究，2012，29（6）：87-94.

［196］王洁丹，朱建平，付荣. 函数型死亡率预测模型［J］. 统计研究，2013（9）：87-93.

［197］吴晓坤，王晓军. 中国人口死亡率 Lee-Carter 模型的再抽样估计、预测与应用［J］. 中国人口科学，2014（4）：27-34.

［198］吴晓坤，李姚洁. Lee-Carter 模型外推预测死亡率及偏差纠正［J］. 统计与决策，2016（20）：19-21.

［199］王伟，高雅. 住房反向抵押贷款养老模式的国际经验与启示［J］. 金融与经济，2016（2）：32，60-63.

［200］魏舒. “侧挂车”视角下的巨灾风险证券化［J］. 现代经济信息，2016（13）：289-291.

［201］万琬婷. 长期护理保险制度的国际比较［J］. 劳动保障世界，2018（30）：30-31.

［202］王晓军，路倩. 高龄人口死亡率预测模型的比较与选择［J］. 保险研究，2019（3）：82-102.

［203］谢赤，吴雄伟. 基于 Vasicek 和 CIR 模型中的中国货币市场利率行为实证分析［J］. 中国管理科学，2002（3）：23-26.

［204］谢世清. 长寿风险的创新解决方案［J］. 保险研究，2011（4）：70-75.

［205］谢世清. 寿险证券化研究［M］. 北京：经济科学出版社，2014：269-286.

［206］肖鸿民，杨晓丹，马志娥．基于Lee-Carter模型的互助养老年金研究［J］．经济数学，2018，35（3）：70-76.

［207］夏雅睿，常峰，路云，裴婕．长期护理保险筹资机制的国际经验与中国实践［J］．卫生经济研究，2018（12）：69-71，75.

［208］殷俊，李晓鹤．法国长期护理津贴制度分析与经验借鉴［J］．保险研究，2015（11）：86-94.

［209］张志强，张润楚．Gompertz模型在高龄阶段的修正及模拟［J］．数学的实践与认识，2004（1）：36-40.

［210］祝伟，陈秉正．个人年金产品蕴含的长寿风险分析——生命表修订的启示［J］．保险研究，2008（3）：20，56-58.

［211］朱铭来，贾清显．我国老年长期护理需求测算及保障模式选择［J］．中国卫生政策研究，2009，2（7）：32-38.

［212］祝伟，陈秉正．动态死亡率下个人年金的长寿风险分析［J］．保险研究，2012，（2）：21-28.

［213］周海珍，杨馥忆．长期护理保险定价模型比较与分析［J］．财经论丛，2014（8）：44-50.

［214］张月娇，班晓娜．日本住房反向抵押贷款模式及其启示［J］．合作经济与科技，2014（21）：38-39.

［215］赵明，王晓军．保险公司长寿风险度量［J］．统计研究，2015，32（12）．

［216］张奕，王婷婷．基于协整理论的中国人口死亡率预测［J］．高校应用数学学报A辑，2015，30（1）：1-9.

［217］周海珍，金逸娟，陈秉正．双生命状态下住房反抵押贷款定价研究［J］．金融与经济，2015（6）：15-20，61.

［218］周海珍，彭晓鹏，陈秉正．具有住房反抵押选择权的长期护理保险定价研究［J］．财经论丛，2016（9）：46-52.

［219］张茜．反向抵押贷款借款人长寿风险对定价的影响［J］．云南财经大学学报，2016，32（5）：136-144.

［220］曾燕，陈曦，邓颖璐．创新的动态人口死亡率预测及其应用［J］．系统工程理论与实践，2016，36（7）：1710-1718.

［221］中国养老金融调查报告2017［C］．中国养老金融50人论坛，2017.

［222］王新军，王佳宇．基于Markov模型的长期护理保险定价［J］．保险研究，2018（10）：87-99.

［223］郑秉文．改革开放40年：商业保险对我国多层次养老保障体系的贡献与展望［J］．保险研究，2018（12）：101-109.

［224］朱凤梅．新加坡养老保障体系：制度安排、政府角色及启示［J］．社会政策研究，2018（1）：26-46.

［225］赵明，米海杰，王晓军．中国人口死亡率变动趋势与长寿风险度量研究［J］．中国人口科学，2019（3）．